INFORMATIONS-TECHNOLOGIE

Aufbauwissen 1

Realschule Bayern

Cornelsen

INFORMATIONS-
TECHNOLOGIE

Aufbauwissen 1

Autorinnen und Autoren:
Markus Mingo, Furth im Wald;
Julia Reichel, Pfaffenhofen a. d. Ilm;
Theresa Rădulescu, Gauting;
Florian Stelzle, Landshut;
Dr. Lutz Engelmann, Berlin

Beraterin: Susanne Lautenschlager, Puchheim

Redaktion: Dr. Lutz Engelmann

Umschlaggestaltung: Studio SYBERG

Layoutkonzept: zweiband.media, Berlin

Grafik und technische Umsetzung: zweiband.media, Berlin

Begleitmaterialien für Lehrerinnen und Lehrer

Begleitmaterial auf USB-Stick mit Unterrichtsmanager und E-Book auf Scook 978-3-06-041080-4

www.cornelsen.de

1. Auflage, 1. Druck 2019

Alle Drucke dieser Auflage sind inhaltlich unverändert und können im Unterricht nebeneinander verwendet werden.

Druck: AZ Druck und Datentechnik GmbH, Kempten

ISBN 978-3-06-041012-5 (Schülerbuch)
ISBN 978-3-06-041053-8 (E-Book)

Kapitel 5 Datenbanksysteme I 87

Kapitel 6 Datenbanksysteme II 107

Projekte 129

Anhang 141

Kapitel 1

Textverarbeitung I

Du weißt sicher bereits, wie man Texte mit Hilfe des 10-Finger-Tastschreibens schnell und sicher erfasst und einfache Formatierungen an Dokumenten vornimmt.
Ein Textverarbeitungsprogramm ist aber nicht nur eine elektronische Schreibmaschine, es ermöglicht dir Dokumente zu strukturieren und mit einer Vielzahl von Funktionen zu arbeiten, die Zeit sparen und so zu einem effizienten Arbeitsfluss beitragen, auch dabei helfen, ein einheitliches Layout zu erhalten.

Was du schon weißt

Objekte in Textdokumenten

Textdokumente enthalten ABSÄTZE, diese wiederum enthalten ZEICHEN.

ABSATZ
Ausrichtung Zeilenabstand AbstandVor AbstandNach ...
AusrichtungSetzen() ZeilenabstandSetzen() ...

ZEICHEN
Schriftart Schriftgrad Schriftfarbe Schriftschnitt ...
SchriftartSetzen() SchriftgrößeSetzen() ...

1. Erstelle zu den Klassen TABELLE und GRAFIK jeweils eine Klassenkarte.

2. Manchmal unterringelt das Textverarbeitungsprogramm auch Wörter die richtig geschrieben sind. Erkläre, warum.

3. Erkläre, warum auch die Rechtschreibkorrektur nicht ein Korrekturlesen des Textes ersetzt.

In Dokumenten können außer Texten auch TABELLEN, GRAFIKEN oder BILDER enthalten sein. Auch das Dokument selbst ist ein Objekt, dem Attribute zugewiesen werden können.

Rechtschreibkorrektur

Textverarbeitungsprogramme haben eine Rechtschreibkorrektur. Diese muss in der richtigen Sprache eingestellt sein, damit sie sinnvoll funktioniert. Dann werden unbekannte Wörter oder grammatikalisch falsche Ausdrücke unterringelt, um den Benutzer darauf hinzuweisen, dass hier ein Fehler vorliegt.

Normen

Die DIN 5008 vereinheitlicht viele Schreib- und Gestaltungsregeln. Dadurch werden Texte besser lesbar und damit schneller erfassbar.

Die aktuelle DIN 5008 findet du unter https://www.din-5008-richtlinien.de/

	DIN 5008-Empfehlung
Leerzeichen	Nach jedem Wort und jeder Zahl folgt ein Leerzeichen. **Ausnahmen:** Wenn ein Satzzeichen oder ein Punkt für Abkürzungen oder Ordnungszahlen anschließt oder es sich um eine Kommazahl handelt. *7 Tage; Wir kennen z. B. die DIN 5008.; Klasse 7 a;* *Nach der 6. Stunde ist Schluss.*
Satzzeichen . , ; " ! ? ( ) '	Satzzeichen folgen dem Wort ohne Leerzeichen. Nach dem Satzzeichen folgt dann das Leerzeichen.

	DIN 5008-Empfehlung
	Ausnahmen: Anführungszeichen und Klammern umschließen die entsprechenden Textteile direkt. **Apostrophe** stehen als Ersatz für weggelassene Buchstaben ohne Leerzeichen zwischen den Worten. *„Mir reicht's!" sagte sie, bevor sie nach Hause ging.*
Zahlen	Zahlen mit mehr als drei Stellen werden von rechts mit Leerzeichen nach je drei Stellen gegliedert. Bei Kommazahlen wird von rechts und links des Kommas aus gegliedert: *36 708; 1 457,345 67* Direkt vor und nach dem Komma steht kein Leerzeichen. **Ausnahmen:** **Postleitzahlen** werden nicht gegliedert: *85283 Oberlauterbach* **Bankleitzahlen** werden von links in Dreierblöcke gegliedert: *721 516 50.* Die **IBAN** wird von links in Viererblöcke aufgeteilt: *DE12 7215 1650 0009 2537 74* **Telefonnummern** werden funktionsbezogen in Landes-, Orts- und Anschlussnummer gegliedert. Die Durchwahl wird durch einen Bindestrich angeschlossen: *08441 4993-21; +49 8441 4993-21* Nur **Geldbeträge** werden durch einen Punkt nach je drei Ziffern (vor dem Komma) gegliedert: *$ 1.000.000; 1.549,34 €; Auch: 1.549,34 EUR*
Sonderzeichen **= > < + * / % & $** **€ # § @...**	**Sonderzeichen** (auch in Rechnungen) werden mit Leerzeichen (davor und dahinter) geschrieben. *1,1 % Alkohol; 7 + 5 = 12; § 961 BGB; §§ 961 – 964 BGB; Pahlgruber & Söhne; # 5* **Ausnahmen:** @ in **E-Mail-Adressen** und Schrägstriche werden ohne Leerzeichen geschrieben: *kontakt@informatik-biber.de; Schüler/-innen; 100 km/h*
Mittestriche -	Als **Bindestrich** (Verbindung) zwischen Worten und zur Aneinanderreihung von Worten und Zahlen ohne Leerzeichen: *schwarz-weiß-rote Leidenschaft; 3-teilig; 12-jährig; 7-Tage-Woche, E-Mail-Adresse* Als **Ergänzungsstrich** bei abgeschnittenen Worten mit einem Leerzeichen: *Vor- und Nachname; bergauf und -ab* Als **Aufzählungszeichen** mit nachfolgendem Leerzeichen: *- 200 g Mehl* *- 125 ml Milch* Als **Silbentrennung** ohne Leerzeichen, am besten mit *automatischer Silbentrennung* im Dokument! Als **Gedankenstrich** mit Leerzeichen davor und danach: *Den Text – es war der schwierigste – tippte sie korrekt.* Als **Sonderzeichen** für „gegen", „bis" und in Streckenangaben mit Leerzeichen davor und danach: *Derby: FC Bayern – FC Ingolstadt 04; Unterricht: 07:30 – 12:30 Uhr; München – Ingolstadt – Nürnberg*

Tipp: Nutze die automatischen Silbentrennung deines Textverarbeitungprogramms. So wird vermieden, dass man selbst Striche einfügt, die dann nach einem Wechsel der Schriftgröße oder der Schriftart an falscher Stelle mitten in der Zeile erscheinen. Die automatische Silbentrennung sollte man dennoch vor Fertigstellung des Dokumentes überprüfen. Die Silbentrennung kann man selbstverständlich auch deaktivieren.

	DIN 5008-Empfehlung
	Als **Vorzeichen** bei Zahlen direkt vor der Zahl: *-45 °C* Auf der herkömmlichen Schreibmaschine gab es nur kurze Mittestriche (-). Mithilfe der Computer-Tastatur kann man auch lange Mittestriche (–) erzeugen (Alt-Taste gedrückt halten und 0150 über den Numerikblock eingeben). Lange Mittestriche benutzt man als Gedankenstriche, bei Streckenangaben und oft auch als Aufzählungszeichen und als Vorzeichen.
Datum/Uhrzeit	**Numerisch** mit 2-stelligem Tag und Monat und 4-stelligem Jahr, ohne Leerzeichen: *06.06.2013* **Alphanumerisch** mit Tag ohne voranstehender Null, ausgeschriebenem Monatsnamen und vierstelligem Jahr, jeweils durch Leerzeichen getrennt: *6. Juni 2013* **Zeitangaben** mit Minuten (und Sekunden), jede Einheit 2-stellig, durch Doppelpunkt getrennt, aber ohne Leerzeichen: *07:30 Uhr; 7 Uhr; 02:02:57 Stunden ist der aktuelle Marathonweltrekord.*
Hoch- bzw, tiefgestellte Zeichen	**Hoch- bzw. tiefgestellte Zeichen** werden ohne Leerzeichen an die zugehörige Basis angefügt. *90° Winkel; 35* m^2*;* H_2O*; 27 °C*

Wichtige Tastaturkürzel

- STRG+A markiert alles
- STRG+C kopiert den markierten Bereich
- STRG+X schneidet den markierten Bereich aus
- STRG+V fügt den Inhalt der Zwischenablage ein
- STRG+Z macht einen Bearbeitungsschritt rückgängig
- STRG+S speichert das Dokument

Teste dein Können

1. Gegebener Text:

```
Crêpe ( „ französischer Pfannkuchen " )
250g Mehl ,300ml Milch, 3 Eier und eine Prise
Salz in einer Schüssel zu einem Teig mischen.
Der Teig sollte leicht flüssig sein. Den Teig
ca . 1Std. ziehen lassen.
Danach nochmals gut umrühren. Falls er zu
zähflüssig ist, noch etwas Milch hinzugeben.
Jetzt kann der Teig in der Crêpes - Pfanne
portionsweise zubereitet werden - die Crêpes
sollten auf beiden Seiten leicht goldbraun
sein.
```

   a) Übernimm den Text verbessert nach den Regeln der DIN 5008.
   b) Ersetze die Leerzeichen an sinnvollen Stellen durch geschützte Leerzeichen. Erkläre, warum sie dort sinnvoll sind.
   c) Speichere ein passendes Bild zu dem Rezept aus dem Internet in deinen Ordner und füge es ein. Formatiere es passend.

2. Gib deinen Stundenplan als Tabelle in ein Textverarbeitungsprogramm ein. Formatiere ihn übersichtlich.

3. Füge deinem Stundenplan passende Grafiken hinzu.

1 Tastschreiben

Auch wenn das Hauptaugenmerk dieses Kapitels nicht mehr allein auf dem Tastschreiben liegt, so ist es doch sinnvoll, dieses immer wieder zu üben. Das Schreiben eines Briefes, einer Bewerbung oder andere Arbeiten am Computer erfordern immer eine sichere und schnelle Eingabe von Texten.
Dabei solltest du darauf achten, dass du sicher und vor allem fehlerfrei schreibst, da die Korrektur von Fehlern immer zeitaufwändig ist.

Von deinem Lehrer kannst du das Bewertungsschema für deine Klassenstufe erhalten. So kannst du konsequent üben, bis du die geforderten Anschläge sicher beherrschst. Übe auch Sonderzeichen und Ziffern solange, bis du sie gleichmäßig schreiben kannst, ohne die Geschwindigkeit verringern zu müssen.

Tipp: Ausgezählte Texte findest du zum Beispiel auf der Webseite der Bundesjugend für Computer, Kurzschrift und Medien: *http://www.bjckm.de/index.php?id=14*

Übungsprotokoll

Du kannst ein Übungsprotokoll anfertigen, dass dir hilft, deine Fortschritte zu sehen. So kannst du nachvollziehen,

- ob du regelmäßig übst,
- ob sich deine Geschwindigkeit steigert,
- ob deine Fehleranzahl sinkt,
- welche Fehler du häufig machst.

Beispiel für ein Übungsprotokoll für 10-Minuten-Abschriften:

Datum	Anschläge	Fehler	Fehlerprozent	Fehlerart

$$\text{Fehlerprozent} = \frac{\text{Fehler mal 100}}{\text{Anschläge}}$$

Tipps und Tricks

Denke daran, dass es **Tast**schreiben heißt. Jeder Blick, den du auf die Tastatur werfen musst um sicherzugehen, dass du die richtige Taste drückst, kostet dich Zeit. Außerdem musst du danach die richtige Stelle in der Textvorlage finden. Dabei kann es dann leicht passieren, dass du in der Zeile verrutschst.

Tricks gegen das „Tastaturspicken“:

- ein Tuch über die Hände legen
- eine flache Box über die Tastatur stellen, dabei die Seite an der die Hände sind, ausschneiden.
- bei einer alten Tastatur die Beschriftung entfernen oder mit buntem Band überkleben

Übe regelmäßig in kleinen Zeiteinheiten von maximal 30 Minuten. Schreibe dich dabei zuerst mit einer alten Lektion ein und wechsle dann zu einem neuen Text. Von Zeit zu Zeit kannst du auch die Tastwegübungen zu den einzelnen Buchstaben wiederholen. Bedenke dabei aber, dass zusammenhangslose Buchstaben und Wörter immer langsamer eingegeben werden, als ein sinnvoller Text.

Bemerkst du, dass deine Fehler nicht weniger werden, so solltest du deine Schreibgeschwindigkeit reduzieren. Falls die Fehlerart immer wieder die gleiche ist, zum Beispiel, dass du den zweiten Buchstaben eines Wortes oft großschreibst (BEispiel, WOrt), so solltest du diese Problemfälle isoliert üben. In diesem Fall solltest du also solange Wörter mit einem großen Anfangsbuchstaben schreiben, bis diese Fehlerart nicht mehr auftritt.

Tipp: Stelle dir einen Timer mit 10 Minuten, so kannst du konzentriert schreiben, ohne die verbleibende Zeit kontrollieren zu müssen.

Übungstext

Schreibe den Text in 10 Minuten ab. Drucke ihn anschließend aus und lass ihn von einem Mitschüler oder Familienmitglied korrigieren. Berechne deinen prozentualen Fehleranteil und vergleiche ihn mit dem Bewertungsschema deiner Schule.

In einigen Schularten ist das Zehnfingerschreiben ein fester	64
Bestandteil des Informatik- bzw. IT-Unterrichtes, in anderen	130
dagegen wird es als Wahlfach für interessierte Schüler	187
angeboten. Dabei wird es unterschiedlich genannt:	239
Maschinenschreiben, Tastschreiben oder 10-Finger-	291
Tastschreiben. Gemeinsam ist ihnen allen, dass der Benutzer	354
möglichst sicher und ohne den Blick auf die Tastatur zu senken	419
Texte erfassen kann. Deshalb gibt es eine sogenannte	474
Grundstellung die auf der QWERTZ-Tastatur bedeutet, dass die	543
Finger der linken Hand auf den Buchstaben ASDF und die rechte	611
Hand auf den Buchstaben JKLÖ liegen. Die Daumen ruhen dabei	679
auf der Leertaste. Welchen der Daumen man benutzt um die	739
Leertaste zu betätigen ist dabei von der persönlichen	794
Veranlagung abhängig. Sicher ist dir bei der Grundstellung	856
auch schon aufgefallen, dass die Tasten unter den Zeigefingern	921
kleine Erhebungen aufweisen, so kann man die Grundstellung	982
auch finden, ohne die Augen vom Bildschirm zu nehmen. Wie	1043
schnell jemand „tippen" kann ist stark vom Üben und der	1102
Konzentration abhängig. Die Schreibgeschwindigkeit wird dabei	1166
nicht in Worten gezählt, sondern in Anschlägen. Das heißt,	1228
jeder Druck einer Taste gilt als Anschlag. Deshalb zählt ein	1293
großer Buchstabe als zwei Anschläge, da er den Druck zweier	1356
Tasten erfordert: die Umschalttaste und der jeweilige	1412
Buchstabe! Meistens beginnt man bei ca. 60 Anschlägen pro	1474
Minute, jedoch kann sich ein geübter Schreiber schnell auf 200	1539
bis 400 Anschläge/Minute verbessern. 2001 erreichte Helena	1602
Matouskova 821 Anschläge/Minute. Dafür schrieb sie -	1660
allerdings nicht fehlerfrei, sondern mit vier Fehlern - in 30	1723
Minuten 24630 Anschläge. Auch wenn diese Anschlagszahlen für	1788
viele utopisch sind, so zeigt es doch, wie automatisiert	1845
Tastschreiben abläuft, wenn es nur lange und intensiv genug	1906
geübt wird.	1917

Textverarbeitungsprogramme

Falls du nicht mit Libre Office arbeitest, kannst du mit der eingebauten Hilfe (F1 drücken) nach dem entsprechenden Begriff suchen.

Es gibt verschiedene Textverarbeitungsprogramme. Die bekanntesten sind Word von der Firma Microsoft und Writer im Paket Libre Office bzw. OpenOffice. Sie sind fast gleich aufgebaut und haben eine ähnliche Menü- und Fenstertechnik.
Die Kapitel zur Textverarbeitung basieren auf Writer im kostenlosen Officepaket Libre Office, das aus dem Internet bezogen werden kann.
Alle hier behandelten Funktionen kann man in jedem Textverarbeitungsprogramm finden, jedoch sind sie teilweise in anderen Menüs verortet. Wo die Funktionen sich von Word stark unterscheiden, ist dies in der Marginalie gekennzeichnet.

2 Bewerbung

Einen der ersten offiziellen Briefe, die du an eine Firma oder Unternehmen schicken wirst, ist wahrscheinlich eine Bewerbung für eine Praktikums-, Lehr- oder Ausbildungsstelle. Um hier einen guten ersten Eindruck zu hinterlassen und zu einem Vorstellungsgespräch eingeladen zu werden, ist es wichtig, eine formal und inhaltlich richtige Bewerbung zu verfassen.

Der Schwerpunkt liegt in diesem Kapitel nicht auf den Formulierungen, sondern auf der Formatierung. Formulierungen werden in Deutsch oder Wirtschaft vertieft behandelt.

Hanna möchte sich für ein Praktikum als IT-Systemelektroniker/in bewerben. Sie weiß bereits, dass eine Bewerbung aus mehreren Teilen besteht:

- Deckblatt
- Anschreiben
- Lebenslauf
- Zeugnisse/Zertifikate

Deckblatt

Das Deckblatt ist deine Visitenkarte. Nimmt der Mitarbeiter der Personalabteilung eines Unternehmens deine Mappe in die Hand, so ist das Deckblatt das Erste was er sieht. Allerdings ist das Deckblatt kein verpflichtender Teil der Bewerbungsmappe, du kannst dich also entscheiden, ob du es möchtest.

Tipp: Im Internet kannst du viele Beispiele für Deckblätter finden.

Es gibt ganz verschiedene Möglichkeiten, das Deckblatt zu gestalten. Dabei solltest du aber immer darauf achten, dass die Übersichtlichkeit erhalten bleibt und es nicht überladen ist. Beachte auch, dass große bunte Blöcke nur dann attraktiv wirken, wenn sie ordentlich gedruckt werden können. Hanna hat sich hier für eine relativ schlichte Variante entschieden:

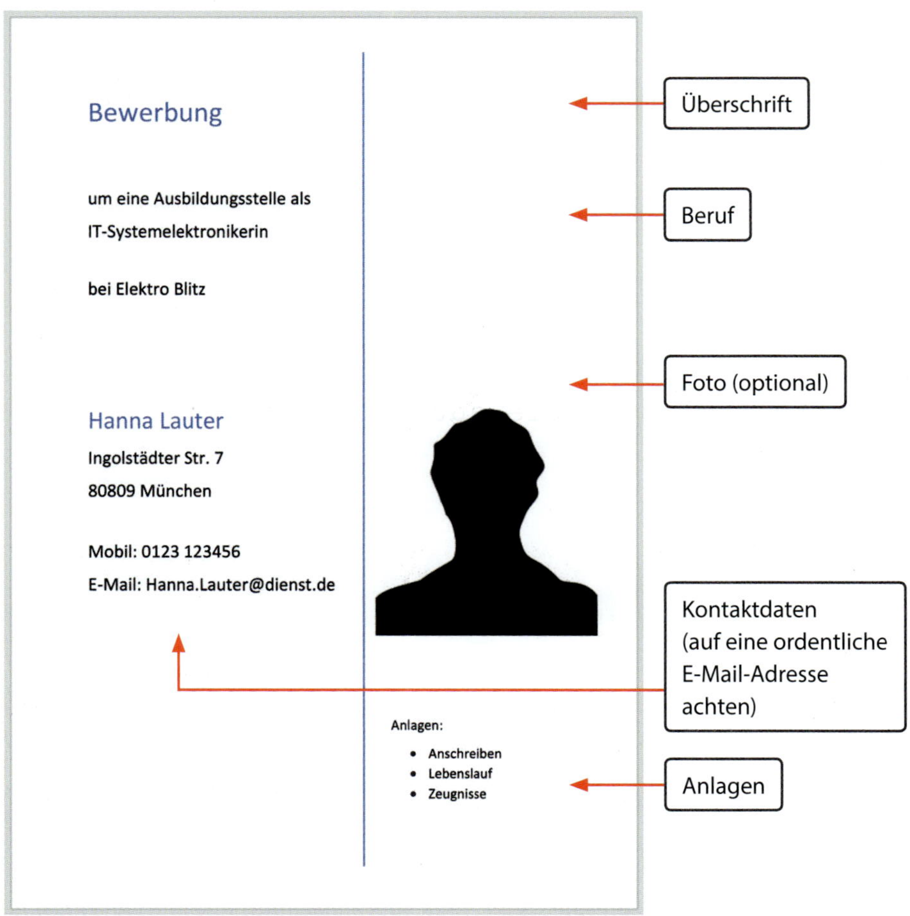

Tipp: Um Text frei zu platzieren, kannst du ein **Textfeld** verwenden:

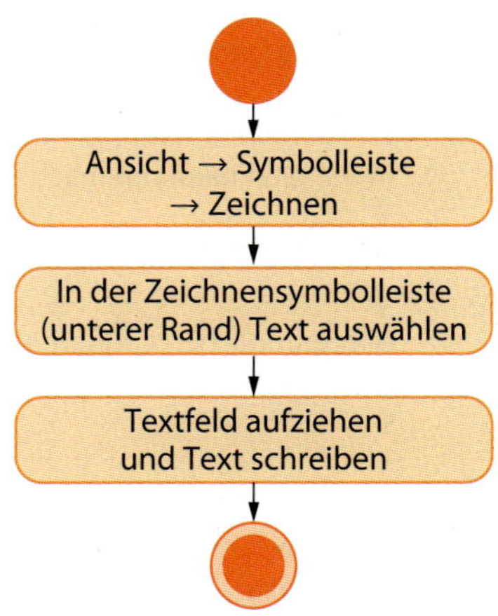

4. Gestalte mit Hilfe von Textfeldern ein Deckblatt.

Anschreiben

Das Anschreiben einer Bewerbung wird wie ein **Privatbrief nach DIN 5008** formatiert. An nachfolgendem Beispiel siehst du, wie dieser aufgebaut ist.

Kontaktinformationen →

Hanna Lauter
Ingolstädter Str. 7
80809 München

Mobil: 0123 123456
E-Mail: Hanna.Lauter@dienst.de

¶
¶
¶
Elektro Blitz
Herrn Luis Lampert ← Anschriftenfeld
Brückenstraße 15
80331 München
¶
¶
¶
¶

Datum → 01.10.20..

¶
¶
Bewerbung für ein Praktikum zur IT-Systemelektronikerin ← Betreff
¶
¶
Sehr geehrter Herr Lampert, ← Anrede
¶
mit großem Interesse habe ich den ausgeschriebenen Praktikumsplatz zur IT-Systemelektronikerin am 25.09.20.. auf Ihrer Website entdeckt.
¶ ← Brieftext
Da ich bereits seit zwei Jahren in der Schule am Wahlfach Technik teilnehme, würde ich gerne bei Ihnen ein Praktikum machen, um die Aufgabenfelder der IT-Systemelektronikerin kennenzulernen.
¶
Über eine Einladung zu einem persönlichen Gespräch würde ich mich sehr freuen.
¶
Mit freundlichen Grüßen
¶
¶ Hanna Lauter ← Briefschluss
¶
Anlagen ← Anlagen
Jahreszeugnis der 9. Klasse
IT-Zertifikat

Allgemeine Einstellungen

Da jedes Textverarbeitungsprogramm mit unterschiedlichen Voreinstellungen für ein neues Dokument arbeitet, stellt Hanna gleich zu Beginn den oberen Seitenrand auf 5 cm und den linken Seitenrand auf 2,5 cm ein. Außerdem schaltet sie den Zeilenabstand auf einfachen Zeilenabstand und entfernt die Abstände vor und nach den Absätzen.

Seitenränder:

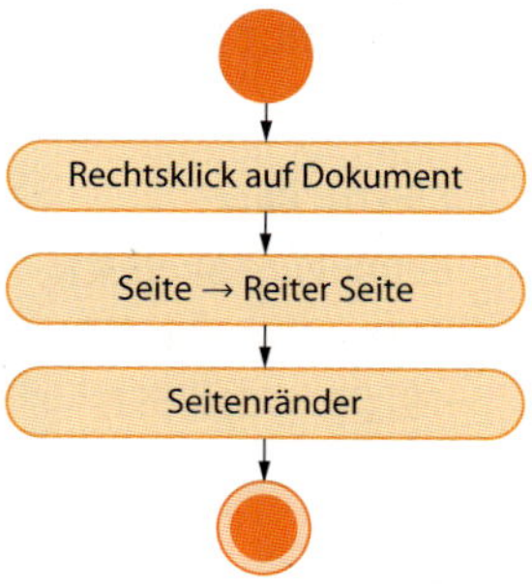

Abstand um Absätze:

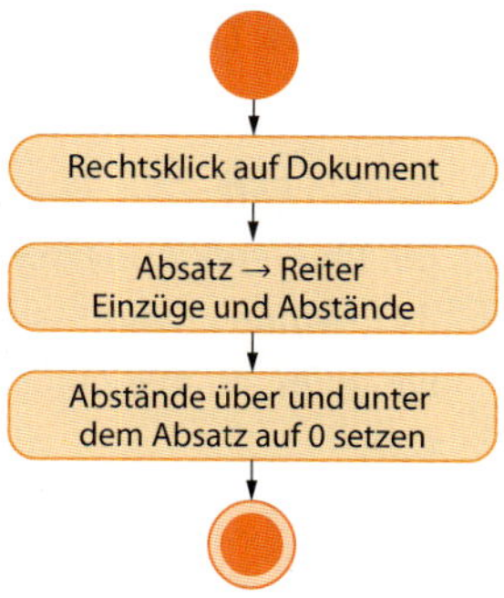

Zeilenabstand:

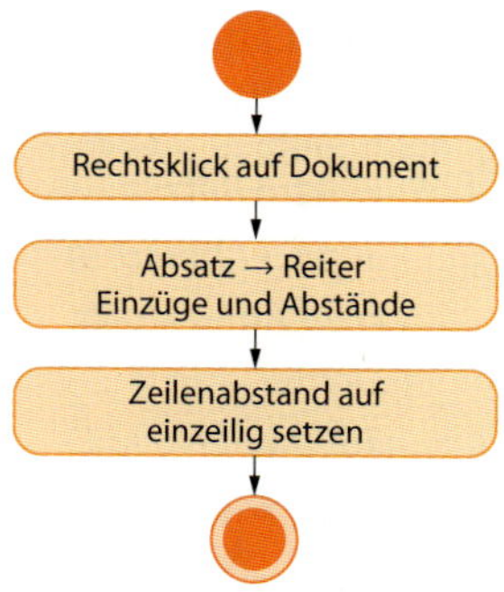

Der rechte Rand wird von der DIN 5008 nicht eindeutig festgelegt. Normalerweise beträgt er 2 cm, kann jedoch auf bis zu 1 cm verkleinert werden, wenn dadurch ein zweite Seite verhindert werden kann. Zum unteren Seitenrand gibt es laut DIN 5008 keine Angaben, er kann wie der rechte Seitenrand gehandhabt werden.

Kontaktinformation

Die Kontaktinformationen des Absenders, also Hannas Adresse, sowie Mobilnummer und E-Mail-Adresse fügt sie mit Hilfe eines Textfeldes in den oberen Seitenrand ein. Dabei darf sie diese Informationen rechtsbündig, linksbündig oder zentriert ausrichten.

Anschriftenfeld

Die Anschrift enthält die Adresse des Empfängers. Dabei gibt es verschiedene Varianten, die auf die jeweilige Situation angepasst werden können:

Herrn	*Herrn Lampert*	*Herrn Luis Lampert*
Luis Lampert	*Brückenstraße 15*	*Brückenstr. 15*
Brückenstraße 15	*80331 München*	*80331 München*
80331 München		

„Herrn" ist die Kurzform für „an Herrn", das „n" wegzulassen ist nicht erlaubt.

Akademische Grade werden dabei vor den Namen geschrieben:

Herrn
Dr. Luis Lampert
Brückenstraße 15
80331 München

In großen Unternehmen werden die Briefe oft von einer zentralen Poststelle oder einem anderen Mitarbeiter geöffnet und vorsortiert.
Bei Mitarbeitern in einer Firma ist daher die Reihenfolge von Firmenname und Name des Mitarbeiters beachtenswert:
Wird die Firma zuerst genannt, so darf der Brief auch von anderen Personen geöffnet werden, ist jedoch die Person zuerst genannt, so muss er persönlich geöffnet werden.

Elektro Blitz	*Herrn Luis Lampert*
Herrn Luis Lampert	*Elektro Blitz*
Brückenstraße 15	*Brückenstraße 15*
80331 München	*80331 München*

Ist genügend Platz im Anschriftenfeld, so wird die Anrede in eine eigene Zeile geschrieben. Andernfalls kann sie in der gleichen Zeile wie der Nachname stehen.
Ist der Vorname bekannt, so ist er mit anzugeben.

5. Recherchiere im Internet verschiedene Ansprechpartner bei Unternehmen, die du bezüglich eines Praktikumsplatzes anschreiben kannst.
Schreibe diese Adressen korrekt.

6. Deine Bewerbung soll möglichst schnell geöffnet und bearbeitet werden, auch wenn der Angeschriebene gerade abwesend ist.
Erläutere, welche Adressenschreibarten du benutzt.

Nach der Firmenbezeichnung wird, wenn bekannt, die Abteilung angefügt.

Elektro Blitz	*Elektro Blitz*
Personalabteilung	*Personalabteilung*
Herrn Luis Lampert	*Brückenstraße 15*
Brückenstraße 15	*80331 München*
80331 München	

Verschickt man einen Brief ins Ausland, so schreibt man das Land in Großbuchstaben in der Landessprache des Absenders. Die restliche Adresse schreibt man in der Landessprache des Empfängers:

7. Begründe die Wahl der jeweiligen Sprache.

Elektro Blitz	*Elektro Blitz*	*Elektro Blitz*
Serviceabteilung	*Mr. Dr. Derek Anderson*	*Dmn. Vlad Svetescu*
Frau Anna Hofer	*547 Hunters Drive*	*Alea Lunca Bradului 8*
Lichterweg 7	*DETROIT, MI 49423*	*48204 BUCUREȘTI*
1010 WIEN	*USA*	*RUMÄNIEN*
ÖSTERREICH		

Das Anschriftenfeld setzt sich aus der Anschrift (6 Zeilen) und der Zusatz- und Vermerkzone (3 Zeilen) zusammen:

3	
2	Zusätze und Vermerke (3 Zeilen)
1	
1	
2	
3	Anschrift (6 Zeilen)
4	
5	
6	

Dabei gilt: Zusätze und Vermerke werden von unten nach oben gefüllt, die Anschrift normal von oben nach unten. Zeilen die „leer" sind, werden nicht gelöscht.

Mögliche Zusätze und Vermerke:

- „Einschreiben"
- „Wenn unzustellbar, bitte mit neuer Adresse zurück"
- „Büchersendung"
- „persönlich" bzw. „vertraulich"

Der Vermerk „persönlich" kann benutzt werden, um zu verstärken, dass der Brief nicht von anderen geöffnet werden soll.

Lange Vermerke kann man über zwei Zeilen schreiben.

Beispiel:

¶	Wenn unzustellbar, bitte	¶
¶	mit neuer Adresse zurück	¶
Einschreiben	Büchersendung	¶
Frau	Frau	Frau Luisa Gruber
Maria Miller	Dr. Maria Miller	Elektro Blitz
Blumenstr. 4	Blumenstr. 4	Personalabteilung
80337 München	80337 München	Lichterweg 7
¶	¶	1010 WIEN
¶	¶	ÖSTERREICH

8. Erklärt in Kleingruppen die Unterschiede zwischen den Anschriftenfeldern im Beispiel.

Datum

Das Datum steht immer rechtsbündig durch eine Leerzeile getrennt unter dem Anschriftenfeld.
Es setzt sich immer mehr die Schreibweise **Jahr-Monat-Tag** durch:
2018-10-01

Aber auch **Tag.Monat.Jahr** ist erlaubt:
01.10.2018

Ebenso die **alphanumerische Schreibweise**:
1. Oktober 2018

Das Jahr ist immer *vierstellig* zu schreiben, Monat und Tag *zweistellig*.

Oft wird dem Datum der Ort vorangestellt:
München, 01.10.2018

Denke daran, dass das Anschriftenfeld immer 9 Zeilen lang ist, auch wenn die Zeilen leer sind.

Betreff

Der Betreff ist eine kurze und aussagekräftige Zusammenfassung des Briefinhalts. Dabei sollte er eine Zeile nicht überschreiten und hat keinen Punkt als Endzeichen. Der Betreff wird fett gesetzt und nach oben und unten mit *jeweils zwei Leerzeilen* abgesetzt.

Bei Schreibmaschinen konnte man nicht fett schreiben, damals wurde dem Betreff das Wort „Betreff" gefolgt von einem Doppelpunkt vorangestellt.

Anrede

Hanna hat auf der Website der Firma recherchiert, wer für Ausbildung und Praktika-Einstellungen in ihrem gewünschten Bereich zuständig ist. So kann sie den Ansprechpartner gezielt anschreiben. Das hinterlässt auch beim Unternehmen einen guten Eindruck, da sich der zukünftige Praktikant/Auszubildende informiert hat und damit Interesse zeigt.
Solltest du keinen Ansprechpartner finden können, kannst du auch anrufen und nachfragen. Nur falls es nicht möglich ist herauszufinden, wer zuständig ist, sollte die Anrede „Sehr geehrte Damen und Herren," gewählt werden.

Ausnahme: Soll eine Gruppe von Personen angesprochen werden, so ist *„Sehr geehrte Damen und Herren,"* natürlich passend.

Brieftext

Der Brieftext beginnt mit einem kleinen Buchstaben, da die Anrede mit einem Komma geendet hat.
Er sollte logisch strukturiert sein und mit Hilfe von Absätzen, getrennt durch eine Leerzeile, gegliedert werden. Dabei sollte man allzu lange und verschachtelte Sätze nach Möglichkeit vermeiden.

Briefschluss

Mit einer Leerzeile zum Brieftext schreibt Laura die Grußformel, die nicht mit einem Komma beendet wird.
Es folgen drei Leerzeilen für die handschriftliche Unterschrift.

Anlagen

Falls die Anlagen nicht bereits auf dem Deckblatt enthalten sind, folgen sie nach der Unterschrift.

9. Sammle alle Informationen, die in deinen Lebenslauf gehören.

10. Recherchiere im Internet, wie der fertige Lebenslauf aussehen kann.

Ein Foto ist auf dem Lebenslauf nicht notwendig.

Lebenslauf

Bewirbt man sich für einen Praktikumsplatz oder eine Ausbildungsstelle, so ist ein weiterer Bestandteil der Bewerbung ein Lebenslauf.

Lebenslauf

Persönliche Daten

Name	Hanna Lauter
Adresse	Ingolstädter Str. 7
	80809 München
Geburtsdatum und -ort	14.05.20.. in Starnberg
Telefon	0123 123456
E-Mail	Hanna.Lauter@dienst.de

Schulbildung

09/20.. – 09/20..	Grundschule im Würmtal
09/20.. – 07/20..	Staatliche Realschule München, Abschlussnote 1,6

Ehrenamtliche Tätigkeiten und Praktika

20.. – 20..	Tutor einer 5. Klasse
Mai 20..	2-wöchiges Praktikum bei PC Doc in Schwabing
Seit 20..	Mitglied der freiwilligen Feuerwehr Schwabing

Kenntnisse

EDV-Kenntnisse	Umgang mit verschiedenen Office-Paketen (fortgeschritten)
	Grundlagen der Programmierung mit Python
Sprachkenntnisse	Englisch (Niveau B1)
	Französisch (Niveau A2)

München, 23.07.20..

Hanna Lauter

Der Lebenslauf wird meist in einer tabellarischen Form gewünscht.

Es gibt zwei Möglichkeiten, diese tabellarische Form zu erhalten.

- Entweder man nutzt eine Tabelle, bei der die Linien unsichtbar formatiert werden.
- Oder man verwendet sogenannte **Tabulatoren**.
  Diese Tabulatoren haben den Vorteil, dass man die Tabelle schnell erweitern kann. Auch bleibt der gesetzte Absatzabstand erhalten und damit das Aussehen des Dokuments konsistent.

11. Du hast bereits alle Informationen über dich gesammelt, die in deinem Lebenslauf enthalten sein sollen. Vielleicht habt ihr auch bereits in Wirtschaft über Bewerbung und Lebensläufe gesprochen. Erstelle nun einen ansprechenden Lebenslauf.

Die Standardtabulatoren sind auf jeweils 1,25 cm gesetzt, das bedeutet, jeder Druck auf die Tabulatortaste lässt den Cursor zum nächsten Vielfachen von 1,25 cm springen. Du siehst die Standardtabulatoren im Lineal als kleine Markierungen.

Um einen Lebenslauf zu erstellen, der normalerweise nur aus zwei Spalten besteht, ist es sinnvoll diese Standardtabulatoren durch Tabulatoren mit eigenen Werten zu ersetzen.

Die Tabulatorpositionen kann man setzen, bevor oder nachdem man den Text schreibt. Allerdings ist es wichtig zu wissen, dass die Tabulatoren nur für den aktuellen Absatz gesetzt werden. Möchte man sie auf mehrere Absätze anwenden, so müssen diese markiert werden, bevor man den neuen Tabulator setzt.

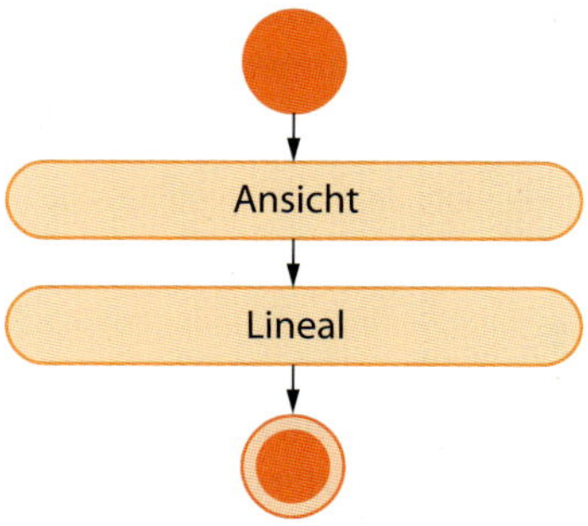

Lineal sichtbar werden lassen

Eine neue Tabulatorposition setzt du, indem du im Lineal auf die gewünschte Position klickst. Ein nachträgliches Verändern dieser Position ist durch einfaches Anklicken und Verschieben möglich.

Manchmal ist es notwendig, dass ein Tabulator sehr genau gesetzt wird. Dafür gibt es die Möglichkeit, exakte Zahlenwerte zu setzen. Ein Doppelklick auf das Tabulatorsymbol im Lineal öffnet dazu ein Kontextmenü.
Tabulatoren kann man auch so setzen, dass sie nicht linksbündig ausrichten sondern zum Beispiel rechtsbündig. Auch diese Einstellung findet man im Kontextmenü des Tabulators.

Dein Lebenslauf muss, genau wie das Anschreiben, unbedingt unterschrieben sein. Achte dabei darauf, dass das Datum beider Dokumente gleich ist.

Zeugnisse und Zertifikate

Füge alle Zeugnisse, Zertifikate und Bescheinigungen deiner Bewerbungsmappe als Kopie bei. Achte darauf, dass die Kopien gut lesbar sind und keine Streifen oder andere Kopierfehler aufweisen.

Wichtig: Verschicke für eine Bewerbung niemals deine Originaldokumente!

Ausdruck

Achte auch beim Ausdruck von Deckblatt, Anschreiben und Lebenslauf darauf, dass die Ausdrucke streifenfrei und ordentlich sind.
Druckt man auf etwas schwereres Papier, zum Beispiel 100 g/m^2, als auf das normale Kopierpapier mit 80 g/m^2, so fühlt sich das Papier stabiler und wertiger an.

> Denke unbedingt daran, dass das Anschreiben und der Lebenslauf unterschrieben werden müssen. Kontrolliere bei dieser Gelegenheit auch, ob beide das gleiche Datum haben.

Bewerbungsmappe

Im Handel gibt es eine Vielzahl verschiedener Mappen, darunter klassische Klemmhefter aber auch dreiteilige Mappen.
Achte darauf, dass deine Mappe neu aussieht, also keine Knicke, Flecken oder abgestoßene Ecken hat. Mappen aus Pappe fühlen sich dabei wertiger an als die Ausführung in Plastik.

Die Bewerbung wird dabei immer so sortiert, dass der Empfänger zuerst das Deckblatt (wenn vorhanden), danach das Anschreiben sieht. Anschließend folgen Lebenslauf und zum Schluss Zeugnisse und Bescheinigungen.
Bei der dreiteiligen Mappe gibt es verschiedene Ausführungen. Lege die Mappe vor dich und klappe sie auf. Die erste Befestigungsmöglichkeit ist für das Deckblatt. Verfahre so weiter, bis alle Dokumente einsortiert sind.

dreiteilige Bewerbungsmappe

Es gibt auch die Online-Bewerbung. Hierbei füllt man ein Online-Formular aus und lädt anschließend die benötigten Dokumente hoch.

E-Mail-Bewerbung

Bei vielen Unternehmen ist es möglich die Bewerbung auch digital zuzusenden.

- Dabei kopiert man entweder das Anschreiben in die E-Mail. Dies hat den Vorteil, dass der Leser sofort das Anschreiben lesen kann. Er muss nicht zuerst den Anhang öffnen.
- Oder man verfasst ein zusätzliches, anderes Anschreiben, und hängt die gesamte Mappe an.

Wie auch bei der klassischen papiernen Bewerbung gilt natürlich, dass die Bewerbung ordentlich formuliert und ohne Fehler sein muss.

12. Stell dir vor, du bekommst eine Bewerbung, bei der jedes Dokument in einer eigenen Datei gespeichert wird. Welche Probleme können sich ergeben?

Vorteile einer E-Mail-Bewerbung:
Mit Hilfe der digitalen Bewerbung kann der Bewerber viele verschiedene Unternehmen anschreiben. Des Weiteren ist es für das Unternehmen leichter, die Bewerbung an den zuständigen „Personaler“ oder Abteilungsleiter weiterzuleiten.
Ein weiterer Vorteil ist die Kostenersparnis: teure Mappe, Porto und Kopier- bzw. Druckkosten entfallen für den Bewerber.

13. Schreibt verschiedene Betreffe für eine Praktikumsstelle auf. Diskutiert Vor- und Nachteile der gefundenen Betreffe.

E-Mail-Betreff:
Damit der Mitarbeiter der Personalabteilung deine Bewerbung auch schnell wiederfinden kann, ist es besonders wichtig einen aussagekräftigen E-Mail-Betreff zu wählen.

Beispiel:

Bewerbung für ein Schulpraktikum als Systemelektroniker im Mai 2020

Anhang:
Am besten speicherst du alle Dokumente, immer einzeln, so kannst du für jede Bewerbung die passenden Dokumente zusammenfügen.

Die Dokumente, die du am PC erstellt hast, exportierst du als PDF-Datei. Dazu bieten die Textverarbeitungsprogramme im Menüpunkt „Datei“ den Eintrag „exportieren“ an.

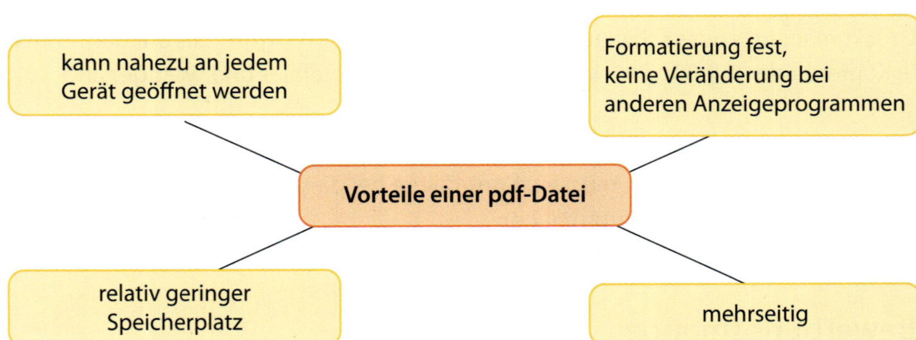

Alle analogen Teile deiner Mappe musst du zunächst digitalisieren. Dazu bieten die meisten Scanner die Option an, die gescannten Dokumente als PDF-Datei zu speichern.

Um einzelne PDF-Dateien zusammenzufügen (engl. to merge), gibt es browserbasierte Programme (z. B. https://www.pdfmerge.com/de/).

14. Unter welchem Namen würdest du deine fertig zusammengefügte PDF-Datei speichern? Diskutiert verschiedene Varianten.

Du kannst auch ein geeignetes Programm auf deinen PC laden (z. B. PDFsam).

Denke daran, deine fertige Datei am Ende sinnvoll zu benennen und vergiss nicht, sie deiner E-Mail anzuhängen.

3 Geschäftsbrief

Ihre Bewerbung hat Hanna jetzt also abgeschickt. Als Antwort bekommt sie vom Unternehmen einen sogenannten **Geschäftsbrief**. Diesen grenzt man wie folgt vom Privatbrief ab:

- **Privatbriefe** werden von **Privatpersonen** geschrieben, Anlässe sind zum Beispiel Bewerbungsanschreiben, Reklamation, Kündigungen, Anfragen oder Anträge.
- **Geschäftsbriefe** werden von **Unternehmen** und **Behörden** geschrieben, beispielsweise Angebote, Rechnungen, Bestätigungen oder Einladungen.

Dabei unterscheidet sich der Geschäftsbrief in der Formatierung nur leicht vom Privatbrief.

Elektro Blitz GmbH
Brückenstr. 15
80331 München

¶
¶
¶
Frau
Hanna Lauter
80809 München
¶
¶
¶
¶

Ihre Nachricht vom →	Ansprechpartner →	E-Mail →	Datum
01.10.20.. →	Herr Manuel Schmid →	Manuel.Schmid@elektroblitz.de →	15.10.20..

← Bezugszeichenzeile

¶
¶
Einladung zum Vorstellungsgespräch
¶
¶
Sehr geehrte Frau Lauter,
¶
vielen Dank für Ihre ansprechende Bewerbung und das damit verbundene Interesse an einem Praktikum in unserem Unternehmen.
¶
Ihre Bewerbung hat unser Interesse geweckt und wir würden uns gerne ein individuelles Bild von Ihnen machen. Aus diesem Grund laden wir Sie zu einem persönlichen Vorstellungsgespräch am 05.11.20.. um 15:00 Uh in der Brückenstr. 15 in München ein.
¶
Sollten Sie an diesem Tag verhindert sein, bitte wir Sie sich mit uns in Verbindung zu setzen um einen alternativen Termin zu vereinbaren.
¶
Mit freundlichen Grüßen
¶
Elektro Blitz
¶
¶ L. Hub

← Briefabschluss

i. V. Luisa Huber
Assistenz der Personalabteilung
¶
Anlage
Informationsbroschüre

ElektroBlitz GmbH, Sparkasse München, IBAN DE12 3456 7891 2345 6789 BIC AB123456789
Sitz der Gesellschaft: München, Deutschland, Geschäftsführung Max Leiter, Handelsregister: AG München
HRB 123456, USt-IdNr. DE1234567

← Fußzeile

Anschriftfeld und Informationsblock

15. Erkläre, warum das Anschriftfeld 50 mm vom oberen Seitenrand enfernt sein muss.

Die Position des Anschriftfeldes ist wie beim Privatbrief 50 mm vom oberen Seitenrand. Rechts daneben steht meist ein Informationsblock. Er hat vom linken Blattrand einen Abstand von 125 mm, die maximale Breite beträgt 75 mm.
Es bietet sich an, den Informationsblock als Tabelle zu formatieren, so kann er leicht platziert und verändert werden. Der Rahmen sollte nicht sichtbar gesetzt werden. Um sich Arbeit zu ersparen, kann man einen Textbaustein mit dem Informationsblock erstellen.

Informationsblock mit allen Leitwörtern.
Die Schriftgröße beträgt 8 pt.

Ihr Zeichen:	
Ihre Nachricht vom:	
Unser Zeichen:	
Unsere Nachricht vom:	
Name:	
Telefon:	
Fax:	
E-Mail:	
Datum:	

Bezugszeichenzeile

Die Bezugszeichenzeile ist eine Alternative zum Informationsblock und enthält alle wichtigen Informationen. Die Leitwörter können aus dem Informationsblock übernommen werden. Im Beispiel wird die Bezugszeichenzeile verwendet.
Die Formatierung erfolgt mit Hilfe von Tabulatoren, die in 50-mm-Schritten gesetzt werden (► auch Abbildung auf Seite 19).

Faltmarken

Die Bewerbung hat keine Faltmarken, da sie ungefaltet in der Mappe steckt.

Faltmarken helfen, den Brief richtig zu falten, so dass sich das Anschriftenfeld genau im Fenster des Briefumschlags befindet. Die Faltmarken liegen bei 10,5 cm und 21,0 cm vom oberen Rand aus gesehen und sind jeweils 7 mm lang und 1 pt stark.
Man fügt sie mit Hilfe des Zeichenmenüs als Linie ein. Die absolute Positionierung erfolgt über das Kontextmenü (Rechtsklick auf die Linie).
Zusätzlich kann man eine Lochmarkierung setzen, die hilfreich ist, wenn der Locher keine Schiene besitzt. Diese Markierung befindet sich 14,85 cm vom oberen Rand entfernt und ist 10 mm lang und ebenfalls 1 pt stark.

Unterschriftenregelungen:

i. A. ist die Abkürzung für „im Auftrag". Der eigentliche Briefschreiber ist gerade nicht im Haus, jemand unterschreibt in seinem Auftrag, allerdings nur als Information, ohne rechtliche Verpflichtung.

i. V. steht für „in Vollmacht". Der Unterschreibende hat eine Vollmacht und darf rechtlich bindende Entscheidungen für das Unternehmen treffen.

ppa. oder **pp.** bezeichnet „per Prokura". Prokuristen sind zu allen gerichtlichen und außergerichtlichen Geschäften und Rechtshandlungen ermächtigt, die in einem Handelsgewerbe vorkommen können.

Briefabschluss

Der Briefschluss enthält zusätzlich die Position des Schreibers und den Namen des Unternehmens. Außerdem gibt es verschiedene Unterschriftenregelungen. Hier ist es sehr wichtig, dass man sie richtig benutzt, da sonst Schadensersatzklagen oder andere Konsequenzen folgen können.

Fußzeile

In der Fußzeile befinden sich die Angaben wie Firmenname und Rechtsform; der Sitz der Gesellschaft; Telefon, E-Mail, Internetadresse; Bankverbindungen; die Umsatzsteuer-Identifikationsnummer („USt-IdNr." abgekürzt); Vorstandsmitglieder bzw. Geschäftsführung; Vorsitzende/r des Aufsichtsrates usw. (► auch Seite 19 unten).

Spalten

Lange Textzeilen sind manchmal schwer zu lesen, da das Auge einen weiten Weg vom Zeilenende zum nächsten Zeilenbeginn hat. Deshalb werden zum Beispiel Zeitungen in relativ schmalen Spalten gesetzt.

Dieses Buch hat keine Spalten, sondern eine **Marginalie**, um den Text leichter lesbar zu machen. Weiterer Vorteil der Marginalie: Tipps, Aufgaben und ähnliches haben Platz.

Schreibt man in einer Tabelle in der ersten Zelle mehr Text, so wird diese Zelle einfach länger, bei Spalten verteilt sich der Text dagegen automatisch so, dass der Text in allen Spalten gleich „hoch" ist.

Beispiel und Anleitung:
Spalten erstellt man, indem man den Text schreibt, der in Spalten stehen soll. (Wie immer gilt: zuerst den Inhalt, dann die Formatierung!)
Anschließend wird der Text markiert und danach über den Menüpunkt „Format → Spalten" formatiert. Man hat die Wahl, ob alle Spalten gleich oder unterschiedlich breit sein sollen, und ob man eine Trennlinie zwischen den Spalten möchte. Dabei sollte man darauf achten, dass Spaltenzahl und Textlänge ein ansprechendes Verhältnis besitzen.

16. Kopiere dir einen Text in dein Textverarbeitungsprogramm. Achte darauf, dass er genau eine Seite füllt. Formatiere diesen Text als Spalten. Diskutiert Vor- und Nachteile dieser Darstellung.

Umbrüche

Mit Drücken der Enter-Taste erzeugt man einen neuen Absatz. Du weißt bereits, dass innerhalb eines Absatzes Formatierungen, wie zum Beispiel die Ausrichtung, gesetzt werden können.

Absatzmarke: ¶

Um innerhalb eines Absatzes zu bleiben, aber eine neue Zeile zu erzeugen, kann man einen sogenannten **Zeilenumbruch** setzen. Man erzeugt ihn mit der Tastenkombination Umschalttaste+Enter. Damit bleibt bei einer optischen Strukturierung in „Absätze" die Absatzformatierung erhalten.

Zeilenumbruchmarkierung: ↵

Um eine neue Seite zu erhalten, auf der sich der Text nicht verschiebt, wenn weiter vorne im Dokument etwas eingefügt, gelöscht oder formatiert wird, benutzt man einen **Seitenumbruch**. Die Tastenkombination hierfür ist Steuerung+Enter.

.... Seitenumbruch ....¶

Nummerierung und Aufzählung

Listen mit Nummerierung oder Aufzählungszeichen kann man ebenfalls mit Hilfe einer Funktion realisieren. Dabei kann diese Formatierung sogar nachträglich angewandt werden:

Anschreiben¶
Zeugnis¶ → markieren → Rechtsklick oder Absatzmenü →
IT-Zertifikat¶

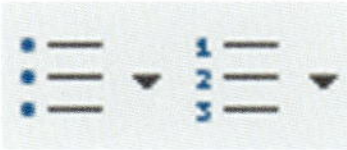

Es stehen viele verschiedene Listenstile (nummeriert und nicht nummeriert) zur Verfügung. Jedoch sollte man darauf achten, dass Listen innerhalb eines Dokumentes gleich aussehen.

Unterpunkte für Nummerierungen erhält man, indem man im Absatzmenü den Einzug vergrößert (neue Listenebene) oder den Einzug verkleinert (Rückkehr zur vorherigen Listenebene):

Beispiel:
- Nummerierung
  - Arabische Zahlen
  - Römische Zahlen
- Aufzählung
  - Spiegelstriche
  - Punkte

17. Erstelle eine Liste deiner Schulfächer. Gib Details wie die Stundenanzahl, den Lehrer und Ähnliches mit Hilfe einer geschachtelten Liste an.

Grundwissen

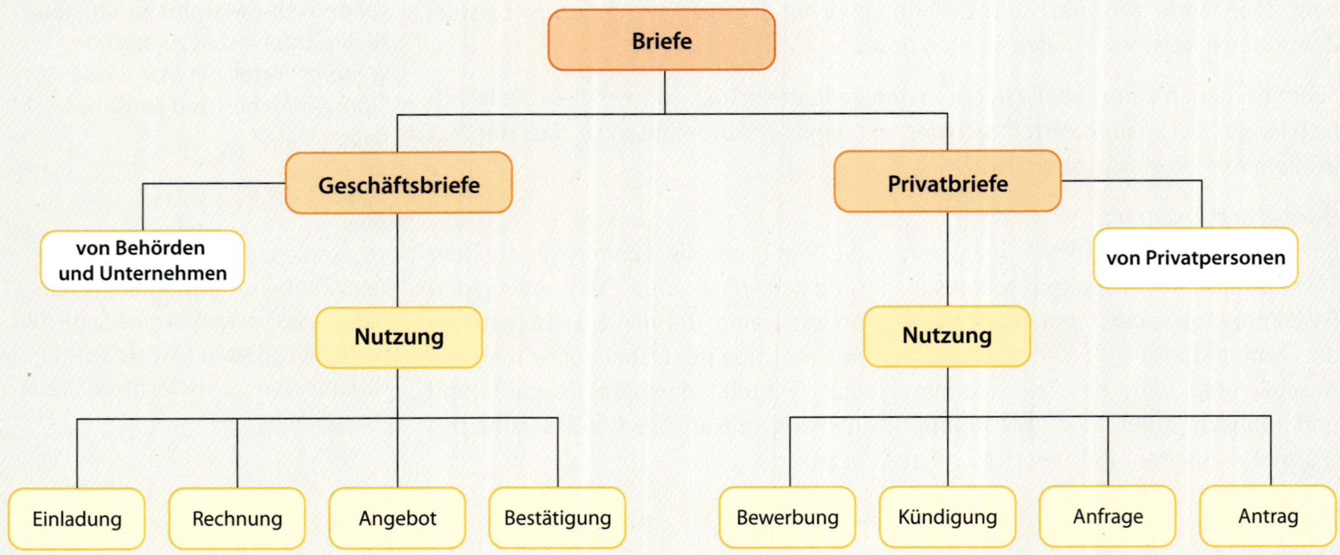

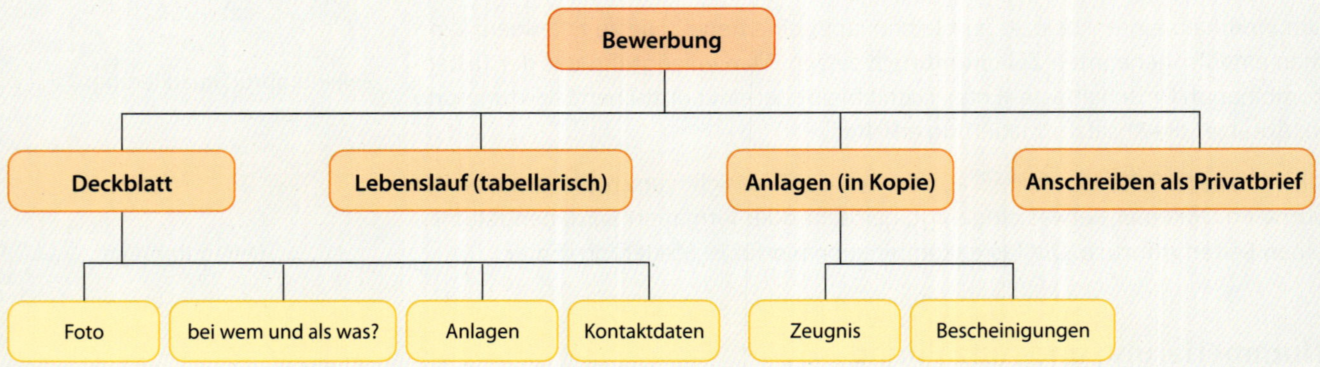

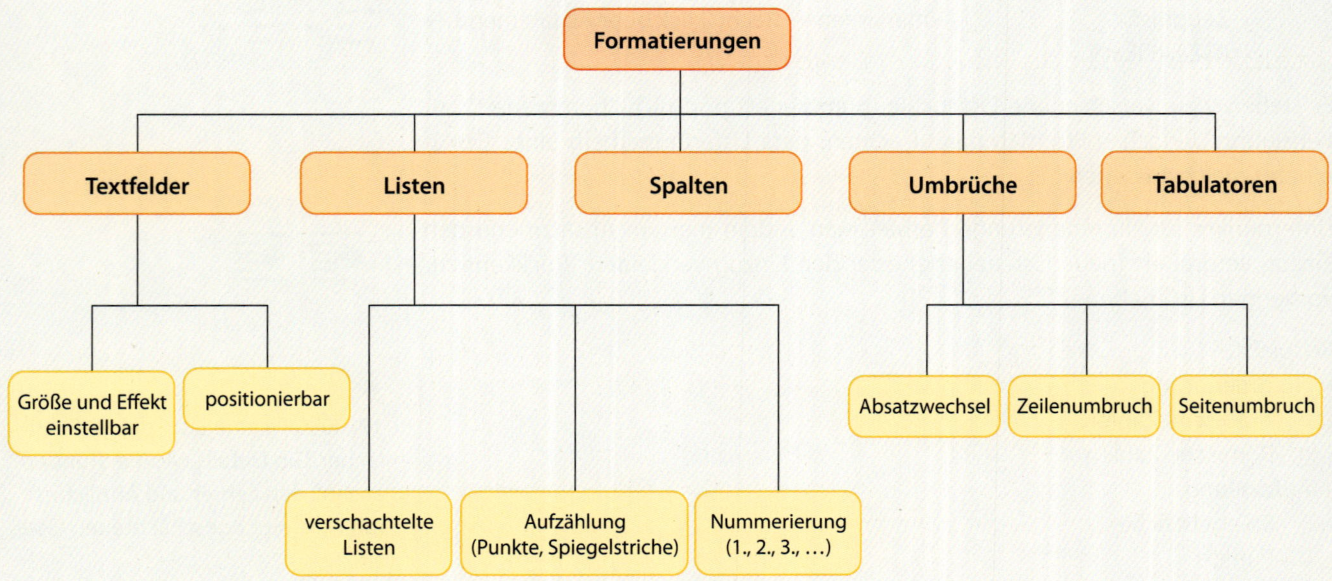

Zeig was du kannst

1. Gegeben ist folgender Text:

„So werden sie GARANTIERT zum Vorstellungsgespräch 64
eingeladen!“, „100 % Erfolg“ oder „JETZT bekommen sie keine 135
Absagen mehr“ - mit solchen und ähnlichen Versprechungen 195
werben immer wieder verschiedene Bücher und verstärkt 250
natürlich auch bezahlpflichtige Angebote im Internet. So ist 314

es einmal ein spezieller Satz, der den zuständigen 366
Personalverantwortlichen von der Eignung des Kandidaten 425
überzeugen soll, oder das Weglassen eines Satzes, der laut 486
selbsternannter Experten zu einer garantierten Einladung zum 549
Vorstellungsgespräch führen soll. Aber wie seriös können 608

solche Aussagen sein? Jeder Personalverantwortliche sucht doch 675
den perfekten Bewerber für einen ganz bestimmten Job. Die 735
Jobanforderungen sind dabei selbst innerhalb einer Branche 796
bereits vielfältig, kann es da eine eindeutige Regel geben 856
nach der entschieden wird? Braucht ein Familienunternehmen und 922

ein börsennotiertes Großunternehmen den gleichen Bewerber? Und 988
wenn es eine solche Regel geben würde, warum ist sie dann nach 1052
einiger Zeit nicht allgemein bekannt? Eher ist das Gegenteil 1116
der Fall: Statt Regeln zu erstellen, wie man sich erfolgreich 1181
bewirbt, sollte man bestimmte Fehler vermeiden, die dafür 1240

sorgen, dass das Bewerbungsschreiben bestimmt nicht in die 1300
engere Auswahl gezogen wird. Dazu gehören ganz einfache 1357
äußerliche Dinge wie z. B. eine dreckige oder abgenutzte 1415
Mappe, schiefe Kopien oder nicht unterschriebene 1466
Bewerbungsunterlagen - der Lebenslauf und das Anschreiben 1527

müssen unbedingt die Unterschrift des Bewerbers tragen. Und 1590
auch wenn es sehr verführerisch ist, bei verschiedenen 1645
Bewerbungen nur den Namen des Unternehmens auszutauschen, so 1709
ist eine nicht an das Unternehmen angepasste Bewerbung doch 1771
meist ein Fall für den Absagestapel. Das Datum, welches auf 1835

mehreren Seiten deiner Bewerbung erscheint, muss einheitlich 1898
sein. 1903

a) Schreibe mit Hilfe des 10-Finger-Systems so viel von dem Text ab, wie du in 10 Minuten schaffst. Stelle dir vorher einen Timer oder bitte eine andere Person, die Zeit zu stoppen.

b) Berechne, wie viel Anschläge pro Minute du geschafft hast. Liegst du bei über 120, dann hast du das Lernziel erreicht.

c) Zähle, wie viele Fehler du bei der Abschrift gemacht hast. Nutze zur Kontrolle auch die Rechtschreibkorrektur des Textverarbeitungsprogramms.

d) Berechne die Fehlerprozente (► Seite 9).

2. Dein Vater hat vor einigen Jahren für dich einen Handyvertrag abgeschlossen. Da der abgeschlossene Tarif nicht mehr deinen Bedürfnissen entspricht und du zuletzt große Probleme mit dem Kundendienst hattest, möchtest du bzw. möchte dein Vater den Vertrag kündigen.

a) Schreibe eine Kündigung, die dein Vater nur noch unterschreiben muss. Recherchiere dazu über deinen Anbieter alle relevanten Informationen.
b) Einige Tage nach Abschicken der Kündigung erhältst du ein Schreiben deines Mobilfunkanbieters. Dort bietet Frau Anja Tauscher im Namen des Unternehmens eine Verbesserung deines Vertrages ohne zusätzliche Kosten an und entschuldigt sich dafür, dass der Kundenservice nicht zufriedenstellend war.
Schreibe als Frau Tauscher diesen Antwortbrief.
c) Diskutiert verschiedene Angebote, mit denen ein Handyvertrag aufgewertet werden kann, um Kunden zu einem Rückzug der Kündigung zu bewegen.

Ein Praktikum in einem Unternehmen ist eine gute Möglichkeit, Beziehungen aufzubauen.

3. So wie Laura ein Praktikum bei Elektro Blitz machen möchte, um die Tätigkeitsfelder ihres Traumberufes besser kennen zu lernen, würdest du gerne ein Praktikum bei deinem Wunsch-Unternehmen machen.
a) Informiere dich gründlich über ein Unternehmen, bei dem du gerne ein mehrwöchiges Praktikum ableisten würdest.
b) Entwirf ein ansprechendes Deckblatt und setze es mit einem Textverarbeitungsprogramm deiner Wahl um.
c) Erstelle ein Anschreiben. Denke daran, dass ein Anschreiben auf das Unternehmen zugeschnitten sein sollte.
d) Gestalte einen Lebenslauf.
e) Entscheide dich für eine Mappe und fülle diese mit ordentlichen Ausdrucken deiner Bewerbungsmappe und deinen Kopien von Zeugnissen und Bescheinigungen.
f) Vergleiche deine Mappe mit denen von Mitschülern. Begründe dabei, warum du dich für bestimmte Formatierungen und Formulierungen entschieden hast.
g) Als du auf der Website des Unternehmens eine Information kontrollieren willst, siehst du, dass auch eine E-Mail-Bewerbung gern gesehen wird. Diskutiere in der Klasse welche Vor- und Nachteile eine E-Mail-Bewerbung bietet.
h) Erstelle eine digitale Bewerbung.

Digitalisiere dein letztes Zeugnis und eventuelle Bescheinigungen, die du von der Schule oder als Ehrenamtlicher erhalten hast und speichere sie übersichtlich ab.
So hast du auch immer eine Sicherheitskopie.

4. Ein Unternehmen überlegt, ob sie eine Online-Bewerbung oder eine E-Mail-Bewerbung einführen soll. Erörtert Unterschiede und Gemeinsamkeiten sowie Vor- und Nachteile für das Unternehmen beziehungsweise den Bewerber. Entscheidet euch im Namen der Firma für eine der beiden Möglichkeiten und erstellt anschließend einen Flyer auf dem ihr eure Argumentation und euer Ergebnis darstellt.

5. Hanna und Mert wollen nächstes Schuljahr dem neu gegründeten Wahlfach Schulzeitung beitreten. Da es sehr viele Schüler gibt, aber nur begrenzte Plätze, bittet der Lehrer darum, einzeln oder zu zweit eine Seite für die Zeitung zu entwerfen.

6. Für Referate hast du bestimmt schon einige Handouts erstellt.
a) Erstellt ein Mindmap, wie ein ansprechendes Handout gestaltet wird und welche Informationen enthalten sein sollten.
b) Falls du deine alten Handouts noch besitzt, überlege, wie du sie mit denen in diesem Kapitel erlernten Formatierungen besser gestalten kannst.
c) Erstelle für verschiedene Fächer unterschiedliche Handouts. Gibt es Unterschiede bzw. Gemeinsamkeiten zwischen deinen/euren Handouts?

Kapitel 2

Textverarbeitung II

Im vorherigen Kapitel hast du Objekte der Texterarbeitung wie Textfelder, Tabulatoren, Spalten, Kopf- und Fußzeile und verschiedene Umbrüche kennengelernt, um damit Dokumente wie zum Beispiel Briefe und Lebensläufe zu gestalten.
In diesem Kapitel wollen wir weitere praxisnahe Textverarbeitungsprojekte und -funktionen behandeln.

Teste dein Können

1. Der Schulkiosk hat eine Preisliste, die durch die schlechte Formatierung nicht gut lesbar ist.
Erstelle mit Hilfe von Tabulatoren eine übersichtliche und ansprechende Preisliste für euren Schulkiosk.

2. Für ein Deutschprojekt über grammatikalische Phänomene soll deine Gruppe einen faltbaren Flyer entwerfen. Dabei gibt es verschiedene Möglichkeiten der Faltung:

   a) Diskutiert, welche Erklärungen, Hilfen und Aufgaben auf eurem Flyer sein sollen.
   b) Entscheidet anhand eurer Materialsammlung, welche Faltung für euren Flyer geeignet ist.
   c) Benutzt ein Textverarbeitungsprogramm um diesen Flyer zu realisieren. Achtet dabei darauf, wo welcher Text stehen muss, damit der Flyer am Ende sinnvoll gefaltet werden kann.

3. Als mitverantwortlicher Betreuer des Wahlfachs Tierkunde hilfst du der Lehrkraft, einen Ausflug in den Zoo zu organisieren.
   a) Schreibe einen Brief an einen Zoo in deiner Nähe, in dem du anfragst, ob die Gruppe zu einem bestimmten Termin eine Führung machen kann. Frage dabei auch nach, ob der Schwerpunkt dieser Führung bei den Reptilien liegen kann. Vergiss nicht, alle relevanten Informationen für den Zoo anzugeben, sodass der Zoo möglichst wenig nachfragen muss.
   b) Versetze dich in die Lage von Frau Lupus, die den Brief beantworten muss. Darin schlägt sie einen anderen Termin vor, da das angefragte Datum bereits von einer anderen Schule belegt ist. Ansonsten kann sie alle eure Fragen positiv beantworten und freut sich darauf, möglichst bald eine telefonische Bestätigung durch eure Lehrkraft zu erhalten.

Krokodil im Zoo

1 Textbausteine

In vielen Situationen benötigt man immer wieder Floskeln bzw. ganze **Textbausteine**, die identisch sind oder sich nur in Details voneinander unterscheiden. Textbausteine sind auch unter dem Namen **AutoText** oder **Schnellbausteine** bekannt, je nachdem mit welchem Programm du arbeitest.

Bestimmt kennst du Textbausteine bereits von deinem Smartphone oder Tablet, hier sind oft Bausteine wie „Mit freundlichen Grüßen" eingespeichert, die dir vorgeschlagen werden, wenn du die ersten Buchstaben geschrieben hast, oder, je nach Einstellung, auch einen geschriebenen Text automatisch ersetzen:

Du kannst auch selbst neue Textbausteine erstellen, die dann auf deinem Gerät zur Verfügung stehen.

1. Überlege zusammen mit deinem Nachbarn, welche Textbausteine man in einem Brief immer wieder benötigt.

2. Recherchiere zusammen mit deinem Nachbarn, wie man auf euren Handys neue Textbausteine erstellen kann.

Einen neuen Textbaustein erstellen

Auch Textverarbeitungsprogramme stellen diese Funktion bereit, da gerade im Geschäftsbereich oft gleiche oder ähnliche Textteile benötigt werden.

Aktivitätsdiagramm zum Erstellen eines Textbausteins:

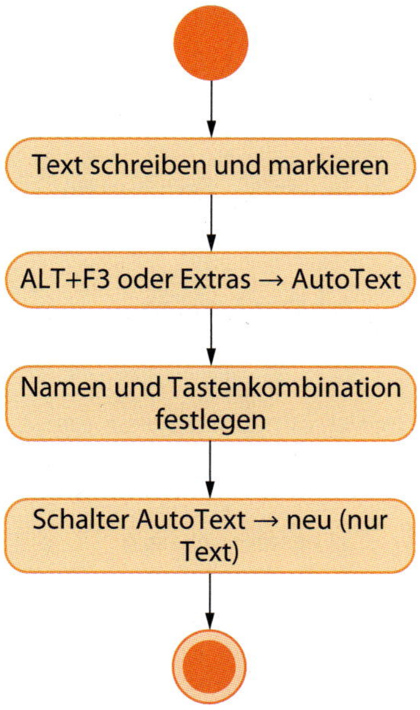

Umsetzung des Aktivitätsdiagramms im Textverarbeitungsprogramm:

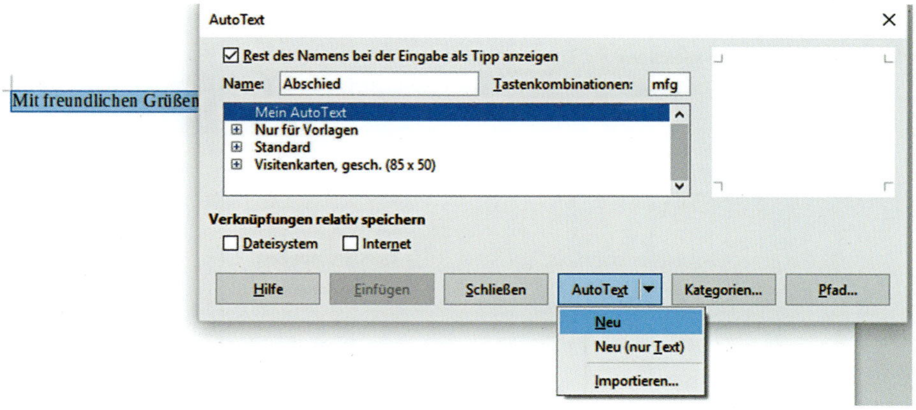

3. Erstelle einen Textbaustein „Mit freundlichen Grüßen“ der mit dem Kürzel „gruss“ aufgerufen werden kann.

Beim Erstellen des Kürzels sollte man darauf achten, dass das Kürzel nicht zu lang, einfach zu schreiben und leicht zu merken ist.

> Der Name eines Kürzels ist nur für den Benutzer wichtig, er wird zum Organisieren verwendet.
> Das Kürzel steht für den Text, der im Textbausteinkatalog (AutoText) gespeichert ist und den man dort abrufen kann.

4. Erstelle einen Textbaustein mit einer Tabelle. Wähle ein geeignetes Kürzel:

Datum**:**	
Unterschrift:	

Wählt man beim Anlegen des Textbausteins „neu“ statt „neu (nur Text)“, so kann der Text vorher auch formatiert werden und wird mit exakt dieser Formatierung gespeichert und eingefügt.
Dabei kann auch eine Tabelle Bestandteil eines Textbausteins sein.

Textbaustein benutzen

Möchte man einen Textbaustein benutzen, tippt man das Kürzel ein und drückt die F3-Taste. Da Textbausteine eine wichtige Funktion darstellen, ist dieses Tastaturkürzel in allen Textverarbeitungsprogrammen einheitlich.
Falls der Textbaustein existiert, wandelt das Programm ihn automatisch in den Text um. Dabei kann man das Kürzel schreiben wie man möchte, diese Funktion beachtet keinen Unterschied in der Groß- und Kleinschreibung.

5. Teste, ob deine bisher angelegten Textbausteine funktionieren.

Ändern von Textbausteinen

Falls sich der Inhalt eines Textbausteines ändert, zum Beispiel weil eine neue Formulierung gewünscht wird oder sich beim Erstellen ein Fehler eingeschlichen hat, kann man Textbausteine auch nachträglich ändern bzw. auch vollständig löschen und neu anlegen.
In unserem Fall (Aufgabe 6) ist eine Änderung vorzuziehen, da sie weniger Zeit beansprucht.
Hat man dem Textbaustein beim Erstellen einen sinnvollen Namen gegeben, so findet man jetzt den gesuchten Textbaustein leichter.

6. Ändere deinen Textbaustein „gruss“ so ab, dass er den Text „Mit herzlichen Grüßen“ ausgibt.

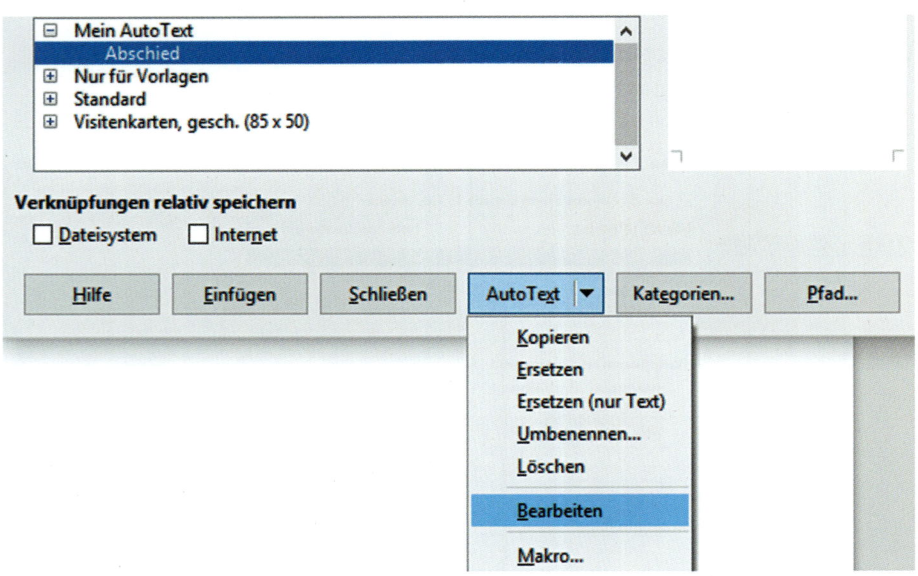

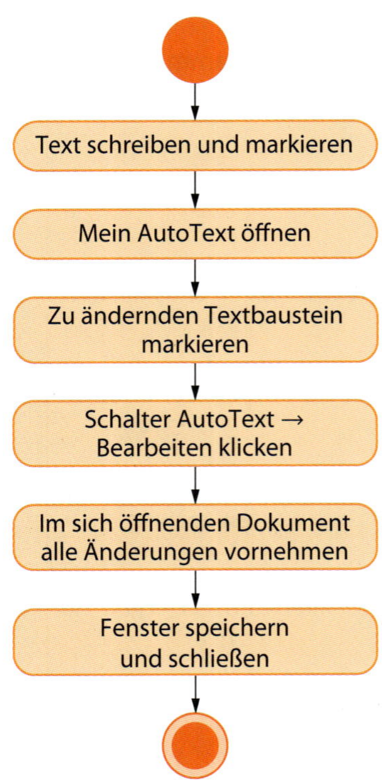

Umsetzung des Aktivitätsdiagramms im Textverarbeitungsprogramm

2 Feldfunktionen

Funktionen kennst du bereits aus der Tabellenkalkulation, zum Beispiel die Funktion MAX(), die den größten Wert eines Zellbereichs ausgibt. Genauso, wie sich die Ausgabe der Maximalfunktion verändert, wenn der Inhalt einer Zelle des Zellbereichs verändert wird, so verändern sich auch Feldfunktionen in der Textverarbeitung. Denke zum Beispiel an die Seitenzahlen eines Textdokumentes: Fügt man eine Seite am Anfang hinzu, so müssen die Seitenzahlen aller Folgeseiten verändert werden.

Mit Hilfe von Feldfunktionen geschieht dies automatisch. Dadurch kann sich der Benutzer auf das Wichtige, nämlich den Inhalt des Textes konzentrieren und verliert keine Arbeitszeit an wichtige, aber langwierige Aufgaben.

Wichtige Feldfunktionen:
- Datum
- Dokumenteneigenschaften wie Name und Größe
- Seitenzahlen
- Inhaltsverzeichnis
- Serienbriefelemente
- Formularelemente

Erkennen kann man Feldfunktionen oft daran, dass sie grau hinterlegt dargestellt werden, wenn man mit der Maus über sie fährt.

Im Laufe dieses Kapitels wirst du von den verfügbaren Feldfunktionen einige kennenlernen.

7. Erkläre, warum die Seitenzahl unbedingt in der Kopf- oder Fußzeile eingefügt werden sollte und nicht einfach nur in der ersten bzw. letzten Zeile.

Feldfunktion einfügen

Nebenstehendes Aktivitätsdiagramm gilt für Writer, dem Textverarbeitungsprogramm unter Libre Office/OpenOffice.

Unter Microsoft Word kann man Feldfunktionen über „Einfügen → Schnellbausteine → Feld" suchen, auswählen, formatieren und einfügen.

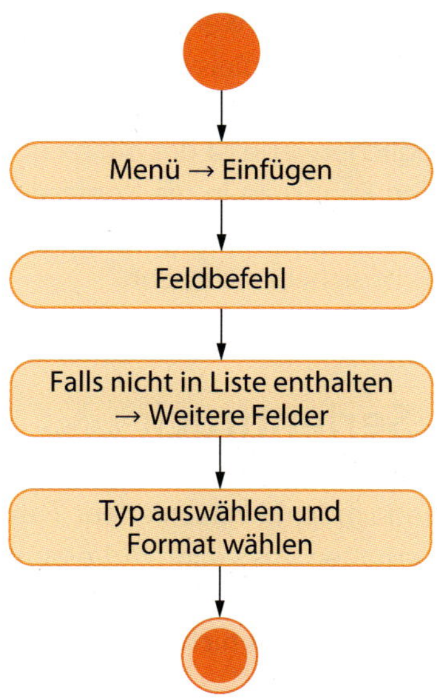

8. Erstelle ein neues, mehrseitiges Dokument. Füge in der Fußleiste die Seitenzahl als Feldfunktion ein und in der Kopfzeile das aktuelle Datum.

Erinnerung: Einen Seitenumbruch erzeugt man mit STRG+Enter

Textbausteine mit Feldfunktionen

Feldfunktionen lassen sich in Textbausteine einbauen. So kann man nicht nur statische Texte wie „Mit freundlichen Grüßen" benutzen, sondern auch einen Textbaustein erstellen, der beim Einfügen immer das aktuelle Datum ausgibt.

Damit lässt sich der Nutzen von Textbausteinen erweitern.

Beispiel:
Für den Schulkiosk schreibt Mert täglich einen Bericht, der beinhaltet, was gekauft wurde. Dabei benutzt er immer den gleichen Satz:

„Am DATUM, haben wir für den Kiosk gekauft:"

9. Erstelle den Textbaustein für Mert.

Dadurch, dass er den Satz und die Feldfunktion in einem Textbaustein mit dem Kürzel „geka" angelegt hat, kann er sich nicht nur viel Schreibarbeit sparen, er kann außerdem sicher sein, dass immer das heutige Datum verwendet wird und sich kein Rechtschreibfehler einschleichen kann.

10. Überlegt und diskutiert in der Gruppe, wo solche Textbausteine noch sinnvoll verwendet werden können.

Damit ist auch sichergestellt, dass jedes Mal, wenn der Textbaustein aufgerufen wird, das aktuelle Datum eingefügt wird und Mert nur noch seine Tabelle der Waren einfügen muss.

Erstellen dieses Beispiels:

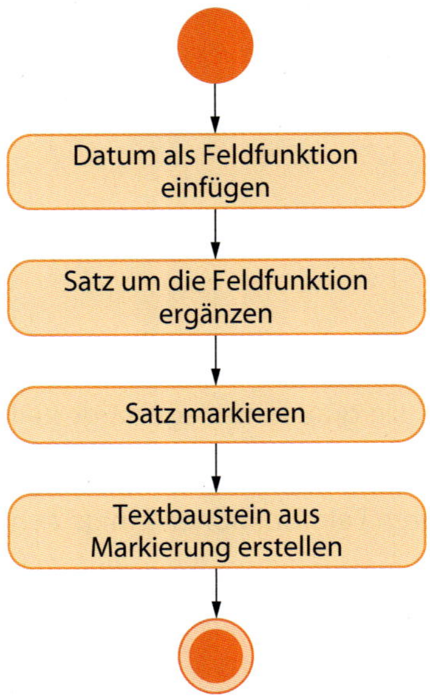

Benutzung:

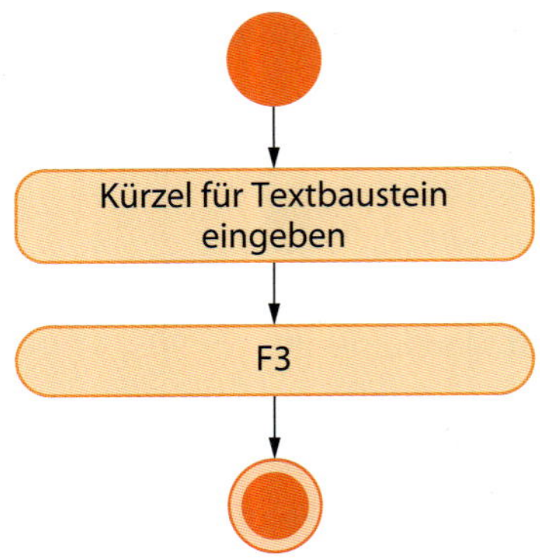

Feldfunktionen werden bei jedem Öffnen des Text-Dokuments aktualisiert.
Fügt man beispielsweise in eine Fußzeile die Datumsfunktion ein, erscheint beim Öffnen des Dokuments das aktuelle Datum und nicht das Datum der Erstellung. Möglicherweise ist das gar nicht gewünscht.
Oder: Fügt man in die Kopfzeile den Namen des Dokuments (FileName) als Feldfunktion ein, dann erscheint nach Umbenennung des Dokuments der neue Name. Das ist sicher erwünscht.

11. Begründe, warum Merts Textbaustein für einen Bericht, der täglich ergänzt und einmal wöchentlich weitergereicht wird, ungeeignet ist.

3 Seriendruck

Hanna möchte verschiedene Firmen anschreiben, um Angebote für den Schulkiosk zu erhalten. Als sie ihre Adressenliste erstellt, und sieht, dass sie dann zwei Dutzend Adressen per Hand schreiben bzw. kopieren und einfügen muss, fragen sie und Mert sich, ob es nicht eine schnellere Alternative gibt.

12. Überlege, wann ein Serienbrief sinnvoll ist.

Hannas Mutter arbeitet in einem Büro, das regelmäßig Einladungen für Messen und andere Veranstaltungen an viele hundert Empfänger verschicken muss. Sie erklärt Hanna, wie ein sogenannter **Serienbrief** funktioniert:

- Man benötigt eine Datei mit den Daten, die in die Briefe eingefügt werden sollen, die sogenannte **Datenquelle** und
- eine Basisdatei, mit dem **Briefrumpf**, der alle allgemeinen Daten enthält.
- Der Brief wird mit Hilfe von Seriendruckelementen mit der Datenquelle verknüpft und bezieht seine Informationen dynamisch aus ihr.

Datenquelle erstellen

Eine Datenquelle kann unterschiedliche Formen haben. Luise entscheidet sich dafür, ihre Adressen mit einem Tabellenkalkulationsprogramm zu erfassen. Dabei muss in der ersten Zeile ein Bezeichner stehen, der aussagt, welche Daten in der jeweiligen Spalte stehen:

Nachname	Vorname	Firma/Gruppe	Straße+Hausnummer	PLZ	Ort
Melanie	Meier	Müller GmbH	Rosenstr. 5	80909	München
Hatice	Özkan	Brunnen	Adalbert-Stifter-Ring 7	80331	München
Mathias	Huber	Ratzefummel	Fliegenpilzweg 45	80457	München
...					

Sie speichert die Tabelle unter einem aussagekräftigen Namen, nämlich „DatenAngebotsanfrage" ab, damit sie die Datei später schnell finden kann.

13. Erstelle eine Tabelle mit einem Tabellenkalkulationsprogramm, und trage darin mindestens fünf Adressen von Freunden ein. Speichere die Tabelle unter einem aussagekräftigen Namen.

Briefrumpf erstellen

Anschließend erstellt sie in einem Textverarbeitungsprogramm ihren Briefrumpf in Form eines Geschäftsbriefes. Dabei formatiert sie die Platzhalter, die sie mit den Daten ihrer Tabelle füllen will, rot:

Anrede
Vorname Nachname
Straße
PLZ Ort

20.11.20..

Gründung eines Schulkiosks

Sehr geehrte Frau/Sehr geehrter Herr Nachname,

an unserer Realschule ist im letzten Jahr eine AG Schulkiosk gegründet worden, deren Ziel es ist, Schüler zeitnah mit wichtigen Materialien zu versorgen. Nicht der Gewinn ist unser Hauptaugenmerk, sondern die Möglichkeit, ohne eine zusätzliche Fahrt in die Stadt schnell und einfach Tintenpatronen, Hefte, Lineale und Ähnliches zu erstehen.
Aus diesem Grund suchen wir Lieferanten, die uns zuverlässig auch mit kleinen Abnahmemengen beliefern können. Bitte schreiben Sie mir möglichst schnell, ob Ihre Firma unsere Idee unterstützen möchte.

Mit freundlichen Grüßen

Hanna Lauter

14. Diskutiert, warum sie die Platzhalter rot formatiert. Gibt es andere Möglichkeiten?

15. Lege einen Briefrumpf an, in dem du deine Freunde zu deiner Geburtstagsfeier einlädst. Markiere wie Luise fehlende Teile rot und speichere den Text ab.

Diesen Briefrumpf speichert sie unter dem Namen „RumpfAngebotsabfrage" ab.

Brief mit Datenquelle verbinden und Vorschau aktivieren

Nachdem Hanna diese Vorarbeiten erledigt hat, muss sie die Datenquelle mit dem Dokument verknüpfen und eine Symbolleiste aktivieren, damit sie ihre Arbeit auch überprüfen kann.

16. Erläutere, warum man die Datenquelle auch für mehrere Serienbriefe verwenden kann.

In Word kann man die Datenquelle über „Sendungen → Empfänger“ auswählen.

Datenquelle verbinden (Writer):

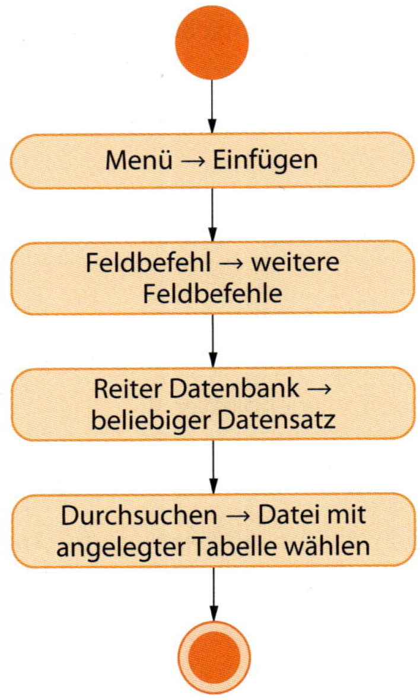

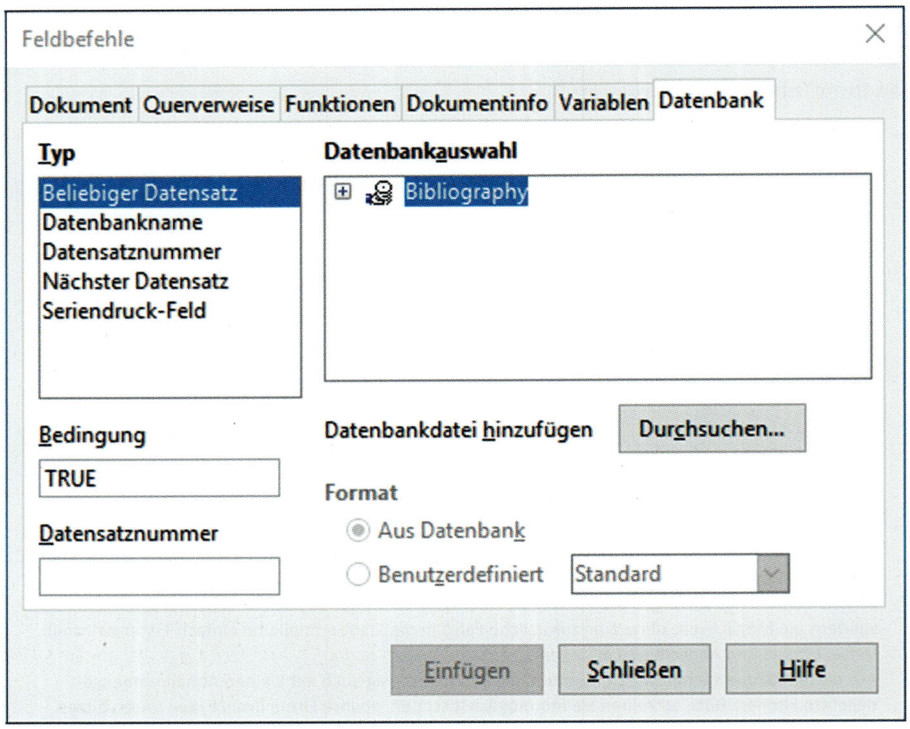

In Word findet man die Seriendruckleiste unter dem Reiter „Sendungen“.

Seriendruckleiste aktiveren (Writer):
Wie jede Symbolleiste findet man auch die Seriendruckleiste im Menü „Ansicht“ unter dem Punkt „Symbolleisten“. Danach klickt man das Briefumschlagsymbol ganz links an und bricht den Assistenten gleich wieder ab. Jetzt kann man mit den Vor-und-zurück-Symbolen durch die verschiedenen Datensätze navigieren.

17. Verbinde deinen Brief mit deiner Datenquelle und aktiviere die Seriendrucksymbolleiste.

Einfache Seriendruckfelder

Nun kann Hanna Schritt für Schritt die rot markierten Bestandteile der Einladung durch die **Seriendruckfelder** ersetzen.

Dazu geht Hanna wieder in das Feldbefehle-Menü und dort auf den Reiter Datenbank. Im linken Fenster wählt sie „Seriendruckfeld“ und anschließend im rechten Feld ihre Datenquelle. Mit einem Druck auf das Plus-Zeichen öffnet sie die Datenbank und wählt das entsprechende Feld aus. Mit einem Doppelklick oder dem Schalter „Einfügen" wird es eingefügt:

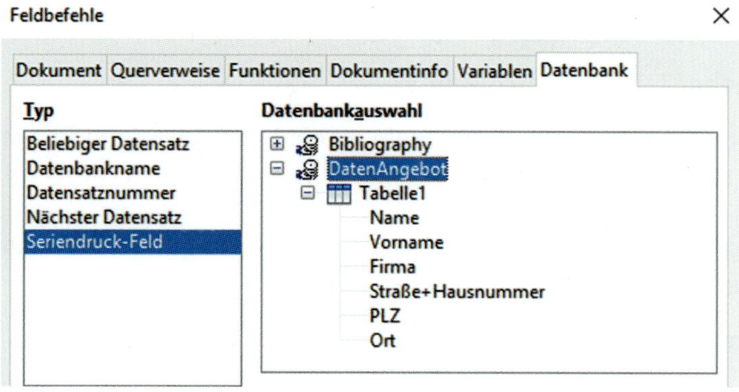

Achtung: Das Seriendruckfeld wird immer an der aktuellen Cursorposition eingefügt. Markiert man den Platzhalter vorher, so ersetzt das Seriendruckfeld den Platzhalter.
Writer kennzeichnet Seriendruckfelder durch spitze Klammen und eine graue Hinterlegung (Feldfunktion): <Name>
Word setzt die Seriendruckfelder in spitze Doppelklammern: «Name»

18. Ersetze in deinem Briefrumpf die Adresse durch Seriendruckfelder.

Bedingte Seriendruckfelder

Für die Anrede gibt es in diesem Fall zwei Möglichkeiten: Ein weiblicher Ansprechpartner wird mit „Sehr geehrte Frau" + Nachname angesprochen, ein männlicher dagegen mit „Sehr geehrter Herr" + Nachname.

Für die Verzweigung, also in diesem Fall die Unterscheidung nach dem Geschlecht, muss diese Information auch in der Datentabelle enthalten sein.
Luise öffnet also ihre Datenquelle und ergänzt eine Spalte mit dem Geschlecht:

19. Kann man statt „w" und „m" auch „männlich" bzw. „weiblich" schreiben?

Name		Vorname	Firma	Straße+Hausnummer	PLZ	Ort	Geschlecht
Melanie		Meier	Müller GmbH	Rosenstr. 5	80909	München	w
Hatice		Özkan	Brunnen	Adalbert-Stifter-Ring 7	86150	Augsburg	w
Mathias		Huber	Ratzefummel	Fliegenpilzweg 45	86153	Augsburg	m
…							

Da aber das Geschlecht nicht direkt eingefügt werden soll, sondern nur als Bedingung für eine Entscheidung benutzt wird, muss man eine Funktion im Feldbefehl-Menü festlegen (Writer):

Wichtig: ein Leerzeichen ist ebenfalls ein Zeichen! Ein w gefolgt von einem Leerzeichen ist nicht das Gleiche wie ein w ohne Leerzeichen!

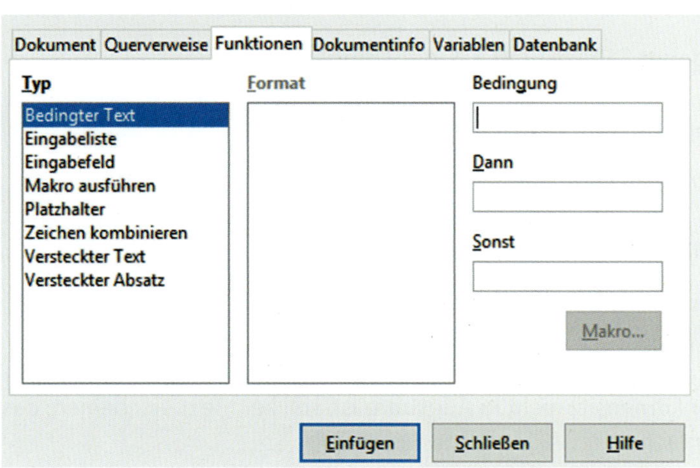

In Word kann man die notwendigen Funktionen bei „Regeln" in der Seriendruckleiste unter dem Reiter „Sendungen" finden.

Es gibt eine Bedingung, in diesem Fall das Geschlecht, welches darüber entscheidet, welcher Text ausgegeben wird.

Als Bedingung muss man den kompletten Pfad angeben:

DatenAngebot.Tabelle1.Geschlecht ==„w“

Dabei muss man darauf achten, vor und nach dem == ein Leerzeichen und Text in Anführungszeichen zu setzen.

In den Dann-Fall trägt man ein, was passieren soll, wenn die Bedingung wahr ist, in diesem Fall, wenn der Empfänger weiblich, also eine Frau ist:

Sehr geehrte Frau

In den Sonst-Fall trägt man ein, was in allen anderen Fällen passiert:

Sehr geehrter Herr

Durch Anklicken des Schalters „Einfügen“ wird der bedingte Text an der aktuellen Cursorposition eingesetzt.

20. Jens sagt: „Ich würde bei ‚Vergleichen mit‘ ein m eingeben“. Erkläre, was Jens ändern muss, damit die Regel wie gewünscht funktioniert.

21. Füge die Anrede als bedingten Text in deinen Brief ein.

Fehler beheben bzw. Änderungen vornehmen

Findet man einen Fehler, so muss man nicht immer das gesamte Seriendruckfeld löschen und neu erzeugen. Mit einem Rechtsklick auf das entsprechende Feld kann man mit dem Punkt „Feldbefehl“ („Felder bearbeiten…“ bei Word) die Bearbeitungsansicht aufrufen und Änderungen vornehmen.

Hat man nun „Sehr“ aus Versehen klein geschrieben, so kann man diesen Fehler hier leicht korrigieren. Auch überflüssige oder fehlende Leerzeichen kann man so leicht einfügen bzw. löschen.

22. Da du eine Einladung an deine Freunde schickst, wäre es besser Liebe/Lieber und den Vornamen zu benutzen. Ändere deinen bedingten Text entsprechend ab.

Verschachtelte bedingte Texte

Seriendruckfelder kann man auch innerhalb von bedingten Texten einfügen. Hanna beschließt, da ihre Schule in Augsburg ist, in die Angebotsanfrage für die Augsburger Firmen einen Satz einzubauen:

> Da der Firmensitz von FIRMENNAME sich in Augsburg befindet, und wir bevorzugt die lokale Wirtschaft unterstützen möchten, würden wir uns über ein Angebot von Ihnen besonders freuen.

Die Bedingung ist in diesem Fall, dass der Ort des Ansprechpartners Augsburg ist:

DatenAngebot.Tabelle1.Ort ==„Augsburg“

Wenn die Bedingung erfüllt ist dann soll der gewünschte Satz erscheinen:

Da der Firmensitz von FIRMENNAME sich in Augsburg befindet, …

Wobei man FIRMENNAME durch ein Seriendruckfeld ersetzt:

Da der Firmensitz von DatenAngebot.Tabelle1.Firma sich in Augsburg befindet …

Im Fall, dass sich der Firmensitz nicht in Augsburg ist, soll kein Text erscheinen, das Sonst-Feld bleibt einfach leer.

23. Begründe, warum man ein Dokument erst am Ende formatieren sollte.

Das gesamte Dokument markiert man mit dem Tastaturkürzel STRG+A.

Bitte drucke in der Schule nur auf Anweisung des Lehrers alle Serienbriefe. Je nach der Anzahl zugrundeliegender Datensätze kostet das sehr viel Papier und Tinte!

Formatierung

Wenn alle Seriendruckfelder gesetzt sind, sollte das Layout noch einheitlich formatiert werden. Hanna markiert den gesamten Brief und setzt die Attributwerte für Schriftart, Schriftgröße und Schriftfarbe einheitlich.

Speichern und Ausdruck

Wenn alle Seriendruckfelder korrekt funktionieren und die Formatierung passend gesetzt wurde, so kann man seine Serienbriefe drucken oder speichern. Hierzu findet man in der Seriendrucksymbolleiste die entsprechenden Optionen.
Speichert man die Serienbriefe, so gibt es zwei Optionen:

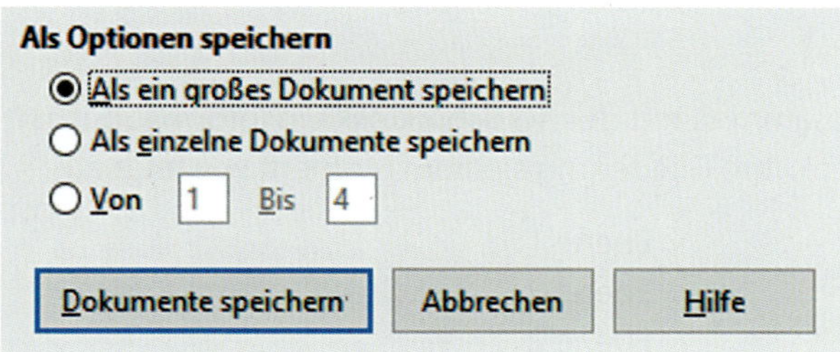

24. Überlegt gemeinsam, wann man lieber einzelne Dateien bzw. ein großes Gesamtdokument benötigt.

Je nach Verwendungszweck braucht man entweder einzelne Dokumente oder aber ein sehr großes Dokument, in dem alle Briefe enthalten sind.

4 Umfangreiche Dokumente gliedern und gestalten

Solange ein Textdokument eine gewisse Länge nicht überschreitet, kann man das Layout mit Hilfe von einfachen Formatierungen (Schriftschnitt, Schriftgröße und -art, Farben) noch gut strukturieren.
Bei längeren Dokumenten, die einheitlich aussehen sollen, bieten Textverarbeitungsprogramme Hilfen an, mit denen es einfach ist, ein übersichtliches und professionelles Layout zu erstellen.

Eines deiner ersten umfangreicheren Dokumente wird wahrscheinlich die Ausarbeitung für die Projektpräsentation in der 9. Klasse sein.

Formatvorlagen

Mit Hilfe von Formatvorlagen kann man Textblöcken eine Formatierung zuweisen, zum Beispiel, dass alle Überschriften eine bestimmte Schriftart und Schriftgröße besitzen und bestimmte Textteile immer mit roter Schriftfarbe hervorgehoben sind. Voreingestellt ist die Formatvorlage „Standard“.

Um in Präsentationen ein einheitliches Layout zu erhalten, hast du bereits die Masterfolie kennengelernt.

Formatvorlagen kann man in Writer individuell verändern, indem man auf die zu ändernde Vorlage rechtsklickt oder auf den kleinen Pfeil klickt, und sie anschließend nach den eigenen Anforderungen gestaltet. Alternativ kann man mit F11 das Formatvorlagenmenü öffnen und mit einem Rechtsklick auf die entsprechende Formatvorlage und „Ändern“ das Formatierungsmenü der Vorlage öffnen.
In Word findet man die Formatvorlagen in der Startleiste. Man klickt mit der rechten Maustaste auf die zu ändernde Vorlage, wählt im erscheinenden Kontextmenü den Befehl „Ändern…“ aus und nimmt dann die gewünschten Änderungen vor.

25. Erstelle einen Text mit mehreren Absätzen. Wende anschließend auf diese Absätze verschiedene Formatvorlagen an.

26. Ändere eine deiner benutzten Textvorlagen. Erkläre den Mitschülern, wie sich dein Dokument verändert.

Beim Ändern von Formatvorlagen zeigt sich der Vorteil gegenüber per Hand gesetzter Formatierung, denn Formatvorlagen können auch nachträglich angepasst werden, da alle Textteile welche die gleiche Formatvorlage als Attributwert besitzen, automatisch aktualisiert werden.

27. Lege eine Formatvorlage mit dem Namen „MeineVorlage" an, die einen Text rot einfärbt und auf die Schriftgröße 20 setzt.

Ebenfalls im Formatvorlagenmenü kann man neue Vorlagen anlegen. Dabei benutzt man eine bereits vorhandene Vorlage und passt sie an.

Überschriften

Längere Dokumente haben oft eine Untergliederung mit Hilfe von Überschriften und Unterüberschriften. Man spricht auch von **Überschriften verschiedener Ebenen.**

Beispiel:

Hanna und Mert erarbeiten zusammen mit der AG Schulkiosk ein Informationsheft für Mitschüler, Lehrer und Eltern. Ihre Gliederung sieht im Moment wie folgt aus:

28. Öffne ein Textverarbeitungsprogramm und schreibe eine Überschriftenliste mit drei Ebenen.

1. Zielsetzung	Ebene 1
1.1 Schüler	Ebene 2
1.2 Lehrer	Ebene 2
2. Angebot	Ebene 1
2.1 Schuljahresbeginn	Ebene 2
2.1.1 Naturwissenschaftliche Fächer	Ebene 3
2.1.2 Sprachen	Ebene 3

29. Formatiere die Überschriften mit Hilfe der passenden Formatvorlagen.

Um diese Überschriften zu formatieren, gibt es bereits **Formatvorlagen**:
- Überschrift1,
- Überschrift2,
- Überschrift3.

Dabei ist Überschrift1 für Überschriften der 1. Ebene, Überschrift2 für Überschriften der 2. Ebene und Überschrift3 für Überschriften der 3. Ebene vorgesehen.

Inhaltsverzeichnis

Wenn man Überschriften mit Hilfe der Formatvorlagen festgelegt hat, kann das Textverarbeitungsprogramm aus diesen automatisch ein Inhaltsverzeichnis generieren.
Dieses Inhaltsverzeichnis kann anschließend immer wieder aktualisiert werden. Dadurch sind Seitenzahlen und Nummerierungen immer aktuell und müssen nicht per Hand eingegeben werden.

Aktivitätsdiagramm für Writer (links) und Word (rechts):

30. Generiere zu deinen Überschriften ein Inhaltsverzeichnis.

Inhaltsverzeichnis auswählen unter Writer:

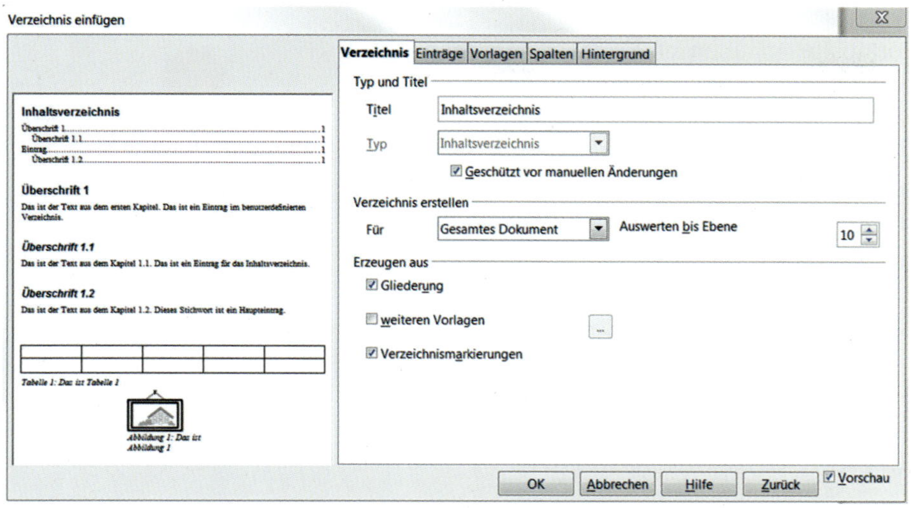

Mit einem Rechtsklick auf das Inhaltsverzeichnis öffnet sich ein Menü, in dem man das Verzeichnis aktualisieren kann.

Auch das automatische Inhaltsverzeichnis gehört zu den Feldfunktionen und kann deshalb in manchen Textverarbeitungsprogrammen dort gefunden werden.

31. Stelle jede Überschrift der ersten Ebene auf eine eigene Seite. Aktualisiere auch dein Inhaltsverzeichnis.

Fußnoten

Um Quellen anzugeben oder zusätzliche Informationen zu einem Sachverhalt oder Begriff zu geben kann man sogenannte Fußnoten anlegen.
Fußnoten werden eingefügt, und sind deshalb in Writer im Menü „Einfügen“ zu finden. In Word gibt es die entsprechenden Befehle im Reiter „Verweise“.

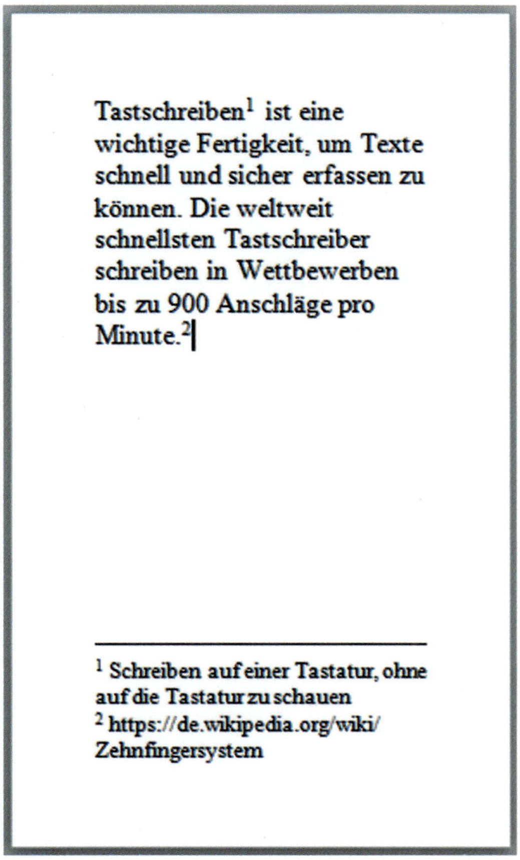

Tastschreiben[1] ist eine wichtige Fertigkeit, um Texte schnell und sicher erfassen zu können. Die weltweit schnellsten Tastschreiber schreiben in Wettbewerben bis zu 900 Anschläge pro Minute.[2]

[1] Schreiben auf einer Tastatur, ohne auf die Tastatur zu schauen
[2] https://de.wikipedia.org/wiki/Zehnfingersystem

32. Füge einige Fußnoten ein. Was beobachtest du, wenn du eine Fußnote vor einer bereits bestehenden einfügst?

5 Formulare

Formulare erlauben eine schnelle Eingabe von Daten durch den Nutzer. Dabei kann der Nutzer keine ungewollten Eingaben oder Veränderungen vornehmen. Sie sind auch sehr nützlich um viele Daten, zum Beispiel die Anmeldedaten für die neuen Schüler einer Schule, zu erfassen.

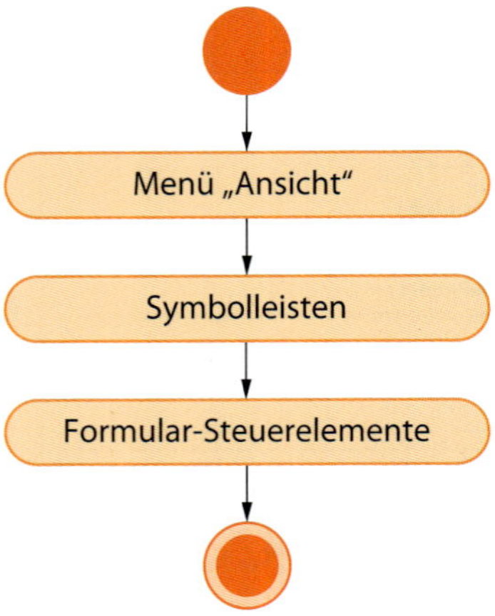

Um Formularfelder, die in der Textverarbeitung **Steuerelemente** genannt werden benutzen zu können, muss zuerst die Symbolleiste Formular-Steuerelemente aktiviert werden.

In Word muss man sich die Registerkarte "Entwicklertools" anzeigen lassen. Dazu klickt man auf den Reiter „Datei“, dann auf „Optionen → Menüband anpassen“.
Nun aktiviert man in der Liste unter „Hauptregisterkarten“ das Kontrollkästchen „Entwicklertools“ und klickt auf „OK“.

Verschiedene Steuerelemente

Je nach Verwendungszweck benutzt man unterschiedliche Arten von Steuerelementen. Der Name des Steuerelements wird als Hilfstext angezeigt, wenn man die Maus auf das jeweilige Symbol bewegt. Hat man sich für ein Element entschieden, so klickt man es an und zieht im Dokument das Feld auf.

Mit einem Doppelklick auf das Feld öffnet sich das Kontextmenü. Hier kann man gezielt Einstellungen vornehmen. Viele Einstellungen gibt es bei jedem Steuerelement, einige sind jedoch auf spezielle Steuerelemente begrenzt.

Allgemeine Einstellungen sind zum Beispiel
- Position,
- Breite und Höhe,
- Schriftart und Schriftgröße.

Braucht man ein Steuerelement mehrfach, so ist es sinnvoll es einmal auf die richtigen Attributwerte zu setzen und anschließend zu kopieren. So ist ein einheitliches Layout zeitsparend zu erreichen.

33. Diskutiert in Gruppen über die verschiedenen Steuerelemente und notiert euch Beispiele, wozu sie benutzt werden.

Wichtige und oft benutzte Steuerelemente:

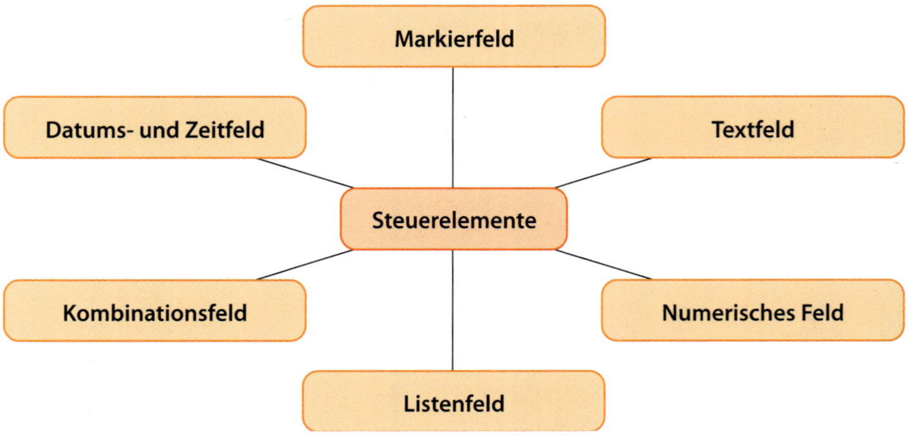

Am Ende exportiert man das gerade erstellte Formular als PDF-Datei. So wird einerseits eine unerwünschte Veränderung des Formulars verhindert, andererseits auch sichergestellt, dass das Formular an (fast) jedem Gerät geöffnet und ausgefüllt werden kann.

Im Folgenden erhältst du einen Überblick über die wichtigsten Steuerelemente:

Markierfeld:
Das Markierfeld erzeugt ein Kästchen, welches vom Benutzer angekreuzt werden kann.
Der Text hinter dem Kästchen kann mit dem Titel eingestellt werden.

34. Erstelle ein Markierfeld mit dem der Benutzer ankreuzen kann, ob er Allergien hat.

Textfeld:
Einfache Texteingaben, wie zum Beispiel der Name, können mit Hilfe eines Textfeldes realisiert werden.
Hier kann man auch begrenzen, wie lange der Text sein darf oder welche Ausrichtung er haben soll.

35. Erstelle ein Textfeld, in den der Benutzer seinen Vornamen eintragen kann.

Numerisches Feld:
Sollen in einem Feld nur Zahlwerte und nicht fälschlicherweise auch Texte eingegeben werden können, so benutzt man das numerische Feld. Man erreicht es über das Symbol „weitere Steuerelemente"

36. Erstelle ein Formularfeld, in das die PLZ eingetragen werden soll.

Listenfeld (DropDown-Liste):
Hier kann der Benutzer aus einer vorgefertigten Liste einen Listeneintrag auswählen.
Um die Liste der Einträge zu erstellen, bricht man den sich öffnenden Assistenten ab und öffnet mit Doppelklick das Kontextmenü.

37. Erstelle ein Listenfeld, um das Geschlecht auszuwählen.

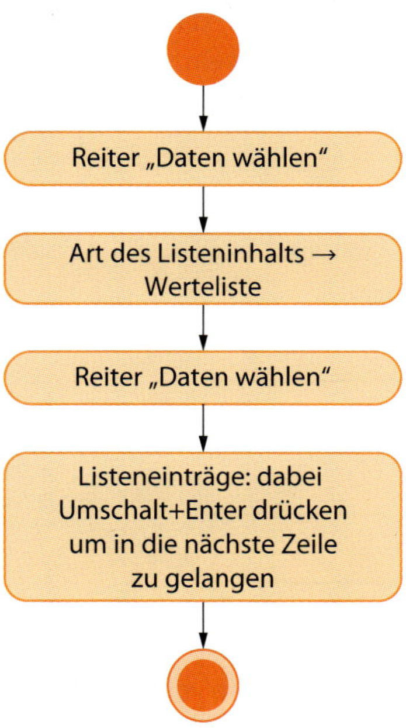

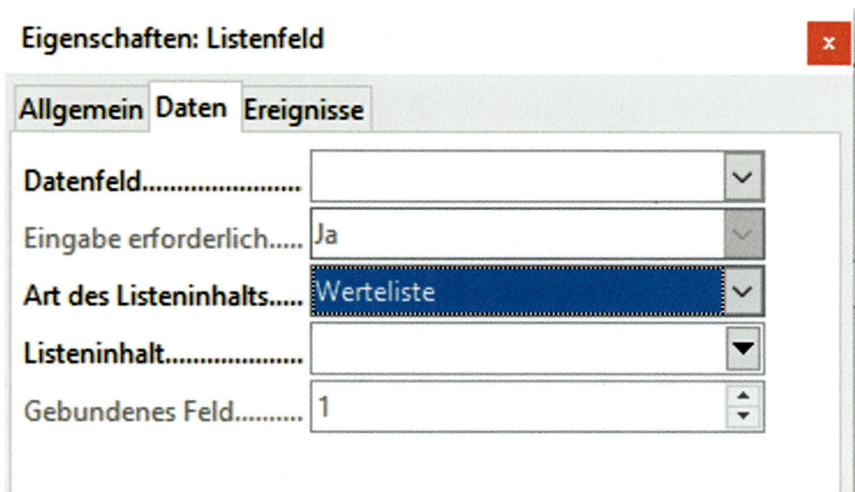

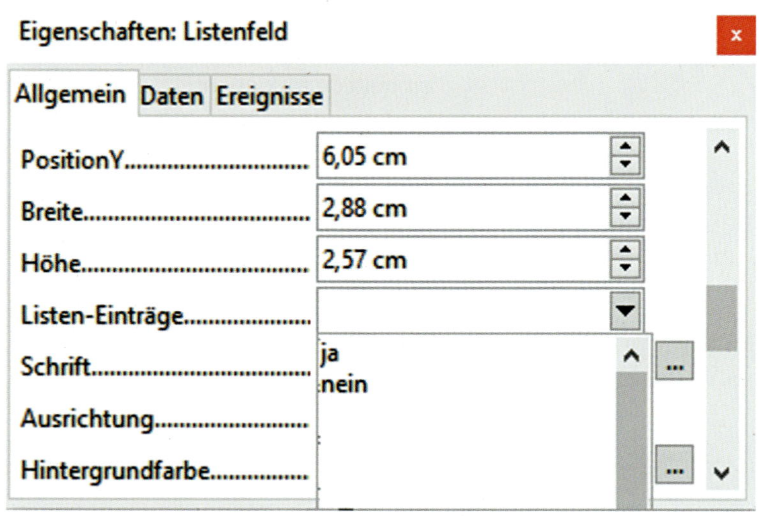

38. In einem Formular soll abgefragt werden, welche Allergie ein Schüler hat. Dazu sollen die bekanntesten vorgeschlagen werden, seltene Allergien sollen aber auch eingetragen werden können.

39. Erstelle ein Formularfeld, in dem man sein Geburtsdatum eintragen kann.

Kombinationsfeld:

Das Kombinationsfeld vereinigt die Vorzüge von Textfeld und Liste. Man kann aus einer Liste das benötigte Element auswählen.
Der Benutzer hat aber auch die Möglichkeit, einen eigenen Eintrag zu erstellen, wenn die vorgeschlagenen Listenelemente nicht zutreffen. Die Liste der Einträge wird dabei wie beim Listenfeld erstellt.

Datumsfeld:

Mit einem Datumsfeld kann der Benutzer ein Datum eingeben. Dabei kann man sehr gut kontrollieren, in welchem Format die Eingabe erfolgen soll und ungültige Datumsformate vermeiden.
Wählt man bei den allgemeinen Einstellungen beim Attribut „Aufklappbar“ ja, so bekommt der Benutzer einen Kalender angezeigt, auf dem er das Datum anklicken kann. Außerdem kann man ein Startdatum und Enddatum festlegen.

Ordentliche Formulare

Formulare sollten, weil sie meist von vielen verschiedenen Personen ausgefüllt werden müssen, möglichst übersichtlich strukturiert werden und selbsterklärend sein.

40. Überlegt in der Gruppe, welche Daten man beim Eintritt in einen Verein angeben muss.
Gestalte ein ordentliches Formular um in einen Verein einzutreten.

Eine reine Aneinanderreihung von Formularfeldern ist damit nicht sinnvoll. Von Vorteil ist es, vor das entsprechende Feld anzugeben, welche Information hier gefragt ist.
So ist beispielsweise ein Textfeld ohne Erklärung nicht sinnvoll, da der Benutzer nicht weiß ob der Vorname, Nachname oder etwas ganz anderes einzutragen ist.

Beispiel:

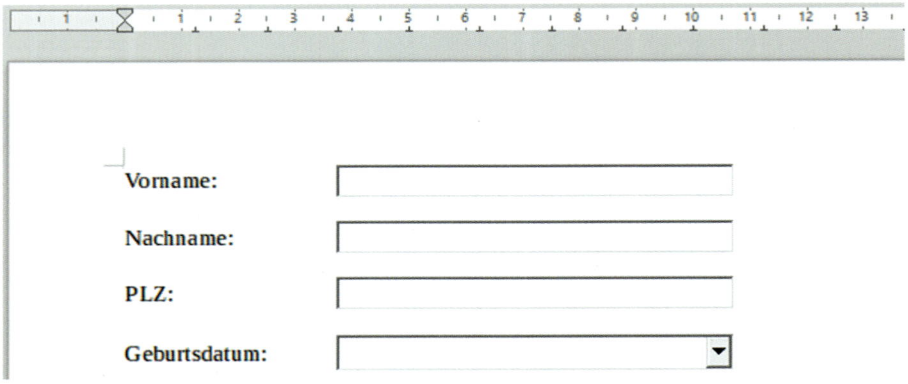

Alle Formularfelder haben die gleiche Breite und werden mit Hilfe von Tabulatoren einheitlich ausgerichtet

6 Dokumentvorlagen

In diesem Kapitel hast du viele Möglichkeiten kennengelernt, deinen Arbeitsaufwand zu minimieren und ordentliche und einheitliche Layouts für deine Textdokumente zu erreichen.

Eine weitere Möglichkeit, gleichartige Dokumente nicht immer wieder neu erstellen zu müssen, besteht darin, ein bereits bestehendes Dokument zu öffnen, alle Änderungen vorzunehmen und es unter einem neuen Namen erneut zu speichern.

41. Überlege anhand eines Briefes, welche Schwierigkeiten beim Überschreiben von alten Dokumenten auftreten können.

Ähnliches erreicht man besser über sogenannte **Dokumentvorlagen**:

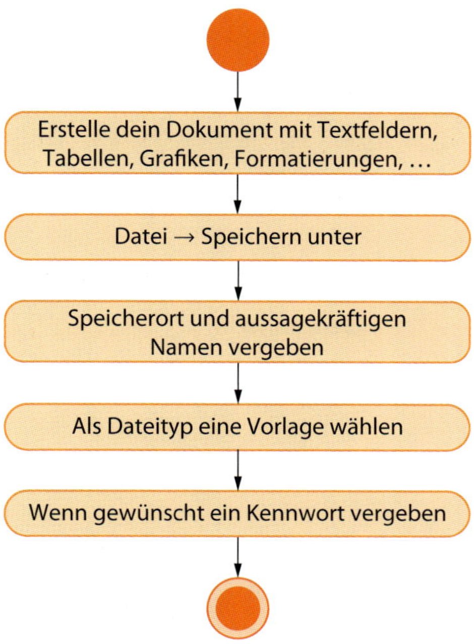

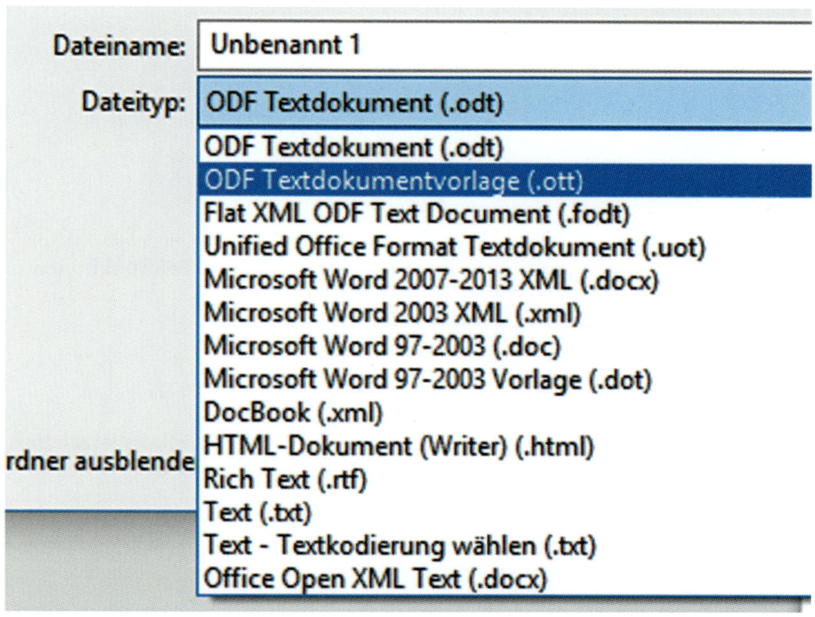

Dokumentvorlagen in Writer enden auf „.ott", Dokumentvorlagen in Word besitzen die Endung „.dotx" oder „.dot".

Tipp: Wenn der Speichername der Vorlage „Vorlage" enthält, findest du sie anschließend leichter.

Öffnet man eine Vorlagen-Datei, so sieht man, dass in der Titelleiste nicht der Dateiname steht. Es sieht so aus, als ob man ein neues Dokument angelegt hätte, außer dass der Inhalt der Vorlage bereits eingefügt ist.

Speichert man die Datei erneut, muss daher zunächst ein Dateiname vergeben werden. Die Vorlage wird also nicht überschrieben.

Dokumentvorlagen benutzt man in Unternehmen, um ein einheitliches Layout über alle Abteilungen zu erleichtern. Gerade Briefe, die immer den gleichen Aufbau aufweisen, kann man so schnell und einfach erstellen, auch wenn man nicht mit den Regeln der DIN 5008 vertraut ist.

42. Erstelle einen Privatbrief und speichere ihn als Dokumentvorlage. Diskutiert, ob auszufüllende Stellen markiert werden sollten und wie die Markierung erfolgen soll.

Grundwissen

■ Effizientes Arbeiten mit Textverarbeitungssystemen

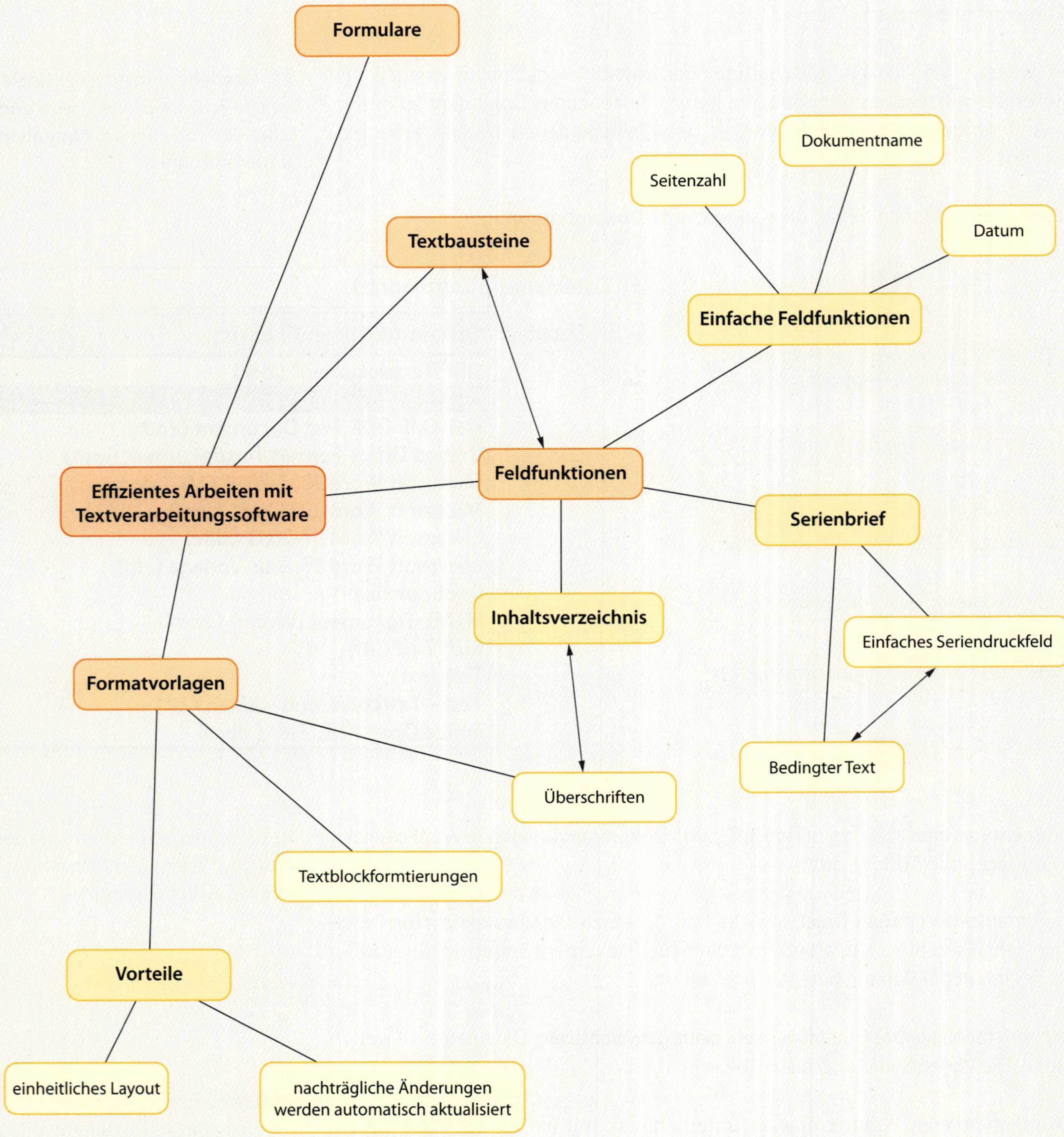

■ Serienbrief erstellen

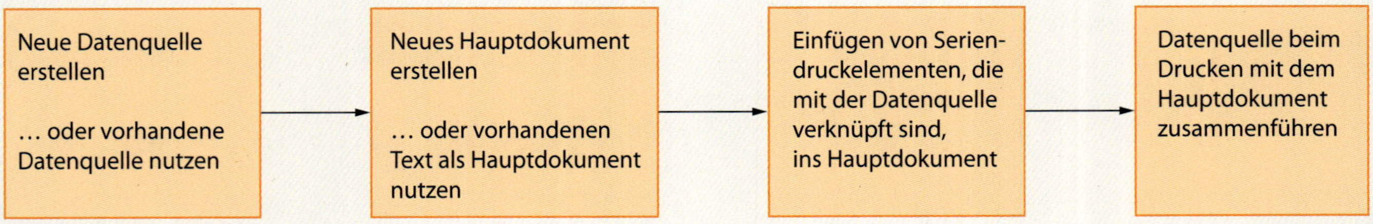

Zeig was du kannst

1. Beim Tastschreiben verlangt der Lehrer einen einheitlichen Aufbau. Über dem Text der abgeschrieben werden soll, steht immer folgender Block:

> Datum: heutiges Datum
>
> Klasse: deine Klasse
>
> Name: Vor- und Nachname

Erstelle einen Textbaustein, den du dafür benutzen kannst, diesen Block möglichst schnell zu erzeugen.

2. Im vorherigen Kapitel hast du gelernt, wie man Briefe am PC erstellt.
- **a)** Überlege, welche Dokumentbestandteile oft benötigt wurden.
- **b)** Lege diese Bestandteile als Textbaustein an.
- **c)** Schreibe mit den eben erstellten Textbausteinen einen Privatbrief.
- **d)** Überarbeite die Textbausteine, bei denen du festgestellt hast, dass sie noch nicht gut funktionieren.

3. Die Einschreibung an eurer Schule soll digitalisiert werden. Dazu müssen die für die Einschreibung nötigen Formulare in eine digitale Form gebracht werden.
- **a)** Begründet, welche Vorteile eine Einschreibung am PC (in der Schule, nicht über das Internet) gegenüber den handgeschriebenen Formularen hat.
- **b)** Beschafft euch die Einschreibungsformulare eurer Schule und setzt sie möglichst ähnlich am PC um.
- **c)** Kann die Einschreibung rein digital erfolgen? Falls ja, nenne die Bedingungen.

4. Nach der Einschreibung der neuen Schüler müssen Informationsmaterialien an die Eltern der neuen Schüler verschickt werden.
- **a)** Nachfolgend findest du einen Beispielbrief, welcher in den letzten Jahren so verschickt wurde. Erfasse den Brief mit Hilfe eines Textverarbeitungsprogramms.

> *Sehr geehrte Frau Müller, sehr geehrter Herr Müller,*
>
> *nächstes Jahr wird Ihr Sohn Tobias unsere Schule besuchen.*
>
> *Sie und Tobias haben sich für den Besuch der Musikklasse entschieden. Auch die Wahl des Instrumentes haben Sie bereits gemeinsam getroffen. Tobias wird also in den nächsten zwei Jahren Saxofon spielen und hoffentlich auch nach der Unterstufe das Orchester verstärken.*
>
> *Der erste Schultag ist der 10. September. Obwohl der Unterricht für die höheren Jahrgangsstufen regulär beginnt, haben wir uns dazu entschlossen, die neuen Schüler erst um 09:00 Uhr an unserer Schule willkommen zu heißen. Sie sind herzlich dazu eingeladen, ihren Sohn zu begleiten, so können Sie sowohl unsere Schule wie auch den Klassenlehrer kennenlernen.*
>
> *Schulende ist um 11:15 Uhr.*

b) Markiere alle Elemente des Briefes, die sich je nach Briefempfänger unterscheiden. Dazu noch einige Informationen: Außer der Musikklasse gibt es auch eine Sportklasse. Bei dieser steht folgender Satz:

> *Sie und Tobias haben sich für den Besuch der Sportklasse entschieden. Tobias wird also in den nächsten zwei Jahren statt zwei Stunden Sport pro Woche sich 6 Stunden pro Woche sportlich betätigen und hoffentlich auch nach der Unterstufe eines unserer Sportteams verstärken.*

c) Erstelle eine Tabelle, die alle Informationen enthält, die du benötigst, um diesen Musterbrief in einen Serienbrief umzuwandeln.
d) Wandle deinen Musterbrief in einen Serienbrief um.
e) Recherchiere, wie man eine Verzweigung weiter verzweigen kann.
Es gibt außer der Musikklasse und der Sportklasse natürlich auch reguläre 5. Klassen ohne Schwerpunkt. Für diese Schüler soll der Brief folgenden Satz erhalten:

> *Sie und Tobias haben sich für den Besuch einer regulären 5. Klasse entschieden. Damit steht es Tobias frei, eines unserer zahlreichen Wahlfächer zu besuchen. Die Liste dieser Wahlfächer erhält Tobias am ersten Schultag von seinem Klassenleiter. Wir bitte Sie darum, eine eventuelle Anmeldung möglichst bis zum Ende der 2. Schulwoche ihrem Sohn unterschrieben mitzugeben.*

5. An eurer Schule soll ein Versuch gestartet werden, dass Hefteinträge zwar in der Schule auf Papier geschrieben werden, zuhause aber mit Hilfe eines Textverarbeitungsprogramms in eine übersichtliche und leserliche Form gebracht werden soll.
   a) Diskutiert, für welche Schüler und weshalb dieses Vorgehen vorteilhaft sein kann.
   b) Erstelle an Hand eines Unterrichtsfachs deiner Wahl geeignete Formatvorlagen, mit denen du die Hefteinträge schnell und ordentlich erfassen und darstellen kannst.
   c) Wie lang brauchst du ungefähr, um anschließend eine analoge Heftseite zu digitalisieren?
   d) Diskutiert die Schwierigkeiten, die bei diesem Versuch auftreten können.

6. In deiner Schule wird der Arbeitskreis „Schulkleidung“ gegründet, an dem du gern aktiv teilnehmen würdest.
   a) Diskutiert in Kleingruppen, welche Schulkleidung in eurer Schule angeboten werden soll.
   b) Sucht im Internet nach Druckereien, die euch beliefern könnten. Erfasst wichtige Daten in einer Tabelle.
   c) Schreibt einen Brief an eine Druckerei, in dem ihr euren Arbeitskreis vorstellt, für was ihr euch interessiert und ob man euch ein Angebot schicken kann.
   d) Erstellt aus dem Brief in der vorherigen Teilaufgabe einen Briefrumpf, den ihr benutzen könnt, um an alle gefundenen Druckereien einen Serienbrief schreiben zu können.
   e) Erstellt den Serienbrief und testet ihn mit Hilfe der Vorschau.

Kapitel 3

Tabellenkalkulation I

Du hast bereits Tabellenkalkulationsprogramme kennengelernt und bist schon fast ein Profi in Sachen Tabellenblattgestaltung, der Durchführung einfacher Berechnungen mit geeigneten Formeln oder der Erstellung von Diagrammen. Dabei hast du auch festgestellt, dass dir ein Tabellenkalkulationsprogramm zahlreiche Vorteile bietet:

- Du musst Tabellen nur einmal erstellen und kannst sie speichern und kopieren.
- Das Programm berechnet alle Werte „automatisch".
- Fehler lassen sich leicht ausbessern.

Darüber hinaus bietet ein Tabellenkalkulationsprogramm noch zahlreiche weitere Möglichkeiten, die dir deine Arbeit erleichtern und die du im späteren Berufsleben immer wieder gekonnt einsetzen kannst. Bevor wir jedoch darauf eingehen – zur Erinnerung – eine kleine Übersicht was du schon wissen solltest:

Was du schon weißt

Objekte einer Tabelle

C5: ZELLE

Zellwert = 9,00
Datentyp = Währung (€)
Formel = „SUMME(C2:C4)"
Schriftart = Calibri
Schriftgröße = 11
Füllfarbe = gelb

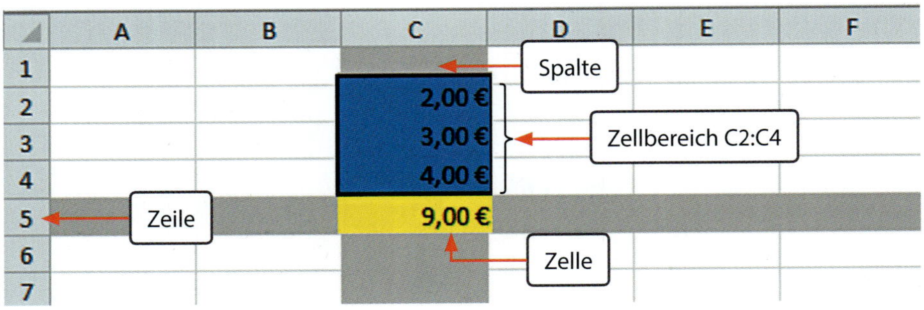

Formeln in der Tabellenkalkulation

Eine Berechnung wird immer durch ein Gleichheitszeichen „=" am Zellanfang eingeleitet.

Operator	Bedeutung	Beispiel
+	Addition von Zahlen	=B1+B2
-	Subtraktion von Zahlen	=B1–B2
*	Multiplikation von Zahlen	=B1*B2
/	Division von Zahlen	=B1/B2

Absolute und relative Zellbezüge

Bei jeder Formeleingabe ist einzeln zu entscheiden, ob der Bezug auf bestimmte Zellen, Zeilen oder Spalten beim Kopieren unverändert bleiben (**absoluter Zellbezug**) oder automatisch angepasst werden soll (**relativer Zellbezug**).

Ursprung	Bezugsart	Ziel
A1	Beide Teile der Adresse werden beim Kopieren angepasst	B2
$A$1	Beim Kopieren wird nichts verändert	$A$1
A$1	Beim Kopieren bleibt der Bezug auf die Zeile erhalten	B$1
$A1	Beim Kopieren bleibt der Bezug auf die Spalte erhalten	$A2

Diagramme

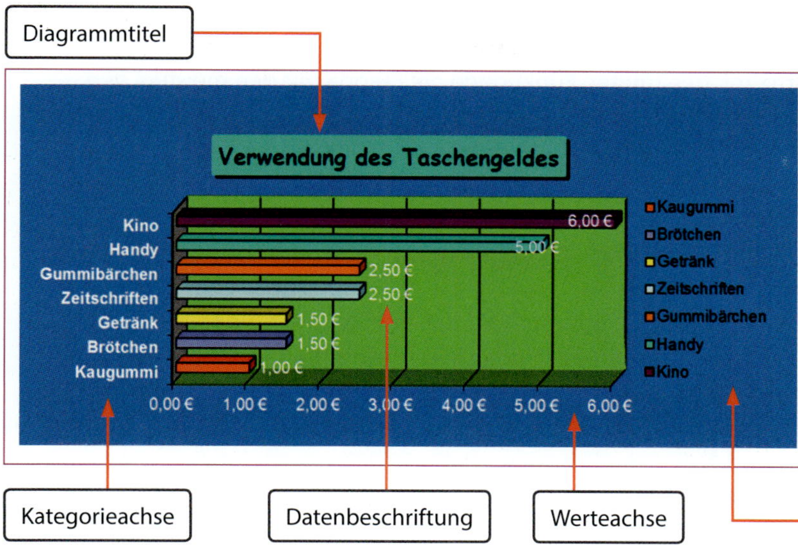

Diagrammart	Verwendung
Säulendiagramm	Zeitvergleich
Balkendiagramm	Rangfolge
Kreisdiagramm	Teile eines Ganzen (oftmals Prozentwerte)
Liniendiagramm	Trenddarstellung

Teste dein Können

1. Der Transalpine Run ist ein Laufwettbewerb, der in acht Etappen den Alpenhauptkamm überquert.

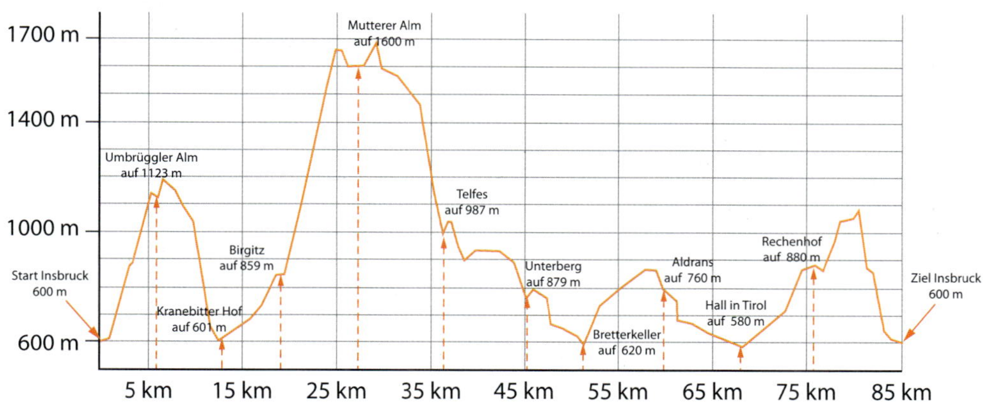

Etappe / Route	Entfernung in km	Höhenmeter im Anstieg	Höhenmeter im Abstieg	Höchster Punkt	Startzeit / Etappe	Zeit Zielschluss
1. Etappe	36,5	2088	1791	1634 m	10:00	19:00
2. Etappe	33,8	2023	2237	2009 m	08:00	16:30
3. Etappe	47,9	3037	2144	2292 m	07:00	19:00
4. Etappe	25,7	1887	2214	2982 m	09:00	16:00
5. Etappe	33,3	1453	2111	2492 m	08:00	16:00
6. Etappe	33,6	2440	2153	2683 m	08:00	17:00
7. Etappe	36,4	1934	2348	2440 m	08:30	17:30
Gesamt	247,2	14862	14998			

a) Erstelle aus dem Höhenprofil eine Tabelle für jede Etappe – ähnlich wie im obigen Beispiel. Darin enthalten sollen sein: Route, Entfernung, zurückgelegte Höhenmeter (Auf- und Abstieg) und der höchste Punkt der jeweiligen Etappe.

b) Gestalte die Tabelle sinnvoll nach eigenen Vorlieben.

c) Ermittle mit geeigneten Funktionen die Gesamtzahl der Kilometer und die Gesamtanzahl der Höhenmeter.

d) Ermittle mit geeigneten Funktionen die längste Strecke, die kürzeste Strecke und die durchschnittliche Tagesdistanz.

e) Ermittle mit geeigneten Funktionen die Etappe mit den meisten, den wenigsten, sowie die durchschnittlichen Höhenmeter pro Tag.

f) Berechne mit einer geeigneten Funktion den höchsten Punkt der Strecke.

g) Ergänze die beiden Spalten Startzeit und Zielschluss und berechne die maximale tägliche Laufzeit.

h) Erstelle aus der Tabelle ein Diagramm, das dem der Abbildung entspricht.

2. Die Drachenrealschule Furth im Wald hat eine Robotikgruppe, die regelmäßig an Wettbewerben teilnimmt. Für diese Auftritte soll ein einheitlicher Kapuzenpulli angeschafft werden. Die Gruppe besteht aus sieben Personen und hat einen Betrag von 200,00 € zur Verfügung. Der Kursleiter Herr Düsentrieb möchte jedoch nicht, dass der Preis eines Pullis 30,00 € übersteigt. Berechne, ob die Gruppe den Pulli bestellen kann.

	A	B	C	D	E	F	G
1	**Drachen-Realschule Furth**						
2	Team Robotik – Pulli-Bestellung						
3							
4	**Konditionen Pulli**			benötigte Größen	**S**	**M**	**L**
5	Einzelpreis	25,00 €		benötigte Anzahl	2	4	1
6	Aufdruck je Stück	3,50 €					
7	Versandpauschale	12,00 €					
8	*Preisnachlass in Höhe von 5 % (Rabatt)*						
9							
10	**Preisberechnung**						
11							
12	Kosten aller Pullis (EUR)						
13	Kosten Aufdruck für alle Pullis (EUR)						
14	- Rabatt (EUR)						
15	Kosten abzüglich Rabatt (EUR)						
16	+ Versandpauschale (EUR)						
17	**tatsächliche** Kosten aller Pullis (EUR)						
18							
19	Kosten für einen Pulli (EUR)						

Bearbeite und speichere Aufgabe 3 besonders gewissenhaft.
Das Beispiel wird dich durch das gesamte Buch begleiten und Schritt für Schritt erweitert.

3. Du bist mit deiner Klasse beim diesjährigen Sportfest als Punkterichter eingetragen und unterstützt die Lehrkraft beim Erstellen der Urkunden und der Auswertung bei der Klassenolympiade. Dafür hast du für jede teilnehmende Klasse ein separates Tabellenblatt erstellt und trägst die erreichte Punktzahl je Disziplin ein:

	A	B	C	D	E	F	G	H	I	J	K	L
1	Klassenolympiade 2017											
2	Name	Klasse	100-m-Lauf	800-m-Lauf	Weitsprung	Hochsprung	Weitwurf	Gesamtpunkte je Schüler	Anzahl Disziplinen	Alle Disziplinen erledigt?	Urkunde	Klassenbester
3	David, Leonie	7BKM	2	99	3	69	5	178	5			
4	Engl, Marie Sophie	7BKM	4	98	6	66	10	184	5			
5	Fleischmann, Miriam Angelika	7BKM	6	97	9	63	15	190	5			
6	Freimuth, Christina	7BKM	8	96	12	60	20	196	5			
7	Hiebl, Nina	7BKM	10	95	15	57	25	202	5			
8	Hurka, Alexander Andreas	7BKM	12	94	18	54	30	208	5			

Gesamtpunkte Klasse	**4479**
Beste Punktezahl	**238**
Schlechteste Punktezahl	**121**
Durchschnittspunkte	**195**

Berechne mit geeigneten Funktionen:

a) die Gesamtpunkte je Schüler,

b) die beste Punktezahl in der Klasse,

c) die schlechteste Punktezahl in der Klasse,

d) die durchschnittliche Punktezahl und

e) die Gesamtpunktzahl der Klasse.

1 Datenflussdiagramme und Funktionen

Datenflussdiagramme

Um Aufgaben lösen zu können, braucht man einen Plan, wie man Schritt für Schritt ans Ziel gelangt.
Gerade bei der Verkettung mehrerer Funktionen ist es nicht immer leicht den Überblick zu behalten. Hier leisten Datenflussdiagramme gute Dienste.
Ein **Datenflussdiagramm (Ablaufdiagramm)** veranschaulicht einen Ablauf, indem es eine Abfolge von Entscheidungen und Anweisungen definiert.

Zur Erinnerung: Funktionen sind eindeutige Zuordnungen.
Sie ordnen jedem Argument höchstens einen Funktionswert zu.

Zur Darstellung von Funktionen im Datenflussdiagramm benötigt man drei Arten von Elementen:
- Ein- und Ausgabefelder (Rechtecke)
- Funktionen (Ellipsen)
- Datenflüsse (Pfeile)

Die Datenflüsse sollen dabei möglichst von oben nach unten verlaufen.

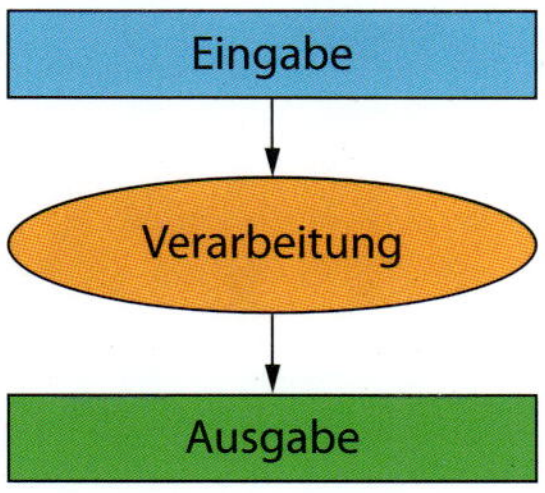

Bei automatisierten Berechnungen werden in der Regel Daten eingegeben, aus denen nach einer bestimmten Verarbeitungsvorschrift (Formel oder Funktion) weitere Daten berechnet und für den Benutzer ausgegeben werden. Dieses Prinzip heißt **EVA-Prinzip** für **E**ingabe – **V**erarbeitung – **A**usgabe.

Modellierung mit Hilfe eines Programms zur Darstellung von Datenflussdiagrammen

Datenflussdiagramme zeichnet man meist mit Papier und Bleistift. Nachteilig wirkt sich aus, dass der Platzbedarf im Vorfeld nicht zu erkennen ist, dass das Diagramm durch Ausradieren und Verändern unübersichtlich wird und damit der Sinn der Modellierung verloren geht. Besser und leichter ist es hier, den Computer als Werkzeug zu benutzen.
Ein Programm, das sich sehr gut zur Modellierung und Simulation von Datenflüssen eignet, ist die freie Software Orinoco.

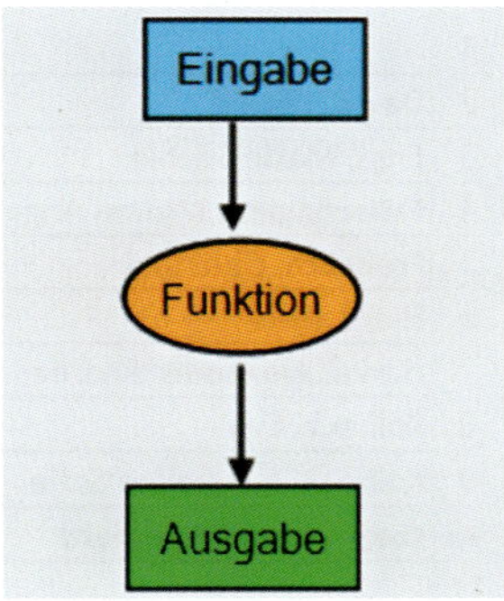

Du kannst Datenflussdiagramme auch mit Hilfe eines Textverarbeitungsprogramms (Einfügen von Formen und Textfeldern) erstellen. Eine Simulationsmöglichkeit wird hier jedoch nicht geboten.

Als Beispiel für die Modellierung eines Datenflussdiagrammes wählen wir die Funktion **Runden**. Diese Funktion benötigt zwei Argumente:
- einen Eingabewert der gerundet werden soll,
- die Anzahl der Nachkommastellen als Konstante.

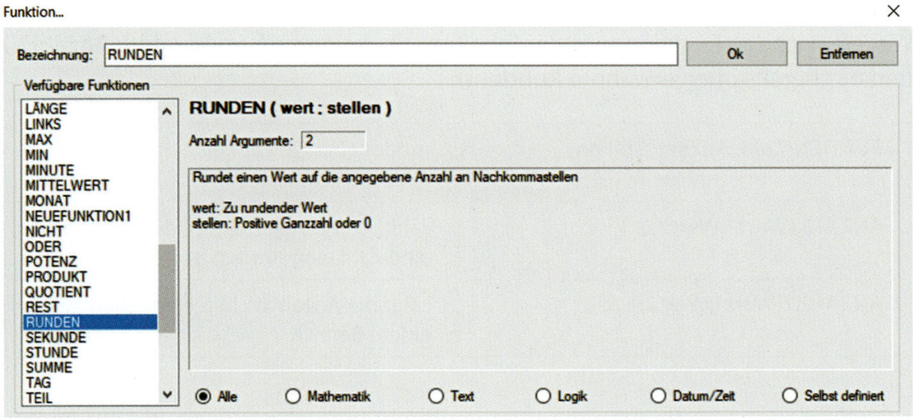

1. Erstelle ein Datenflussdiagramm zur Funktion Runden. Du hast dazu drei Möglichkeiten:
- Skizze mit Bleistift
- Orinoco
- Textverarbeitungsprogramm deiner Wahl

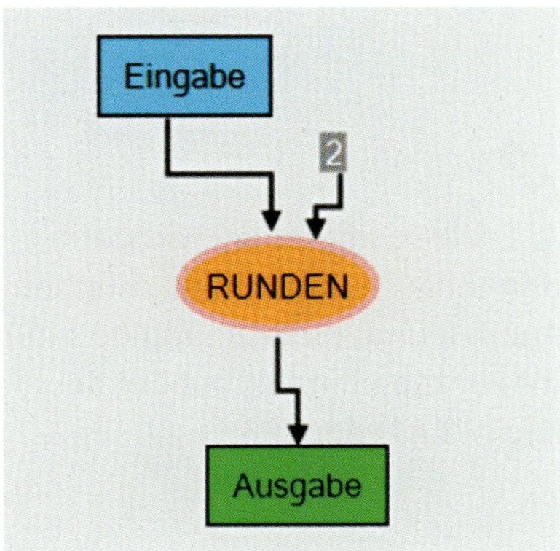

2. Nadja hat in IT bisher die Noten 4, 2 und 2. Berechne in einer Zelle Nadjas Notendurchschnitt. Runde dieses Ergebnis in einer weiteren Zelle auf zwei Stellen nach dem Komma.

3. Modelliere mit Hilfe eines Datenflussdiagramms die Berechnung
- einer Kreisfläche,
- des Kreisumfangs,
- einer Rechteckfläche.

Nach der Modellierung unserer Funktion **Runden()** können wir das Ganze simulieren und überprüfen so die Korrektheit unserer Modellierung.

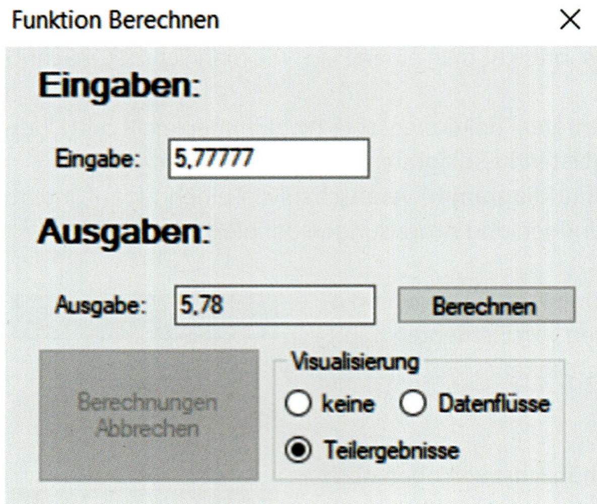

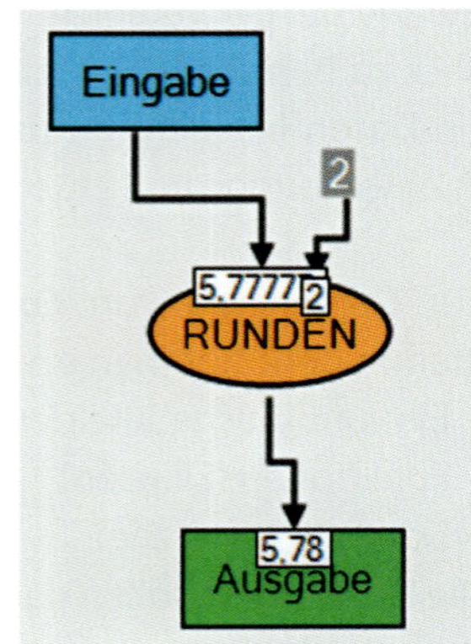

Die Formeln darfst du jederzeit in deiner mathematischen Formelsammlung nachschlagen oder im Intenet recherchieren.

Weitere Funktionen

Nun sehen wir uns das Datenflussdiagramm für die Funktion **MAX()** etwas näher an und versuchen es anhand unseres Beispiels zur Auswertung einer Klassenolympiade umzusetzen:

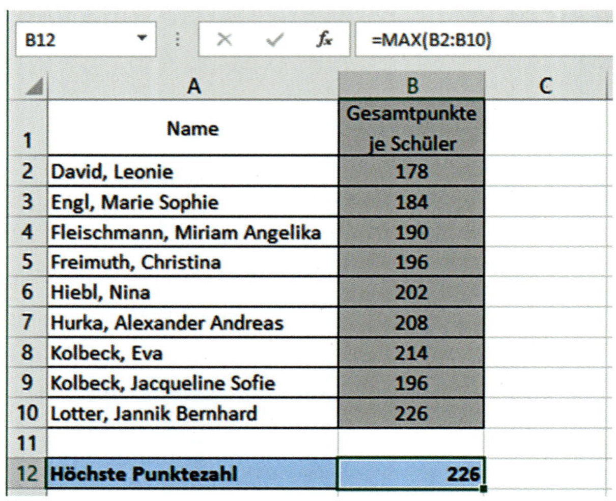

B12 =MAX(B2:B10)

	A	B	C
1	Name	Gesamtpunkte je Schüler	
2	David, Leonie	178	
3	Engl, Marie Sophie	184	
4	Fleischmann, Miriam Angelika	190	
5	Freimuth, Christina	196	
6	Hiebl, Nina	202	
7	Hurka, Alexander Andreas	208	
8	Kolbeck, Eva	214	
9	Kolbeck, Jacqueline Sofie	196	
10	Lotter, Jannik Bernhard	226	
11			
12	Höchste Punktezahl	226	

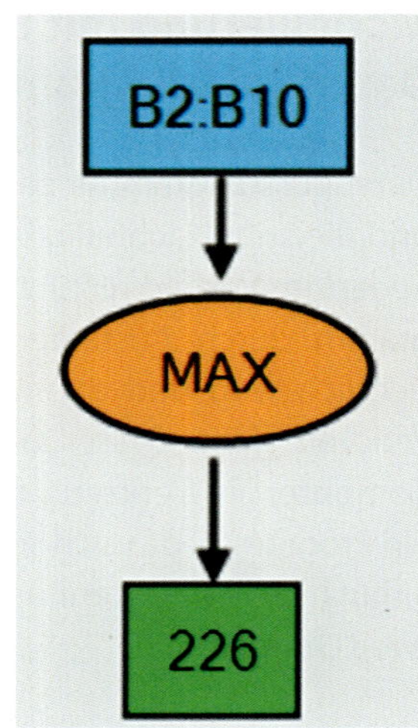

Die benötigten Daten stehen in den Zellen B2:B10 (Eingabe). Die Funktion MAX() ermittelt aus diesen Eingabefeldern den höchsten Wert (Verarbeitung) und schreibt diesen in die Zelle B12 (Ausgabe).

Weitere wichtige Funktionen in der Tabellenkalkulation heißen **Anzahl()**, **Anzahl2()** und das bereits oben erwähnte **Runden()**.

=RUNDEN(Zahl; Anzahl_Stellen)	rundet eine Zahl auf eine bestimmte Anzahl Dezimalstellen
=ANZAHL(Wert1;Wert2;...)	zählt, in wie vielen Zellen des Bereiches eine Zahl eingetragen ist
=ANZAHL2(Wert1;Wert2;...)	zählt die Anzahl nicht leerer Zellen in einem Bereich

4. Erkläre deinem Banknachbarn den genauen Unterschied zwischen Anzahl() und Anzahl2(). Wende dafür die Funktion Anzahl() auf den Bereich A3:A11 an.

In unserem Beispiel sollen die Anzahl der der absolvierten Disziplinen (Anzahl()), sowie die Gesamtzahl der Schüler (Anzahl2()) ermittelt werden.

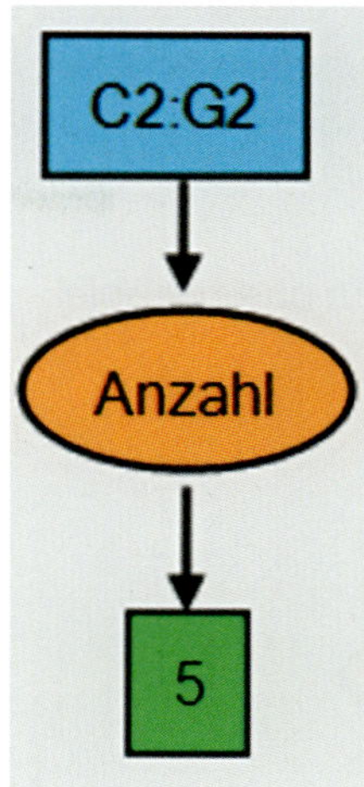

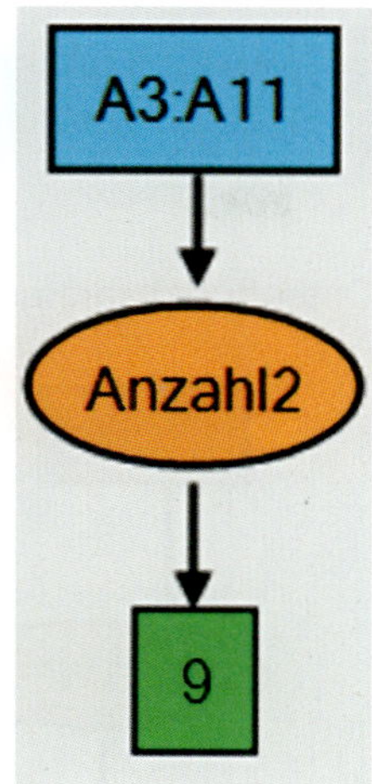

5. Berechne die Anzahl der Disziplinen und die Anzahl der Schüler mit Hilfe nebenstehender Datenflussdiagramme in deinem Übungsbeispiel.

	A	B	C	D	E	F	G	H	I
1	Klassenolympiade 2017								
2	Name	Klasse	100-m-Lauf	800-m-Lauf	Weitsprung	Hochsprung	Weitwurf	Gesamtpunkte je Schüler	Anzahl Disziplinen
3	David, Leonie	7BKM	2	99	3	69	5	178	5
4	Engl, Marie Sophie	7BKM	4	98	6	66	10	184	5
5	Fleischmann, Miriam Angelika	7BKM	6	97	9	63	15	190	5
6	Freimuth, Christina	7BKM	8	96	12	60	20	196	5
7	Hiebl, Nina	7BKM	10	95	15	57	25	202	5
8	Hurka, Alexander Andreas	7BKM	12	94	18	54	30	208	5
9	Kolbeck, Eva	7BKM	14	93	21	51	35	214	5
10	Kolbeck, Jacqueline Sofie	7BKM	16	92		48	40	196	4
11	Lotter, Jannik Bernhard	7BKM	18	91	27	45	45	226	5
12									
13	**Gesamtpunkte Klasse**	**1794**							
14	**Beste Punktezahl**	**226**							
15	**Schlechteste Punktezahl**	**178**							
16	**Durchschnittspunkte**	**199**							
17	**Anzahl Schüler**	**9**							

Verkettung von Funktionen

Bei den durchschnittlich von den Schülern erreichten Punkten berechnet dein Tabellenkalkulationsprogramm in unserem Beispiel den exakten Wert mit fünf Nachkommastellen:

15	Ruddat, Sebastian	7BKM	26	87	39		45	197	4
16	Schreindorfer, Anastasia	7BKM	28	86	42	30	40	226	5
17	Shkodra, Florian	7BKM	30	85	45	27	35	222	5
18	Simeth, Thomas	7BKM	32	84	48	24	30	218	5
19	Späth, Nina Maria	7BKM	34		51	21	25	131	4
20	Staudner, Franziska	7BKM	36	82	54	18	20	210	5
21	Staudner, Tim	7BKM	38	81	57	15	15	206	5
22	Wagner, Sebastian	7BKM	40	80		12	10	142	4
23	Wild, Jasmin	7BKM	42	79	63	9	5	198	5
24	Wutz, Annalena Elisabeth	7BKM	44		66	6	5	121	4
25	Wutz, Jonas Josef	7BKM	46	77	69	3	5	200	5
26									
27	**Gesamtpunkte Klasse**	**4479**							
28	**Beste Punktezahl**	**238**							
29	**Schlechteste Punktezahl**	**121**							
30	**Durchschnittspunkte**	**194,73913**							
31	**Anzahl Schüler**	**23**							

Wir möchten aber die Durchschnittspunkte als *ganze* Zahl ausgeben. Dazu müssen wir erst den Mittelwert berechnen und anschließend runden.
Wir müssen also die Funktionen miteinander verketten.

> Zwei Funktionen werden verkettet, indem man den Wert der einen Funktion als Argument (Eingabe) der anderen Funktion verwendet.

Gerade bei der Verkettung von Funktionen leisten Datenflussdiagramme wertvolle Dienste um den Überblick zu behalten.

Datenflussdiagramm für unser Beispiel:

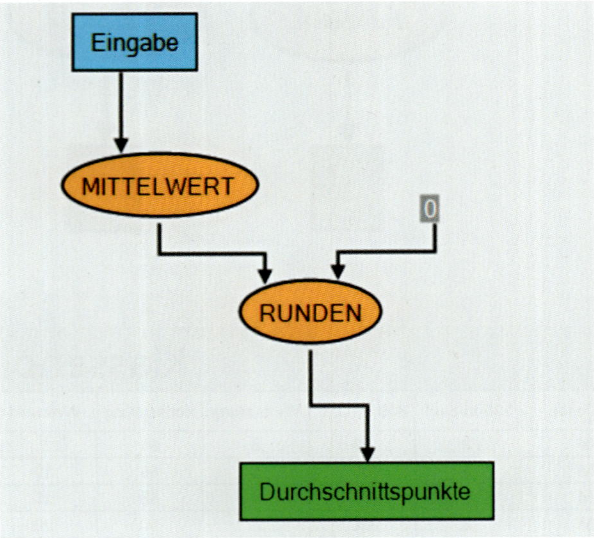

6. Modelliere die verkettete Funktion mit Hilfe eines Datenflussdiagramms.

7. Berechne die Durchschnittspunkte in deiner Beispielaufgabe und runde diese auf 0 Stellen hinter dem Komma.

In der Formelschreibweise sieht das Ganze so aus:
=RUNDEN((MITTELWERT(H3:H25));0)

Dezimalstellen löschen

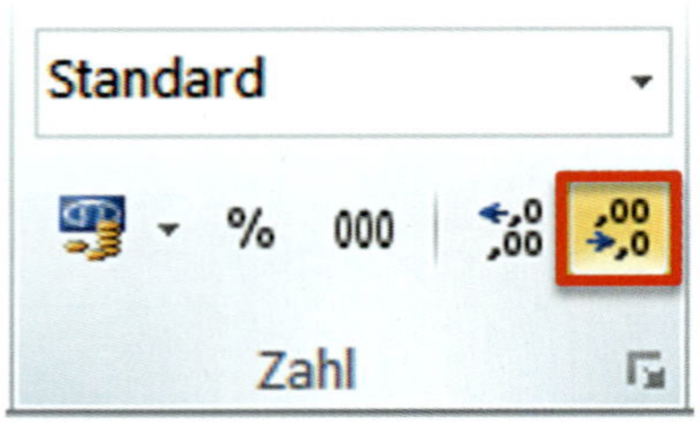

Löschen von Dezimalstellen mit Hilfe der Formatierungsleiste

Auf den ersten Blick scheinen die Funktion RUNDEN() und das Löschen von Dezimalstellen in der Formatierungsleiste deines Kalkulationsprogramms dasselbe Ergebnis zu liefern.
Hier solltest du aufpassen, denn das Löschen von Dezimalstellen in der Formatierungsleiste bewirkt, dass lediglich weniger genaue Werte (weniger Stellen nach dem Komma) angezeigt werden. Es wird jedoch mit den ursprünglichen Werten weitergerechnet. Die Funktion Runden() liefert hingegen ein neues Ergebnis.
Dies kann vor allem dann zu Problemen und Irritationen führen, wenn mit dem Ergebnis weitergerechnet wird.

Datumsfunktionen

Neben diesen neu gelernten Funktionen spielen auch folgende Funktionen eine wichtige Rolle in zahlreichen Tabellenblättern:

=DATUM()	gibt die fortlaufende Zahl des jeweils angegebenen Datums zurück
=JETZT()	gibt das heutige Datum und die aktuelle Uhrzeit zurück
=HEUTE()	gibt das heutige Datum zurück

8. Teste diese drei Datumsfunktionen und setze eine davon an geeigneter Stelle deines Übungsbeispiels um.

Mit diesen Funktionen kann man auch allerhand Berechnungen durchführen, die du im Kapitel „Tabellenkalkulation II“ näher kennenlernen wirst.

2 Zweiseitige Auswahlstruktur

Bei der Auswertung der Klassenolympiade ist es wichtig zu kontrollieren, ob der jeweilige Schüler bereits alle Disziplinen erledigt hat oder ob noch Wettkämpfe ausstehen.
Die entscheidenden Werte dafür stehen in der Spalte „Anzahl Disziplinen". Falls diese Anzahl fünf ist, sind alle Disziplinen erledigt.

	A	B	C	D	E	F	G	H	I
1	Klassenolympiade 2017								
2	Name	Klasse	100-m-Lauf	800-m-Lauf	Weitsprung	Hochsprung	Weitwurf	Gesamtpunkte je Schüler	Anzahl Disziplinen
3	David, Leonie	7BKM	2	99	3	69	5	178	5
4	Engl, Marie Sophie	7BKM	4	98	6	66	10	184	5
5	Fleischmann, Miriam Angelika	7BKM	6	97	9	63	15	190	5
6	Freimuth, Christina	7BKM	8	96	12	60	20	196	5
7	Hiebl, Nina	7BKM	10	95	15	57	25	202	5
8	Hurka, Alexander Andreas	7BKM	12	94	18	54	30	208	5
9	Kolbeck, Eva	7BKM	14	93	21	51	35	214	5
10	Kolbeck, Jacqueline Sofie	7BKM	16	92		48	40	196	4
11	Lotter, Jannik Bernhard	7BKM	18	91	27	45	45	226	5

Die Wenn-Funktion als Datenflussdiagramm

Wir können diese Situation wie gewohnt mit Hilfe eines Datenflussdiagramms modellieren:

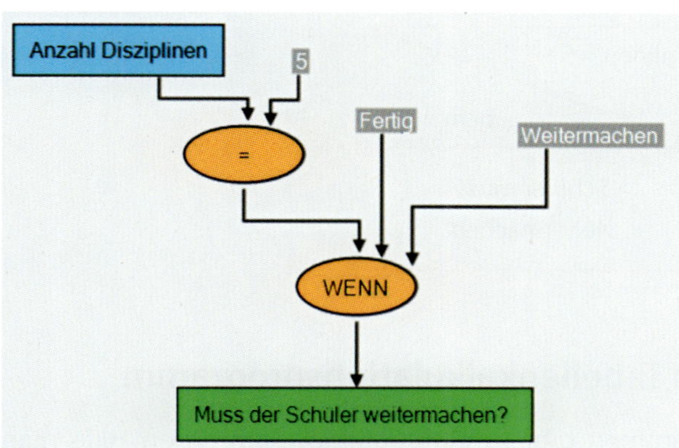

Erläutern wir anhand des Datenflussdiagramms noch einmal die Funktionsweise einer **Wenn-Funktion**:
Im ersten Schritt wird geprüft, ob die Anzahl der Disziplinen gleich 5 ist. Ist das der Fall wird Anweisung 1 („Fertig") ausgegeben. Falls die Anzahl ungleich 5 ist erscheint als Ausgabe, wie im folgenden Beispiel zu erkennen, Anweisung 2 („Weitermachen").

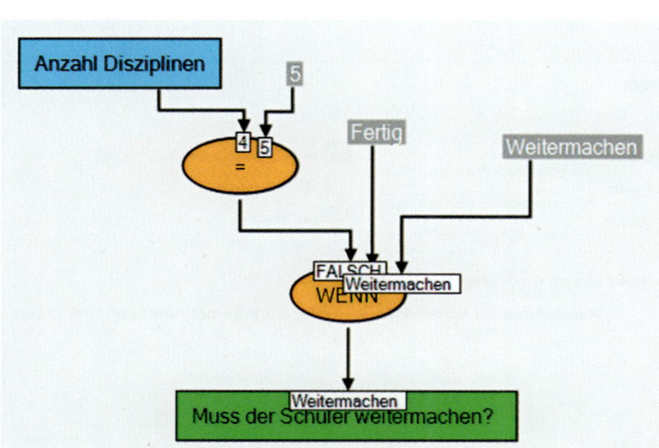

9. Modelliere die Wenn-Funktion mit Hilfe eines Datenflussdiagramms und simuliere den Ablauf.

Die Wenn-Funktion als Struktogramm

Eine weitere Möglichkeit zur Modellierung von WENN-Funktionen bieten dir sogenannte Struktogramme. Damit zerlegst du das Gesamtproblem in immer kleinere Teilprobleme – bis schließlich nur noch elementare Grundstrukturen wie Sequenzen und Kontrollstrukturen zur Lösung des Problems übrigbleiben.

Grundelemente von Struktogrammen:

Sequenz	Folge von Anweisungen, die nacheinander in der angegebenen Reihenfolge ausgeführt werden	
Wenn-Funktion (Kontrollstruktur Verzweigung)	Wenn eine Bedingung zutrifft, wird der ja-Block ausgeführt, wenn nicht, wird der nein-Block ausgeführt. Die beiden Blöcke können aus mehreren Anweisungen bestehen. Der nein-Block kann auch leer sein.	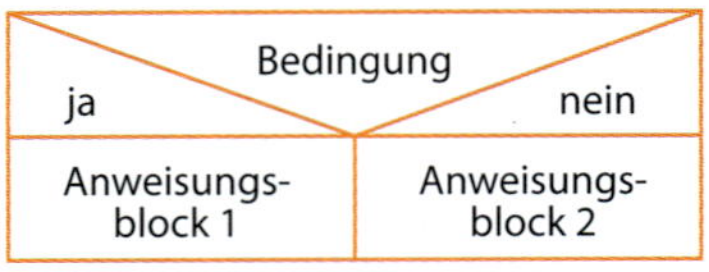

10. In unserem Übungsbeispiel sollen alle Schüler mit 200 und mehr Punkten eine „Ehrenurkunde" und alle anderen Schüler eine „Urkunde" erhalten. Stelle diesen Sachverhalt mit Hilfe eines Struktogramms und eines Datenflussdiagramms dar.

In unserem Beispiel würde das Struktogramm folgendermaßen aussehen:

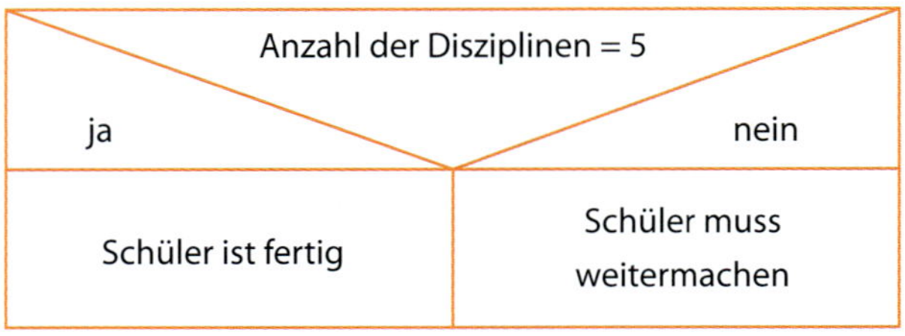

Die Wenn-Funktion im Tabellenkalkulationsprogramm

In Tabellenkalkulationsprogrammen gibt es eine Funktion, mit deren Hilfe man solche Auswahlsituationen darstellen und berechnen kann.
Zum Beispiel kannst du die Wenn-Funktion unter „Formeln → Funktion einfügen" finden (in Calc unter „Einfügen → Funktion"):

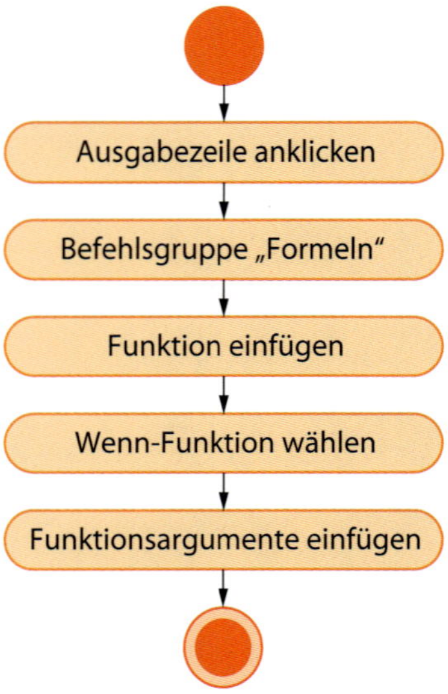

Einfügen der Wenn-Funktion in Excel

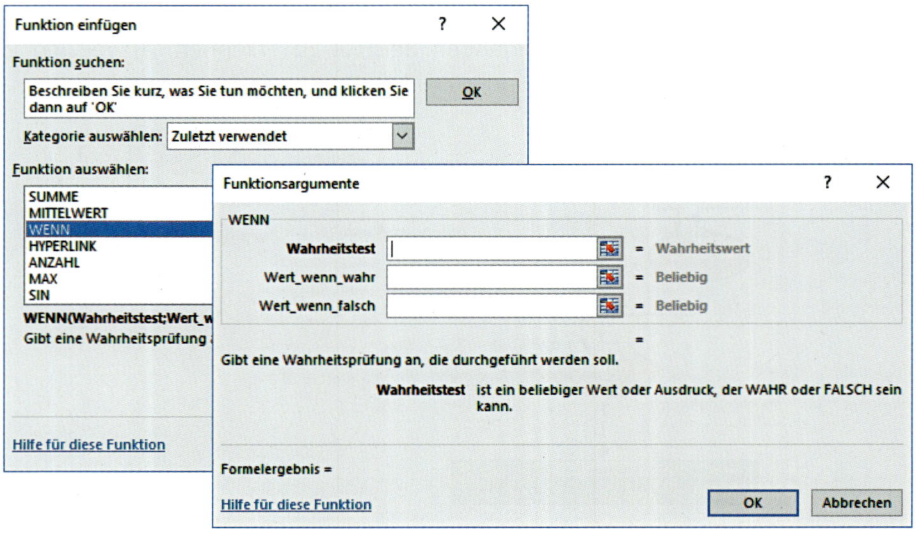

In unserem Beispiel sieht das Ganze folgendermaßen aus:

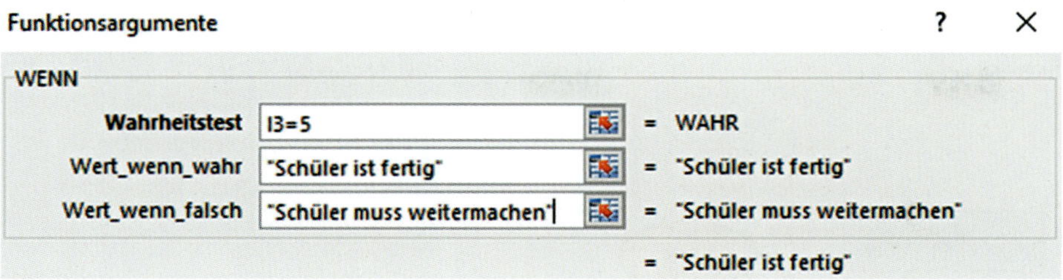

Bei Verwendung des Formeleditors werden die Anführungszeichen vom Programm automatisch ergänzt.

> Wird mit Hilfe einer Wenn-Funktion Text ausgegeben, so steht der Text immer in Anführungszeichen.

11. Erweitere dein Übungsbeispiel um die Spalten „Alle Disziplinen erledigt?" und „Urkunde". Ermittle das Ergebnis der Ausgabezellen mit Hilfe einer Wenn-Funktion.

	A	B	C	D	E	F	G	H	I	J	K
1	Klassenolympiade 2017										05.09.2017
2	Name	Klasse	100-m-Lauf	800-m-Lauf	Weitsprung	Hochsprung	Weitwurf	Gesamtpunkte je Schüler	Anzahl Disziplinen	Alle Disziplinen erledigt?	Urkunde
3	David, Leonie	7BKM	2	99	3	69	5	178	5	Ja	Urkunde
4	Engl, Marie Sophie	7BKM	4	98	6	66	10	184	5	Ja	Urkunde
5	Fleischmann, Miriam Angelika	7BKM	6	97	9	63	15	190	5	Ja	Urkunde
6	Freimuth, Christina	7BKM	8	96	12	60	20	196	5	Ja	Urkunde
7	Hiebl, Nina	7BKM	10	95	15	57	25	202	5	Ja	Ehrenurkunde
8	Hurka, Alexander Andreas	7BKM	12	94	18	54	30	208	5	Ja	Ehrenurkunde
9	Kolbeck, Eva	7BKM	14	93	21	51	35	214	5	Ja	Ehrenurkunde
10	Kolbeck, Jacqueline Sofie	7BKM	16	92		48	40	196	4	Nein	Urkunde
11	Lotter, Jannik Bernhard	7BKM	18	91	27	45	45	226	5	Ja	Ehrenurkunde

Du kannst die Wenn-Funktion natürlich – wie jede andere Funktion auch – direkt in die Ausgabezelle schreiben.

Dies würde im Fall von Aufgabe 11 und obigem Bild so aussehen:

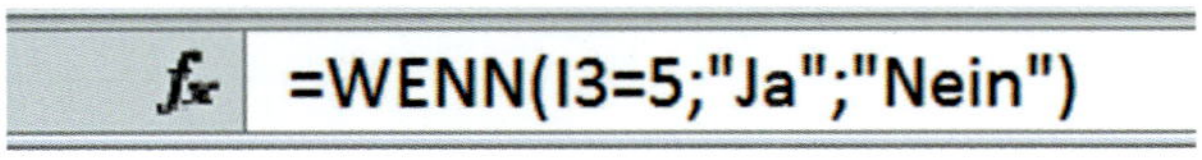

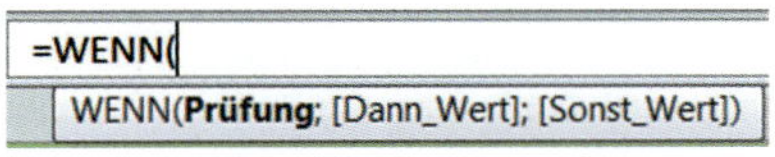

Viele Tabellenkalkulationsprogramme geben wertvolle Tipps bei der Eingabe einer Formel.
Wir können der automatischen Hilfe entnehmen, dass erst die Bedingung eingegeben wird, anschließend der Dann-Wert und am Ende der Sonst-Wert – jeweils von einem Strichpunkt getrennt.

Beim Prüfen der Bedingung müssen meist **Vergleichsoperatoren** verwendet werden. Mit der folgenden Tabelle erhältst du eine Übersicht über alle Vergleichsoperatoren, die du in deinem Tabellenkalkulationsprogramm zur Überprüfung der Bedingung verwenden kannst:

Vergleichsoperator	Bedeutung
=	ist gleich
<	kleiner als
>	größer als
<=	kleiner als oder gleich
>=	größer als oder gleich
<>	ungleich

Verkettung der Wenn-Funktion

In unserem Beispiel „Klassenolympiade" wollen wir nun den Klassenbesten durch eine geeignete Funktion ermitteln und entsprechend kennzeichnen. Der Klassenbeste ist derjenige Schüler, der die höchste Gesamtpunktzahl hat.

Du weißt bereits, mit welcher Funktion du innerhalb einer Tabelle die größte oder kleinste Punktzahl ermitteln kannst.

12. Modelliere ein Datenflussdiagramm zur Ermittlung des Schülers mit der wenigsten Punktzahl.

13. Erzeuge in deiner Beispieldatei eine neue Spalte „Klassenbester“ und ermittle ihn mit Hilfe der erarbeiteten Funktion.

Beim Kopieren der Formel ist es sinnvoll absolute Zellbezüge zu verwenden. Wenn du es ausprobierst, weißt du warum.

Um den Klassenbesten herauszustellen, kennzeichnen wir den Schüler mit der höchsten Punktzahl mit einem „X“. Bei allen anderen Schülern bleibt die Spalte leer. Auch hier wollen wir das Ganze mit Hilfe eines Datenflussdiagrammes veranschaulichen:

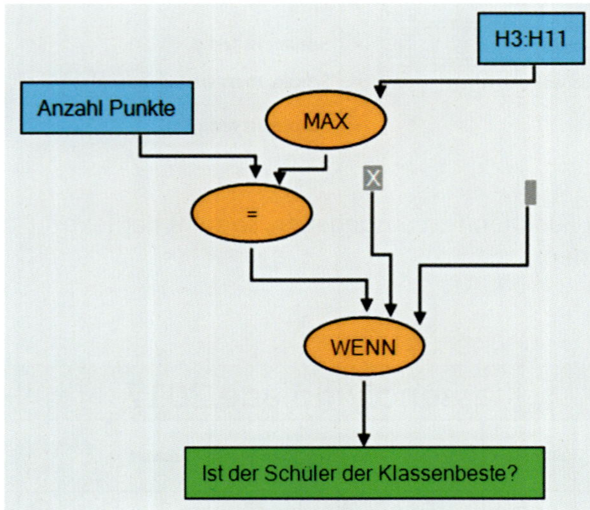

Ermittlung des Klassenbesten durch Verkettung der Wenn-Funktion mit der Funktion MAX():

	A	B	C	D	E	F	G	H	I	J	K	L
1	Klassenolympiade 2017									05.09.2017		
2	Name	Klasse	100-m-Lauf	800-m-Lauf	Weitsprung	Hochsprung	Weitwurf	Gesamtpunkte je Schüler	Anzahl Disziplinen	Alle Disziplinen erledigt?	Urkunde	Klassenbester
3	David, Leonie	7BKM	2	99	3	69	5	178	5	Ja	Urkunde	
4	Engl, Marie Sophie	7BKM	4	98	6	66	10	184	5	Ja	Urkunde	
5	Fleischmann, Miriam Angelika	7BKM	6	97	9	63	15	190	5	Ja	Urkunde	
6	Freimuth, Christina	7BKM	8	96	12	60	20	196	5	Ja	Urkunde	
7	Hiebl, Nina	7BKM	10	95	15	57	25	202	5	Ja	Ehrenurkunde	
8	Hurka, Alexander Andreas	7BKM	12	94	18	54	30	208	5	Ja	Ehrenurkunde	
9	Kolbeck, Eva	7BKM	14	93	21	51	35	214	5	Ja	Ehrenurkunde	
10	Kolbeck, Jacqueline Sofie	7BKM	16	92		48	40	196	4	Nein	Urkunde	
11	Lotter, Jannik Bernhard	7BKM	18	91	27	45	45	226	5	Ja	Ehrenurkunde	X
12												
13	Gesamtpunkte	1794										
14	Beste Punktzahl	226										
15	Schlechteste Punktezahl	178										
16	Durchschnittspunkte	199										
17	Anzahl Schüler	9										

fx =WENN(H11=MAX($H$3:$H$11);"X";"")

3 Funktionen im Umgang mit größeren Datenmengen

Trennfunktion

	A
1	
2	Name
3	David, Leonie
4	Engl, Marie Sophie
5	Fleischmann, Miriam Angelika
6	Freimuth, Christina
7	Hiebl, Nina
8	Hurka, Alexander Andreas
9	Kolbeck, Eva
10	Kolbeck, Jacqueline Sofie
11	Lotter, Jannik Bernhard

Zusätzlich zu den Funktionen, die als Formeln in die Zellen eines Arbeitsblattes eingegeben werden, liefern moderne Tabellenkalkulationsprogramme Funktionen, die uns beim Umgang mit Daten eine große Hilfe sind.

Ein Grundsatz im Umgang mit größeren Datenmengen ist, dass in jeder Zelle nur eine Information stehen soll (Genaueres erfährst du in den Kapiteln über Datenbanken). In unserem Beispiel ist dieser Grundsatz in Spalte A nicht erfüllt, da die Zellen den Vor- und Nachnamen der Schüler enthalten. So wäre zum Beispiel eine Sortierung nach dem Vornamen nicht möglich.

Wir wollen daher die Spalte A mit einer geeigneten Funktion in zwei Spalten mit Vorname und Nachname aufteilen.

Um eine Spalte trennen zu können benötigst du immer ein sogenanntes **Trennzeichen**, an dem sich das Programm orientieren kann. In unserem Fall ist das Trennzeichen ein Komma.

	A	B
1		
2	**Name**	**Vorname**
3	David	Leonie
4	Engl	Marie Sophie
5	Fleischmann	Miriam Angelika
6	Freimuth	Christina
7	Hiebl	Nina
8	Hurka	Alexander Andreas
9	Kolbeck	Eva
10	Kolbeck	Jacqueline Sofie
11	Lotter	Jannik Bernhard

14. Füge eine neue Spalte „Vorname“ in dein Tabellenblatt ein und teile anschließend den Vor- und Nachnamen in zwei Spalten auf.

Als Ergebnis des Aktivitätsdiagramms (hier Excel) werden die Vornamen in der folgenden Spalte aufgeführt. Unsere Datensätze sind getrennt und könnten nun nach Vorname sortiert werden.

Daten sortieren

Eine wichtige Aufgabe von Tabellenkalkulationsprogrammen – gerade bei großen Datenmengen – ist es, Daten nach bestimmten Kriterien zu filtern oder zu sortieren. Dabei ist es hilfreich, wenn unser Tabellenblatt Spaltenüberschriften enthält.

In unserem Beispiel möchte der Sportlehrer, dass du ihm alle Schüler einer Klasse nach der erreichten Punktzahl sortierst. Beginnen sollst du dabei mit der höchsten Punktzahl.

	A	B	C	D	E	F	G	H	I
1	Klassenolympiade 2017								
2	Name	Vorname	Klasse	100-m-Lauf	800-m-Lauf	Weitsprung	Hochsprung	Weitwurf	Gesamtpunkte je Schüler
3	David	Leonie	7BKM	2	99	3	69	5	178
4	Engl	Marie Sophie	7BKM	4	98	6	66	10	184
5	Fleischmann	Miriam Angelika	7BKM	6	97	9	63	15	190
6	Freimuth	Christina	7BKM	8	96	12	60	20	196
7	Hiebl	Nina	7BKM	10	95	15	57	25	202
8	Hurka	Alexander Andreas	7BKM	12	94	18	54	30	208
9	Kolbeck	Eva	7BKM	14	93	21	51	35	214
10	Kolbeck	Jacqueline Sofie	7BKM	16	92		48	40	196
11	Lotter	Jannik Bernhard	7BKM	18	91	27	45	45	226
12	Mauerer	Lorena Maria	7BKM	20		30	42	50	142
13	Pirzl	Laura Denise	7BKM	22	89	33	39	55	238
14	Rickl	Sebastian	7BKM	24	88	36	36	50	234
15	Ruddat	Sebastian	7BKM	26	87	39		45	197
16	Schreindorfer	Anastasia	7BKM	28	86	42	30	40	226
17	Shkodra	Florian	7BKM	30	85	45	27	35	222
18	Simeth	Thomas	7BKM	32	84	48	24	30	218
19	Späth	Nina Maria	7BKM	34		51	21	25	131
20	Staudner	Franziska	7BKM	36	82	54	18	20	210
21	Staudner	Tim	7BKM	38	81	57	15	15	206
22	Wagner	Sebastian	7BKM	40	80		12	10	142
23	Wild	Jasmin	7BKM	42	79	63	9	5	198
24	Wutz	Jonas Josef	7BKM	46	77	69	3	5	200
25	Wutz	Annalena Elisabeth	7BKM	44		66	6	5	121

Daten sortieren in Excel

Hierfür markierst du alle Datensätze (inklusive der Spaltenüberschriften) und findest unter der Befehlsgruppe „Daten“ die Sortierfunktion.

Im Menüpunkt „Ebene hinzufügen“ kannst du beliebig viele weitere Spalten hinzufügen, nach denen im Anschluss sortiert werden soll.

15. Sortiere deine Beispieldaten nacheinander absteigend nach Gesamtpunkten, Punkten im 100-m-Lauf, im 800-m-Lauf, im Weitsprung, Hochsprung und im Weitwurf.

Nun legst du fest, nach welcher Spalte und in welcher Reihenfolge du deine Daten sortieren möchtest. Vergiss dabei nicht die Option zu wählen, dass die von dir ausgewählten Datensätze eine Überschrift enthalten.

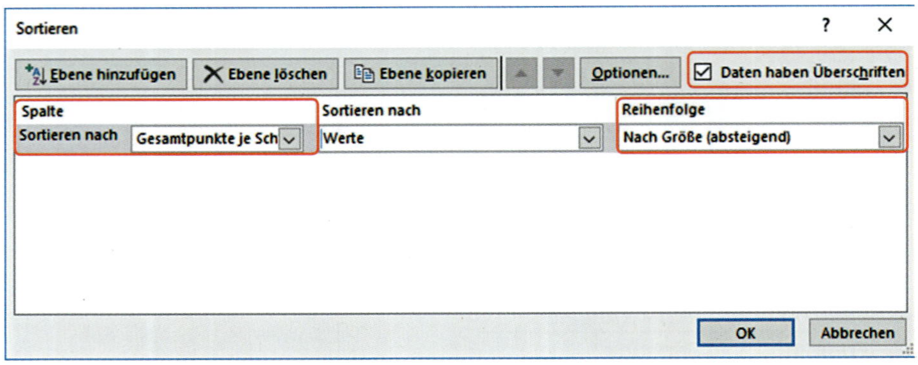

Fertig sortierte Tabelle (absteigend nach Gesamtpunktezahl):

2	Name	Vorname	Klasse	100-m-Lauf	800-m-Lauf	Weitsprung	Hochsprung	Weitwurf	Gesamtpunkte je Schüler
3	Pirzl	Laura Denise	7BKM	22	89	33	39	55	238
4	Rickl	Sebastian	7BKM	24	88	36	36	50	234
5	Lotter	Jannik Bernhard	7BKM	18	91	27	45	45	226
6	Schreindorfer	Anastasia	7BKM	28	86	42	30	40	226
7	Shkodra	Florian	7BKM	30	85	45	27	35	222
8	Simeth	Thomas	7BKM	32	84	48	24	30	218
9	Kolbeck	Eva	7BKM	14	93	21	51	35	214
10	Staudner	Franziska	7BKM	36	82	54	18	20	210
11	Hurka	Alexander Andreas	7BKM	12	94	18	54	30	208
12	Staudner	Tim	7BKM	38	81	57	15	15	206
13	Hiebl	Nina	7BKM	10	95	15	57	25	202
14	Wutz	Jonas Josef	7BKM	46	77	69	3	5	200
15	Wild	Jasmin	7BKM	42	79	63	9	5	198
16	Ruddat	Sebastian	7BKM	26	87	39		45	197
17	Freimuth	Christina	7BKM	8	96	12	60	20	196
18	Kolbeck	Jacqueline Sofie	7BKM	16	92		48	40	196
19	Fleischmann	Miriam Angelika	7BKM	6	97	9	63	15	190
20	Engl	Marie Sophie	7BKM	4	98	6	66	10	184
21	David	Leonie	7BKM	2	99	3	69	5	178
22	Mauerer	Lorena Maria	7BKM	20		30	42	50	142

Daten filtern in Excel

Daten filtern

Tabellenkalkulationsprogramme ermöglichen es darüber hinaus sogenannte Filter zu setzen.
Auch hier ist es sinnvoll vorher Spaltenüberschriften festgelegt zu haben.

In unserem Beispiel filtern wir nach allen Schülern der Klasse, die noch nicht alle Disziplinen erledigt haben (vgl. auch Tabelle Seite 57 unten).

	A	B	C	D	E	F	G	H	I	J	K
1	Klassenolympiade 2017										
2	Name	Vorname	Klasse	100-m-Lauf	800-m-Lauf	Weitsprung	Hochsprung	Weitwurf	Gesamtpunkte je Schüler	Anzahl Diszipline	Alle Disziplinen erledigt?
16	Ruddat	Sebastian	7BKM	26	87	39		45	197	4	Nein
18	Kolbeck	Jacqueline Sofie	7BKM	16	92		48	40	196	4	Nein
22	Mauerer	Lorena Maria	7BKM	20		30	42	50	142	4	Nein
23	Wagner	Sebastian	7BKM	40	80		12	10	142	4	Nein
24	Späth	Nina Maria	7BKM	34		51	21	25	131	4	Nein
25	Wutz	Annalena Elisabeth	7BKM	44		66	6	5	121	4	Nein

4 Erweiterte Formatierungsmöglichkeiten

Bedingte Formatierung

Ähnlich wie bei der Wenn-Funktion kannst du auch Formatierungen von Zellen von bestimmten Bedingungen abhängig machen.
Am besten können wir uns das Ganze wieder mit Hilfe eines Struktogramms verdeutlichen:

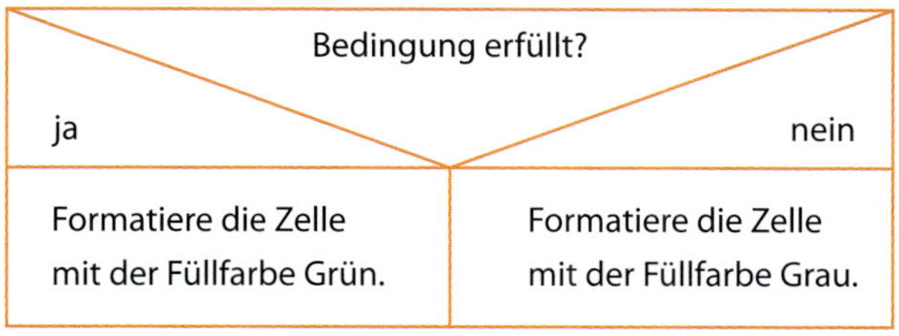

Wir möchten in unserem Beispiel alle Zellen der Spalte J („Alle Disziplinen erledigt?"), deren Status auf „Ja" steht mit, der Füllfarbe Grün einfärben. Diejenigen Zellen mit Status „Nein" bleiben Grau.

2	Name	Vorname	Klasse	100-m-Lauf	800-m-Lauf	Weitsprung	Hochsprung	Weitwurf	Gesamtpunkte je Schüler	Anzahl Disziplinen	Alle Disziplinen erledigt?
3	David	Leonie	7BKM	2	99	3	69	5	178	5	Ja
4	Engl	Marie Sophie	7BKM	4	98	6	66	10	184	5	Ja
5	Fleischmann	Miriam Angelika	7BKM	6	97	9	63	15	190	5	Ja
6	Freimuth	Christina	7BKM	8	96	12	60	20	196	5	Ja
7	Hiebl	Nina	7BKM	10	95	15	57	25	202	5	Ja
8	Hurka	Alexander Andreas	7BKM	12	94	18	54	30	208	5	Ja
9	Kolbeck	Eva	7BKM	14	93	21	51	35	214	5	Ja
10	Kolbeck	Jacqueline Sofie	7BKM	16	92		48	40	196	4	Nein
11	Lotter	Jannik Bernhard	7BKM	18	91	27	45	45	226	5	Ja
12	Mauerer	Lorena Maria	7BKM	20		30	42	50	142	4	Nein
13	Pirzl	Laura Denise	7BKM	22	89	33	39	55	238	5	Ja
14	Rickl	Sebastian	7BKM	24	88	36	36	50	234	5	Ja
15	Ruddat	Sebastian	7BKM	26	87	39		45	197	4	Nein
16	Schreindorfer	Anastasia	7BKM	28	86	42	30	40	226	5	Ja
17	Shkodra	Florian	7BKM	30	85	45	27	35	222	5	Ja
18	Simeth	Thomas	7BKM	32	84	48	24	30	218	5	Ja
19	Späth	Nina Maria	7BKM	34		51	21	25	131	4	Nein
20	Staudner	Franziska	7BKM	36	82	54	18	20	210	5	Ja
21	Staudner	Tim	7BKM	38	81	57	15	15	206	5	Ja
22	Wagner	Sebastian	7BKM	40	80		12	10	142	4	Nein
23	Wild	Jasmin	7BKM	42	79	63	9	5	198	5	Ja
24	Wutz	Jonas Josef	7BKM	46	77	69	3	5	200	5	Ja
25	Wutz	Annalena Elisabeth	7BKM	44		66	6	5	121	4	Nein

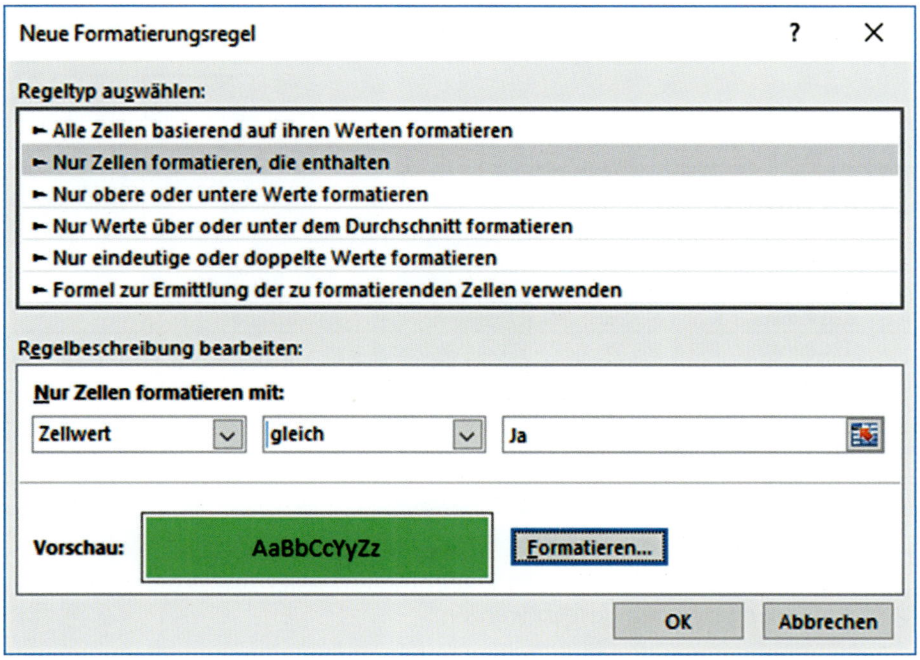

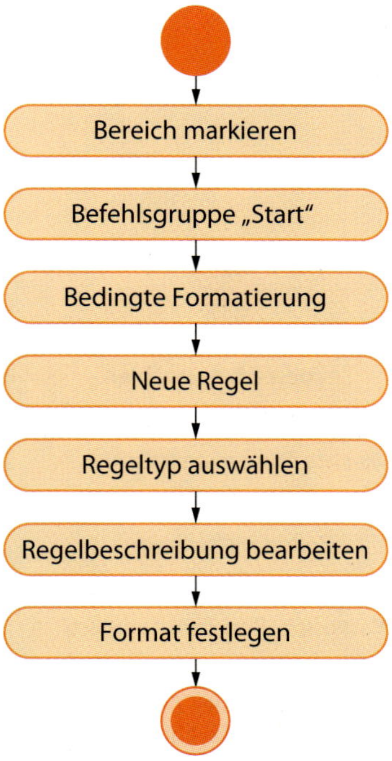

Bedingte Formatierung einfügen in Excel

Achtung: Die Screenshots zur bedingten Formatierung auf dieser Seite sind Beispiele und können in deinem Tabellenkalkulationsprogramm etwas anders aussehen.

Du kannst jedes beliebige Format festlegen, das dir der Befehl „Zellen formatieren…" deines Tabellenkalkulationsprogramms bietet.

16. Setze die bedingte Formatierung in deiner Beispielaufgabe sinnvoll ein, sodass die Tabelle nebenstehender Vorlage entspricht.

Gesamtpunkte je Schüler	Anzahl Disziplinen	Alle Disziplinen erledigt?	Urkunde	Klassenbester
178	5	Ja	Urkunde	
184	5	Ja	Urkunde	
190	5	Ja	Urkunde	
196	5	Ja	Urkunde	
202	5	Ja	Ehrenurkunde	
208	5	Ja	Ehrenurkunde	
214	5	Ja	Ehrenurkunde	
196	4	Nein	Urkunde	
226	5	Ja	Ehrenurkunde	x

Benutzerdefinierte Zahlenformate

Dein Tabellenkalkulationsprogramm bietet viele Möglichkeiten eine Zelle zu formatieren. Dennoch gibt es Zahlenformate, die vom Tabellenkalkulationsprogramm nicht automatisch zur Verfügung gestellt werden.
Hier behelfen wir uns mit benutzerdefinierten Zahlenformaten.

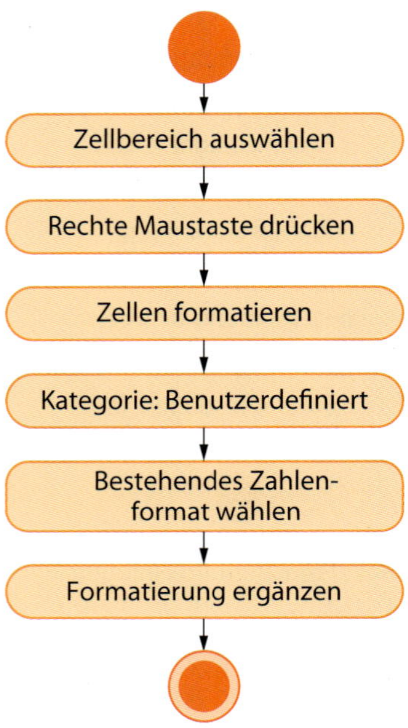

Benutzerdefinierte Zahlenformate in Excel

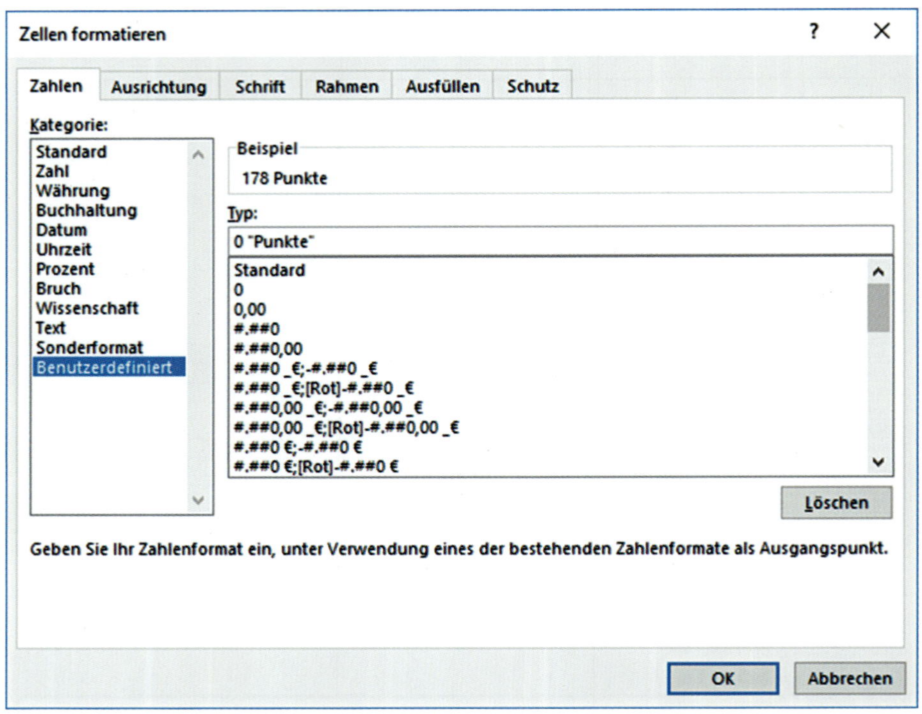

Gesamtpunkte je Schüler	Anzahl Disziplinen	Alle Disziplinen erledigt?	Urkunde	Klassenbester
178 Punkte	5	Ja	Urkunde	
184 Punkte	5	Ja	Urkunde	
190 Punkte	5	Ja	Urkunde	
196 Punkte	5	Ja	Urkunde	
202 Punkte	5	Ja	Ehrenurkunde	
208 Punkte	5	Ja	Ehrenurkunde	
214 Punkte	5	Ja	Ehrenurkunde	
196 Punkte	4	Nein	Urkunde	
226 Punkte	5	Ja	Ehrenurkunde	x

17. Ergänze in Spalte „Gesamtpunkte je Schüler“ die benutzerdefinierte Formatierung „Punkte“.

Wenn bedingte Formatierungen Text enthalten sollen, muss dieser Text in Anführungszeichen gesetzt werden.

5 Verknüpfung von Zelleninhalten über mehrere Tabellenblätter

Tabellenblätter kopieren

Am Ende der Klassenolympiade muss das Siegerteam bzw. die Klasse mit der höchsten Gesamtpunktezahl ermittelt werden.
Entscheidend hierfür ist die Zelle, in der die Gesamtpunktezahl der jeweiligen Klasse berechnet wird (in unserem Beispiel Zelle B27).

	A	B	C	D	E	F	G	H
1	Klassenolympiade 2017							
2	Name	Vorname	Klasse	100-m-Lauf	800-m-Lauf	Weitsprung	Hochsprung	Weitwurf
3	Pirzl	Laura Denise	7BKM	22	89	33	39	55
4	Rickl	Sebastian	7BKM	24	88	36	36	50
5	Lotter	Jannik Bernhard	7BKM	18	91	27	45	45
6	Schreindorfer	Anastasia	7BKM	28	86	42	30	40
7	Shkodra	Florian	7BKM	30	85	45	27	35
8	Simeth	Thomas	7BKM	32	84	48	24	30
9	Kolbeck	Eva	7BKM	14	93	21	51	35
10	Staudner	Franziska	7BKM	36	82	54	18	20
11	Hurka	Alexander Andreas	7BKM	12	94	18	54	30
12	Staudner	Tim	7BKM	38	81	57	15	15
25	Wutz	Annalena Elisabeth	7BKM	44		66	6	5
26								
27	**Gesamtpunkte Klasse**		**4479**					
28	**Beste Punktzahl**		**238**					
29	**Schlechteste Punktezahl**		**121**					
30	**Durchschnittspunkte**		**195**					
31	**Anzahl Schüler**							

Hier zeigt sich einer der großen Vorteile eines Tabellenkalkulationsprogramms: Wir können die Vorlage, die wir in unserem Beispiel für die Klasse 7b erstellt haben, kopieren und für alle anderen teilnehmenden Klassen (in leicht veränderter Form) anwenden.

Durch Rechtsklick auf dein aktuelles Tabellenblatt öffnet sich ein Kontextmenü, mit dessen Hilfe du das Tabellenblatt löschen, umbenennen oder auch verschieben/kopieren kannst.
Durch Setzen des Häkchens bei „Kopie erstellen", erzeugst du eine Kopie deines ausgewählten Tabellenblattes:

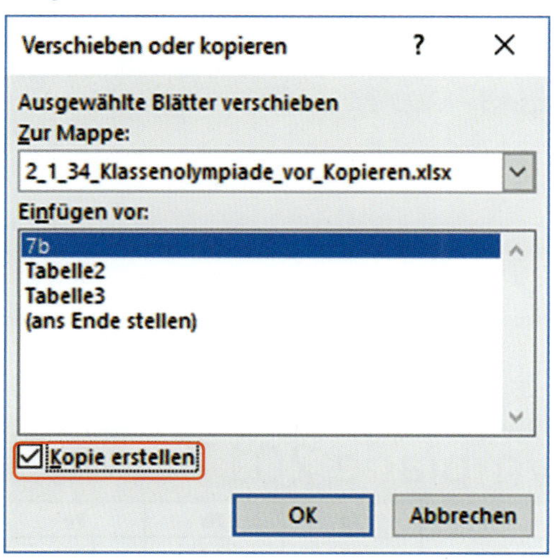

Nun muss die Kopie umbenannt und mit den Daten der anderen Klasse gefüllt werden.

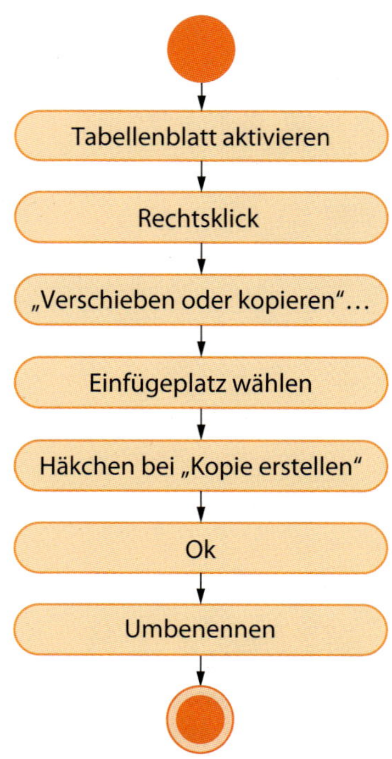

Tabellenblätter kopieren

18. Erstelle Kopien deines Beispieltabellenblatts für die Klassen 6a, 6b, 6c, 7a und 7c.

	A	B	C	D	E	F	G	H	I
1	Klassenolympiade 2017								
2	Name	Vorname	Klasse	100-m-Lauf	800-m-Lauf	Weitsprung	Hochsprung	Weitwurf	Gesamtpunkte je Schüler
3	Pirzl	Laura Denise	7BKM	22	89	33	39	55	238
4	Rickl	Sebastian	7BKM	24	88	36	36	50	234
5	Lotter	Jannik Bernhard	7BKM	18	91	27	45	45	226

7a | 7b | 7c | 6a | 6b | 6c

Bezüge zwischen Tabellenblättern herstellen

In einem weiteren Tabellenblatt möchtest du nun die Gesamtpunkte aller Klassen gegenüberstellen, um einen Schulsieger ermitteln zu können.
Dazu benötigen wir ein neues Tabellenblatt „Zusammenfassung“, in dem alle teilnehmenden Klassen eingetragen sind:

19. Erstelle ein neues Tabellenblatt mit dem Namen „Zusammenfassung“ gemäß nebenstehender Vorlage.

	A	B	C	D	E	F	G
1	Klassenolympiade 2017						
2	**Klasse**	**6a**	**6b**	**6c**	**7a**	**7b**	**7c**
3	**Punkte**	4527	4329	4329	3851	4479	3993
4	**Schulsieger**						

Du kannst nun durch folgende Schritte auf den Zelleninhalt in anderen Tabellenblättern verknüpfen:

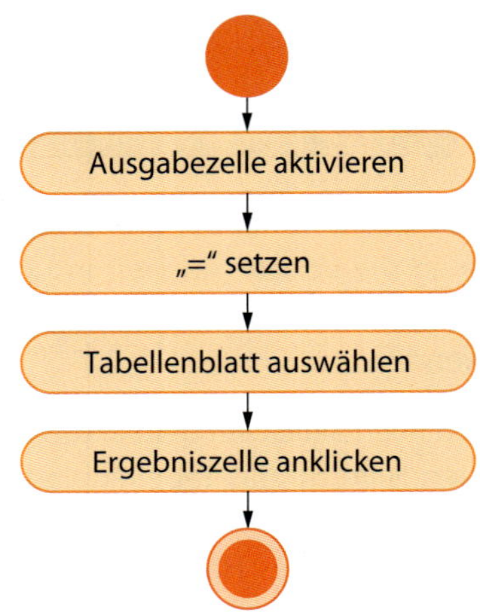

Den Bezug auf ein anderes Tabellenblatt stellst du in der Formelschreibweise wie folgt dar: 'Name des Tabellenblattes'!

Beispiel:

B3 | =’6a'!B28

	A	B	C	D	E	F	G
1	Klassenolympiade 2017						
2	**Klasse**	**6a**	**6b**	**6c**	**7a**	**7b**	**7c**
3	**Punkte**	4527	4329	4329	3851	4479	3993
4	**Schulsieger**						

20. Erstelle Zellbezüge zu den Gesamtpunkten je Klasse im Tabellenblatt „Zusammenfassung“.

21. Ermittle in Zeile 4 die Klasse, die Schulsieger wurde (höchste Punktzahl) mit einer geeigneten Funktion und kennzeichne diese mit einem „X“.

Grundwissen

■ Datenflussdiagramme

Ein **Datenflussdiagramm (Ablaufdiagramm)** veranschaulicht einen Ablauf, indem es eine Abfolge von Entscheidungen und Anweisungen definiert.

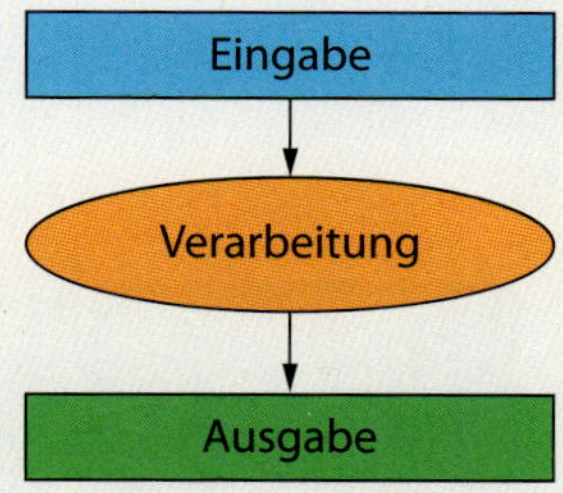

Zur Darstellung von Funktionen im Datenflussdiagramm benötigt man drei Arten von Elementen:

- Ein- und Ausgabefelder (Rechtecke)
- Funktionen (Ellipsen)
- Datenflüsse (Pfeile)

■ Wichtige Funktionen

=RUNDEN(Zahl; Anzahl_Stellen)	rundet eine Zahl auf eine bestimmte Anzahl Dezimalstellen
=ANZAHL(Wert1;Wert2;...)	zählt, in wie vielen Zellen des Bereiches eine Zahl eingetragen ist
=ANZAHL2(Wert1;Wert2;...)	zählt die Anzahl nicht leerer Zellen in einem Bereich
=WENN(Prüfung;Dann-Teil;Sonst-Teil)	gibt eine Wahrheitsprüfung an, die durchgeführt werden soll

■ Wenn-Funktion

Vergleichsoperatoren in der Bedingung der Wenn-Funktion:
=; <=; >=; <>; <; >

Bei Vergleich mit Text muss der Text in Anführungszeichen stehen!

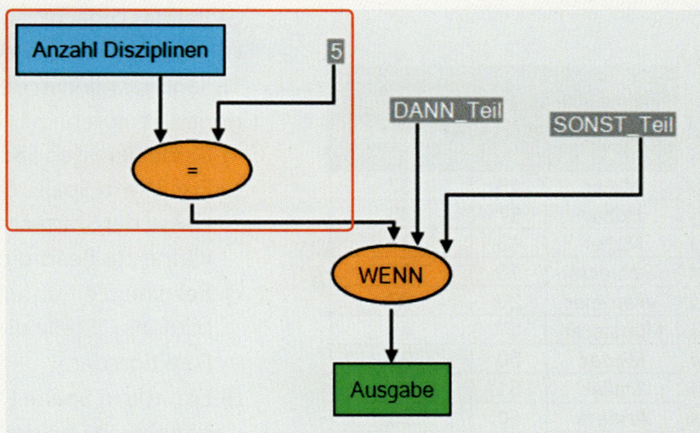

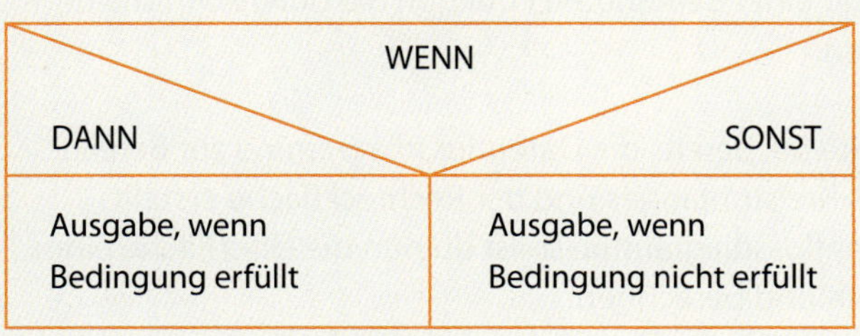

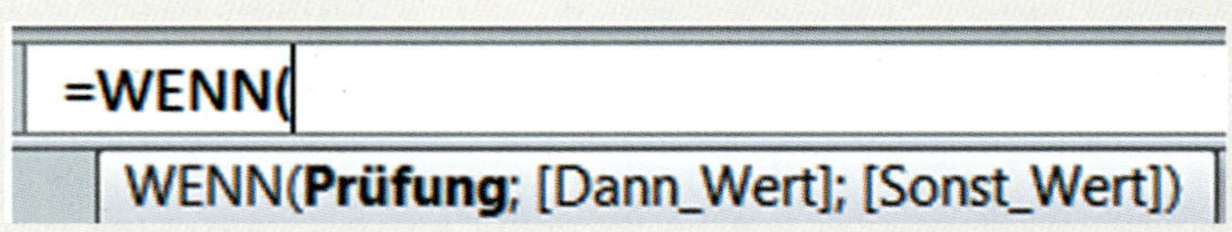

Zeig was du kannst

1. Die Computerfirma „Banana" hat sich entschlossen in den nächsten Wochen einen Sonderverkauf durchzuführen. Dabei gibt sie auf alle Computer der Serie „SL 500" 30 % und auf alle anderen Artikel 5 % Rabatt.

	A	B	C	D	E	F	G	H
1	Kunde	Artikel	Stückzahl	Normalpreis pro Stück	Rabatt	Reduzierter Preis	Gesamteinnahmen	Bewertung
2	Urban	Sonstige	2	12,95 €				
3	Mingo	SL 500	4	600,00 €				
4	Gabriel	Sonstige	13	89,00 €				
5	Lamecker	SL 500	55	600,00 €				
6	Zelzer	SL 500	45	600,00 €				
7	Dieß	Sonstige	12	1,00 €				
8	Müller	Sonstige	23	15,00 €				
9	Meier	Sonstige	1	0,79 €				
10	Huber	Sonstige	3	6,77 €				
11	Scholz	Sonstige	5	12,99 €				
12			**Durchschnittseinnahmen:**					

a) Modelliere den Sachverhalt mit Hilfe eines Datenflussdiagramms.

b) Stelle den Sachverhalt zusätzlich in einem Struktogramm dar.

c) Berechne in Spalte E mit Hilfe einer geeigneten Wenn-Funktion, den gewährten Rabatt in €, in Abhängigkeit vom gekauften Produkt (Spalte B). (Öffne zur Bearbeitung der Aufgaben c) bis g) die Vorlage zur Aufgabe 1.)

d) Berechne in Spalte F den um den Rabatt reduzierten Stückpreis des Artikels.

e) Berechne in Spalte G die Gesamteinnahmen (Stückzahl beachten!) pro Kunde unter Berücksichtigung des Rabatts.

f) Liegen die Gesamteinnahmen über 1 000,00 € handelt es sich um einen „Topkunden", darunter lediglich um einen „Kunden". Ermittle die Art des Kunden in Spalte H mit einer geeigneten Wenn-Funktion.

g) Berechne in Zelle G12 mit einer geeigneten Funktion die Durchschnittseinnahmen pro Kunde.

2. Der Laufclub Furth im Wald veranstaltet jährlich einen 10-km-Berglauf zum Gipfel des Gibacht.
Hierbei sind die Läufer in verschiedene Altersklassen eingeteilt. Starter unter 18 Jahren laufen in der Klasse „Jugendliche", alle anderen Läufer in der Kategorie „Senioren".

	A	B	C
1	*Starter*	*Alter*	*Zeit in Minuten*
2	Meier	15	37
3	Huber	67	33
4	Müller	43	37
5	Schlecht	18	35
6	Vilsmeier	20	67
7	Münsterer	17	45
8	Meder	30	31
9	Maller	51	50
10	Anders	50	71
11	Breu	49	32
12	Durchschnittszeit:		

a) Modelliere den Sachverhalt mit Hilfe eines Datenflussdiagramms.

b) Ermittle in Spalte D mit einer geeigneten Wenn-Dann-Funktion die Altersklasse der Starter.
(Öffne zur Bearbeitung der Aufgaben b) bis e) die Vorlage zu Aufgabe 2.)

c) Bei einer Zeit unter 35 Minuten war die Laufleistung „top", darüber „ausbaufähig". Stelle diesen Sachverhalt in Spalte E mit einer geeigneten Wenn-Funktion dar.

d) Ermittle in Spalte F mit einer geeigneten Funktion den Tagessieger (in Abhängigkeit von der besten Zeit). Kennzeichne diesen mit „X". Der Rest soll nicht gekennzeichnet werden.

e) Ermittle in Zelle C12 mit einer geeigneten Funktion die durchschnittliche Laufleistung in Minuten.

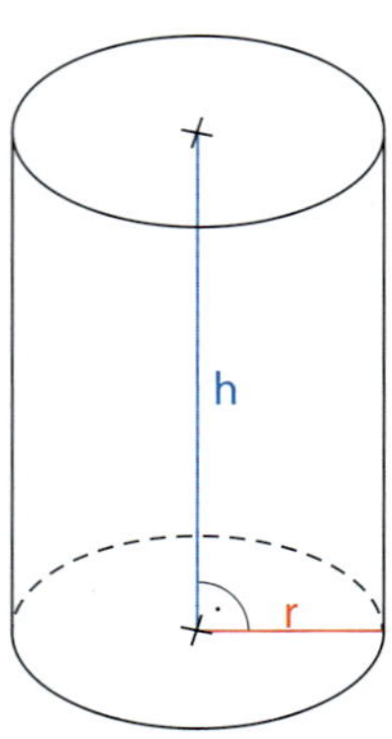

3. Du hast in Aufgabe 3, Seite 50, bereits die Datenflussdiagramme zur Berechnung der Kreisfläche, des Kreisumfanges und der Rechteckfläche erstellt.
Auf Basis dieser drei Datenflussdiagramme sollst du nun die Oberfläche eines Kreiszylinders modellieren und berechnen.

a) Recherchiere im Internet, wie die Oberfläche eines Kreiszylinders berechnet wird.

b) Modelliere ein Datenflussdiagramm, das die Berechnung der Oberfläche verdeutlicht.

c) Erstelle ein Rechenblatt, mit dessen Hilfe du durch Eingabe von Höhe und Radius die Oberfläche des Kreiszylinders berechnen kannst.

Kapitel 4

Tabellenkalkulation II

	A	B	C	D	E	F	G	H
1	Klassenolympiade 2017							
2	Name	Vorname	Klasse	100-m-Lauf	800-m-Lauf	Weitsprung	Hochsprung	Weitwurf
3	David	Leonie	7BKM	2	99	3	69	5
4	Engl	Marie Sophie	7BKM	4	98	6	66	10
5	Fleischmann	Miriam Angelika	7BKM	6	97	9	63	15
6	Freimuth	Christina	7BKM	8	96	12	60	20
7	Hiebl	Nina	7BKM	10	95	15	57	25
8	Hurka	Alexander Andreas	7BKM	12	94	18	54	30
9	Kolbeck	Eva	7BKM	14	93	21	51	35
10	Kolbeck	Jacqueline Sofie	7BKM	16	92		48	40
11	Lotter	Jannik Bernhard	7BKM	18	91	27	45	45

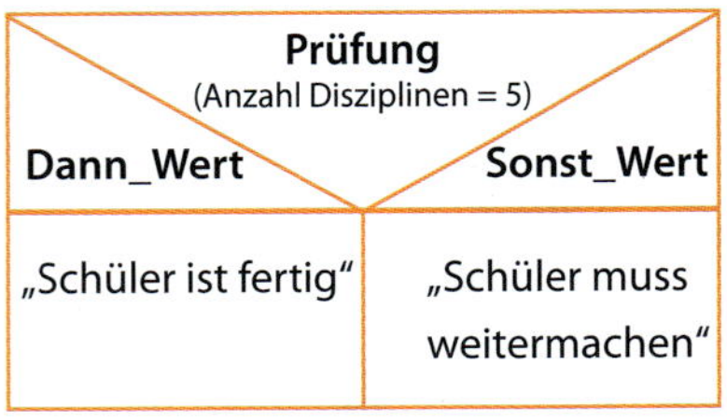

Im Kapitel 3 hast du komplexe Problemstellungen analysiert, Lösungsstrategien dafür entwickelt und diese in deinem Tabellenkalkulationsprogramm umgesetzt. Bei der Analyse und Problemlösung waren dir verschiedene Arten von Diagrammen behilflich:

- Ablaufdiagramm
- Datenflussdiagramm
- Struktogramm

Zudem hast du neue praktische Funktionen verwendet, wie z. B. die Wenn-Funktion. Mit ihr ist es möglich einfache Fallunterscheidungen durchzuführen. Des Weiteren haben Filter- und Sortierfunktionen dir die Arbeit mit großen Datenmengen in der Tabellenkalkulation erleichtert.

Auch die Formatierung von wichtigen Daten in Abhängigkeit von bestimmten Bedingungen ist mit der so genannten „bedingten Formatierung“ kein Problem für dich. Zum Schluss hast du sogar Zellinhalte über mehrere Tabellenblätter miteinander verknüpft.

Bevor du dein vorhandenes Wissen erweiterst, kannst mit den folgenden Übungen noch einmal dein bestehendes Wissen aus „Tabellenkalkulation I“ überprüfen und festigen.

Teste dein Können

1. Im Sportfachgeschäft „Felix Runninger GmbH“ hast du in den vergangenen Ferien dein Taschengeld aufgebessert (siehe Kapitel 6 im Anfangsunterricht). Der Chef war von deinen Fähigkeiten in der Tabellenkalkulation begeistert und möchte, dass du ihn auch weiterhin in der Büroarbeit zu unterstützt. Er lässt dir eine Aufstellung von Verkaufszahlen des letzten Monats per E-Mail zukommen und bittet dich folgende Arbeiten zu erledigen.

	A	B	C	D	E
1	Sportfachgeschäft				
2	Felix Runninger GmbH				
3	Marathonallee 20 - 84028 Landshut - Tel. 0871 66 07 289				
4					
5	Stand der Auswertung:				
6	Einkaufsgutschein in Höhe von:	5%			
7					
8	Kunde (Vorname, Name)	verkaufte Artikel	Umsatz (EUR)	Bewertung	Einkaufsgutschein (EUR)
9	Susi Sportlich	7	105,42 €		
10	Hubert Hingsen	3	28,20 €		
11	Robert Rattmann	22	380,80 €		
12	Uli Unsicher	19	424,90 €		
13	Klaus Klabber	35	1.200,00 €		
14	Gabi Gans	8	197,90 €		

Zur Wiederholung: Verwendet man eine Funktion, so ist diese Bestandteil einer Formel. Formeln beginnen immer mit einem Gleichheitszeichen. Funktionen erfüllen vorher festgelegte Operationen (z. B. addieren mittels der Summenfunktion).

a) Erfasse das Rechenblatt gemäß Vorlage mit einem Tabellenkalkulationsprogramm.

b) Gib mittels einer geeigneten Funktion das heutige Datum und die aktuelle Uhrzeit in der Zelle B5 aus.

c) Füge mittels einem benutzerdefinierten Zahlenformat in der Zelle B5 die Bezeichnung „Uhr“ am Ende der Funktion ein.

d) Kunden, die einen Umsatz über 200,00 € erzielt haben, gelten als „Topkunden“. Stelle diesen Sachverhalt mit einem geeigneten Diagramm dar.

e) Erstelle eine kopierfähige Formel, die für jeden Kunden eine Bewertung ausgibt.

f) Topkunden erhalten einen Einkaufsgutschein in Höhe von 5 % ihres Umsatzes. Berechne ihn in Spalte E.

g) Färbe die Zellen aller Topkunden (Spalte E) mit einer bedingten Formatierung grün.

Arbeite, wenn möglich, immer mit Zellbezügen. Ändert sich die Höhe des Einkaufsgutscheins, muss die Formel nicht verändert werden.

h) Berechne mit geeigneten Funktionen den höchsten, niedrigsten und den durchschnittlichen Umsatz in Euro.

i) Gib zum Schluss folgende Angaben mittels Funktionen aus:

Anzahl der Topkunden:	3
Anzahl der Kunden:	6

2. Das Reisebüro Fernweh erstellt ein Angebot für vier Familien über eine Ferienwohnung in den Alpen.

Reisebüro Fernweh

Familie	Wochen	Preis pro Woche	Rabatt in %	Rabatt in €	Wochenpreis abzgl. Rabatt in €	Endpreis in €
Knopfinger	4	500,00 €				
Schrank	2	500,00 €				
Kleist	3	500,00 €				
Faust	1	500,00 €				
					Gesamtpreis:	- €

Rabatte	
unter 2 Wochen	5%
ab 2 Wochen	10%

a) Erfasse das Rechenblatt gemäß Vorlage mit einem Tabellenkalkulationsprogramm.

b) Bilde die Rabatte mit einem Struktogramm ab.

c) Berechne mit Formeln unter Einhaltung aller möglichen Zellbezüge
- den Rabatt in Prozent (Spalte E),
- den Rabatt in Euro (Spalte F),
- den jeweiligen Wochenpreis abzüglich Rabatt (Spalte G),
- die Endpreise (H5 bis H8) sowie den Gesamtpreis der Reise (H9).

3. Im Rahmen eines Berufspraktikums führst du eine Liste mit deinen Arbeitsstunden.

Beginn täglich um 08:00 Uhr

02.04. - 15:00 Uhr
03.04. krank
04.04. - 12:00 Uhr
06.04. - 16:15
07.04. - 14:00
08.04. - 15:00
09.04. - 16:15
10.04. - 12:00
13.04. - 15:30
14.04. - 16:15
15.04. - 11:30

a) Erstelle auf Grundlage deiner handschriftlichen Aufzeichnungen ein Tabellenblatt.

b) Berechne die Anzahl deiner Arbeitstage.

c) Ermittle, an wie vielen Tagen du anwesend warst bzw. durch Krankheit nicht arbeiten konntest.

d) Berechne die durchschnittliche Arbeitszeit.

e) Gestalte die Zellen der Arbeitstage mit einer bedingten Formatierung auffällig,
- an denen du nicht arbeiten konntest,
- an denen du mehr als sechs Stunden gearbeitet hast.

f) Sortiere die Arbeitstage nach den Arbeitsstunden absteigend.

1 Mehrstufige Auswahlstruktur

Mit Freeware lassen sich Ablaufpläne ideal erstellen und visualisieren. Beispiele:
PapDesigner (www.inf-schule.de),
Orinoco (www.klassenkarte.de)

Zur Wiederholung: Elemente eines Ablaufdiagramms:

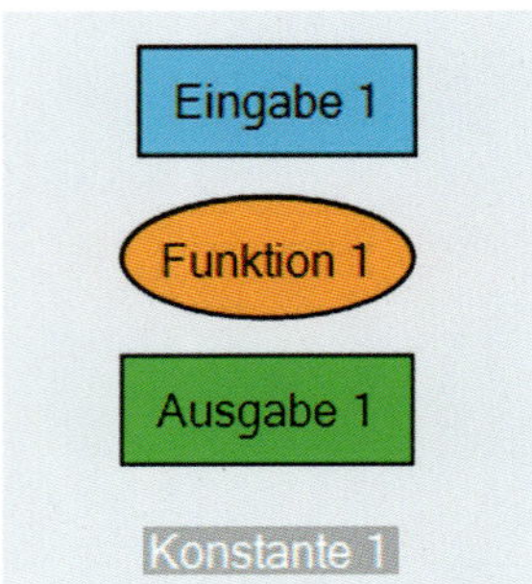

Anzahl Disziplinen	Alle Disziplinen erledigt?	Urkunde
5	Ja	Urkunde
5	Ja	Urkunde
5	Ja	Urkunde
5	Ja	Urkunde
5	Ja	Ehrenurkunde
5	Ja	Ehrenurkunde
5	Ja	Ehrenurkunde
4	Nein	keine Urkunde
5	Ja	Ehrenurkunde

Die Auswertung der Klassenolympiade können wir noch an einigen Stellen verbessern. Mittels der WENN-Funktion haben wir im vorigen Kapitel die Vergabe der Urkunden ermittelt. Das Ablaufdiagramm bzw. der Ablaufplan verdeutlicht, dass eine Auswahl zwischen zwei Möglichkeiten getroffen wird:

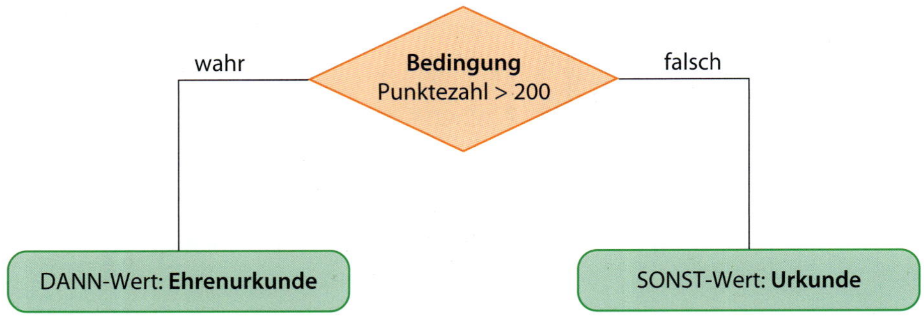

Eine Schülerin nahm am Weitsprungwettbewerb nicht teil und hat deshalb nicht alle Disziplinen absolviert. In diesem Fall kann noch keine Urkunde für eine erfolgreiche Teilnahme ausgestellt werden. Machen wir uns die Situation in einer spielerischen Grafik deutlich:

Die Abbildung verdeutlicht, dass zwei verschiedene Bedingungen logisch miteinander verbunden werden. Es wird zuerst geprüft, ob ein Schüler bzw. eine Schülerin alle Disziplinen absolviert hat. Trifft dies zu (Bedingung erfüllt), wird geprüft ob eine Punktezahl über 200 erreicht wurde und eine Ehrenurkunde ausgestellt werden kann.

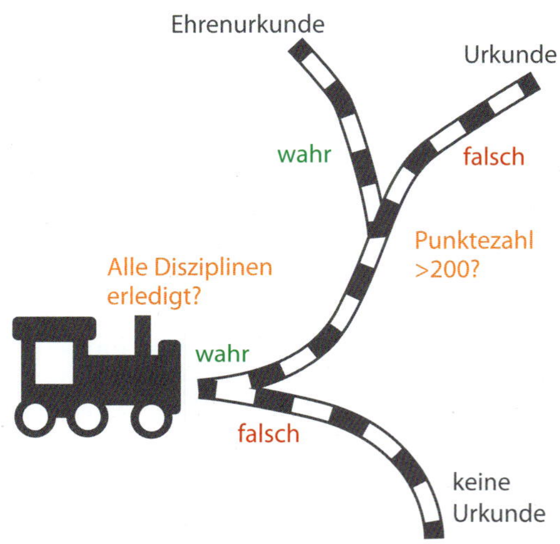

1. Überlege dir, ob du die Bedingungen auch anders formulieren könntest.

2. Erstelle für die Urkundenvergabe ein Ablaufdiagramm mithilfe von geeigneter Software.

Um die Situation zu lösen, hilft eine einfache Wenn-Funktion nicht weiter. Wir müssen eine Wenn-Funktion (Bedingung 2: „Punktezahl > 200“) in die übergeordnete Wenn-Funktion (Bedingung 1: „Alle Disziplinen erledigt?“) integrieren. Man spricht in einem derartigen Fall von einer **verschachtelten Wenn-Funktion**. Ein Struktogramm veranschaulicht den Sachverhalt:

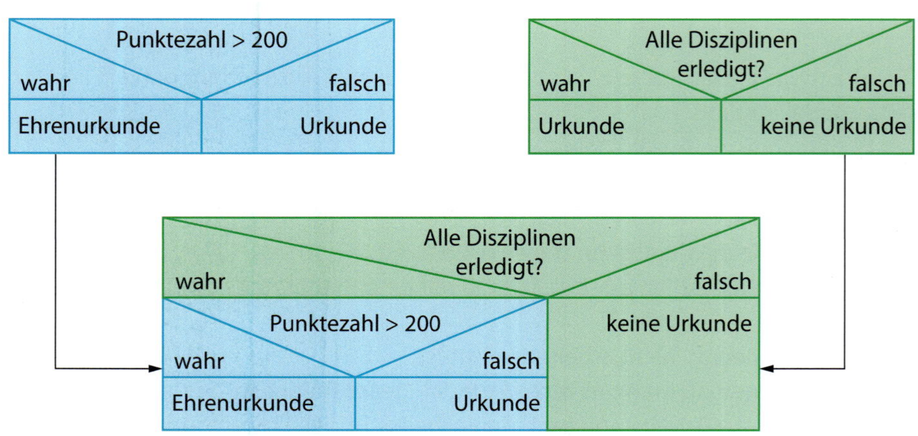

Tipp: Erinnere dich an die verschiedenen Vergleichsoperatoren, die dir zur Verfügung stehen.

Bei der Eingabe von Formeln leisten die Funktionsassistenten in den Kalkulationsprogrammen hilfreiche Dienste.
Bei der verschachtelten WENN-Funktion kann jedoch nicht darauf zurückgegriffen werden. Hier muss die Formel direkt per Hand in der Bearbeitungsleiste eingegeben werden.

Eingabe- bw. Bearbeitungsleiste:

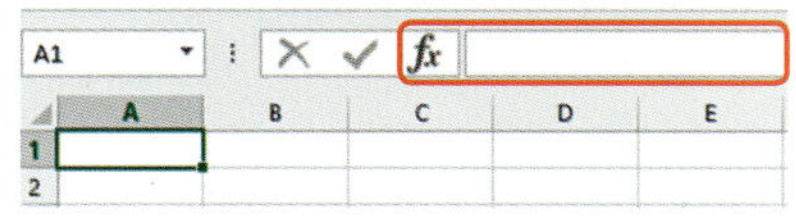


```
fx  =WENN(J3="Ja";WENN(H3>200;"Ehrenurkunde";"Urkunde");"keine Urkunde")
```

Wenn eine Funktion in eine zweite eingebaut wird, entfällt das Zeichen „=" vor dem Funktionsnamen in der Verschachtelung (also beim Dann-Sonst-Wert).

	A	B	I	J	K	L
1	Klassenolympiade 2017					
2	Name	Vorname	Gesamtpunkte je Schüler	Anzahl Disziplinen	Alle Disziplinen erledigt?	Urkunde
3	David	Leonie	178	5	Ja	Urkunde
4	Engl	Marie Sophie	184	5	Ja	Urkunde
5	Fleischmann	Miriam Angelika	190	5	Ja	Urkunde
6	Freimuth	Christina	196	5	Ja	Urkunde
7	Hiebl	Nina	202	5	Ja	Ehrenurkunde
8	Hurka	Alexander Andreas	208	5	Ja	Ehrenurkunde
9	Kolbeck	Eva	214	5	Ja	Ehrenurkunde
10	Kolbeck	Jacqueline Sofie	196	4	Nein	keine Urkunde
11	Lotter	Jannik Bernhard	226	5	Ja	Ehrenurkunde

3. Teste die verschachtelte Wenn-Funktion durch die Veränderung der beiden Bedingungen und interpretiere die Ergebnisse in der Ausgabezelle.

Durch die relative Zelladressierung kann die Formel problemlos von der Zelle K3 nach unten kopiert werden.

In unserem Beispiel haben wir mit zwei Bedingungen gearbeitet. Es lassen sich jedoch, wenn nötig, weitere Bedingungen logisch abprüfen. Die Folge sind weitere Verschachtelungen der Wenn-Funktion, die dir in dem folgenden Beispiel ersichtlich werden. Zudem lernst du, dass es beim Aufbau der logischen Bedingungen mehrere Lösungsmöglichkeiten gibt.

Abhängig von der Punktezahl werden verschiedene Urkundenarten verliehen:

Disziplinen unvollständig	Keine Urkunde
Punktzahl < 180	Teilnehmerurkunde
Punktezahl zwischen 180 und 200	Siegerurkunde
Punktezahl > 200	Ehrenurkunde

Die Darstellung dieses komplexen Sachverhalts in einem Struktogramm sieht folgendermaßen aus:

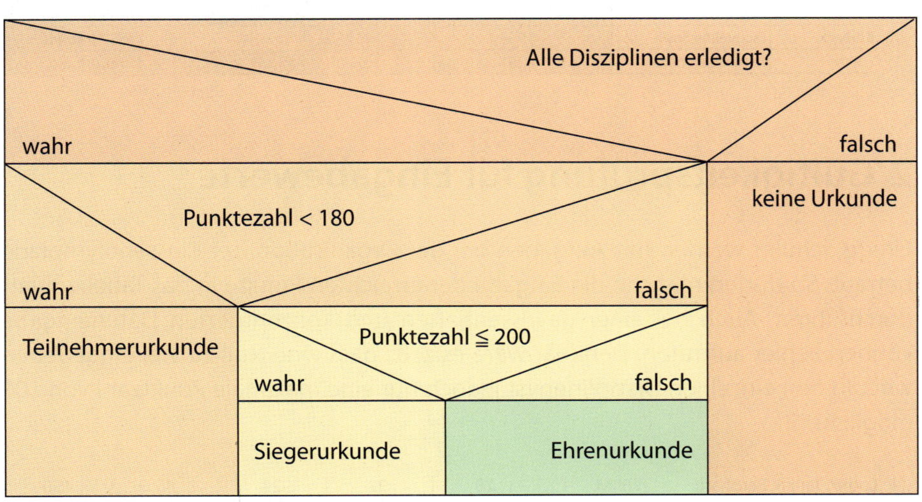

4. Überlege dir weitere Möglichkeiten, wie du die verschachtelte Wenn-Funktion für die Vergabe der Urkunden noch aufbauen könntest und realisiere sie.

Im Gegensatz zum Struktogramm ermöglicht ein Ablaufdiagramm den Datenfluss darzustellen. Hier am Beispiel der Teilnehmerin Jacqueline Kolbeck:

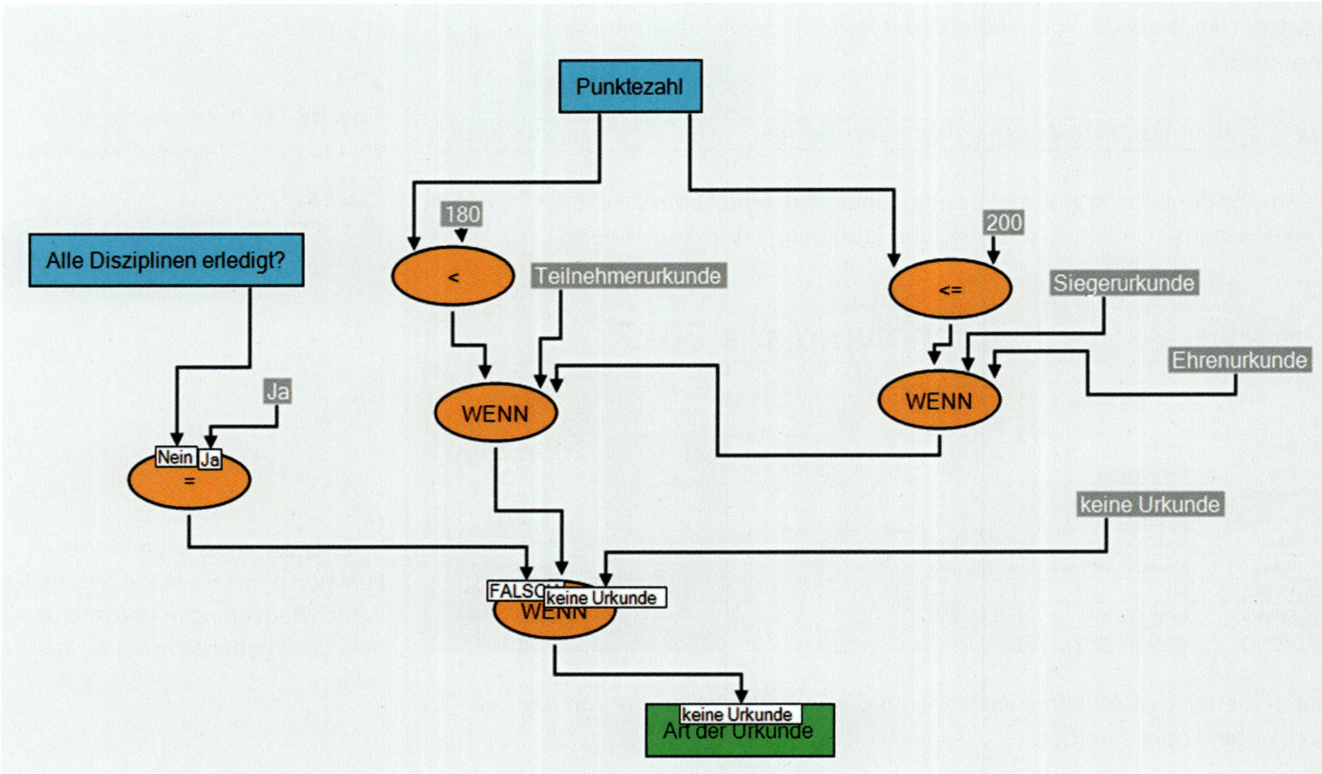

Die Formel in der Zelle L10 lautet:

=WENN(K10="Nein";"keine Urkunde";

WENN(I10<180;"Teilnehmerurkunde";

WENN(I10<200;"Siegerurkunde";"Ehrenurkunde")))

	A	B	I	J	K	L
1	Klassenolympiade 2017					
2	Name	Vorname	Gesamtpunkte je Schüler	Anzahl Disziplinen	Alle Disziplinen erledigt?	Urkunde
3	David	Leonie	178	5	Ja	Urkunde
4	Engl	Marie Sophie	184	5	Ja	Urkunde
5	Fleischmann	Miriam Angelika	190	5	Ja	Urkunde
6	Freimuth	Christina	196	5	Ja	Urkunde
7	Hiebl	Nina	202	5	Ja	Ehrenurkunde
8	Hurka	Alexander Andreas	208	5	Ja	Ehrenurkunde
9	Kolbeck	Eva	214	5	Ja	Ehrenurkunde
10	Kolbeck	Jacqueline Sofie	196	4	Nein	keine Urkunde
11	Lotter	Jannik Bernhard	226	5	Ja	Ehrenurkunde

2 Gültigkeitsprüfung für Eingabewerte

Einige Schüler werden mit Aufgaben bei der Organisation der Klassenolympiade betraut. So dürfen manche die Eingabe der erreichten Punkte in das Tabellenblatt durchführen. Auch bei einer gewissenhaften und konzentrierten Dateneingabe können Fehler auftreten. Denkbar wäre es z. B., dass eine Null zu viel eingegeben wird. In den einzelnen Disziplinen ist jedoch nur eine maximale Punktzahl von 100 möglich.

11	Lotter, Jannik Bernhard	7BKM	18	91	27	45	450

5. Nenne mögliche Fehler bei der Eingabe von Daten und deren Auswirkungen.

Der Fehler hätte Auswirkungen auf die gesamte Auswertung. Gegebenenfalls würde eine falsche Urkunde ausgestellt werden.

Der Sportlehrer möchte überprüfen, ob die Werte sinnvoll eingegeben wurden. Dies ist in einem Tabellenkalkulationsprogramm automatisch möglich. Diese Funktion bezeichnet man als eine **Datenüberprüfung** oder **Validierung**.

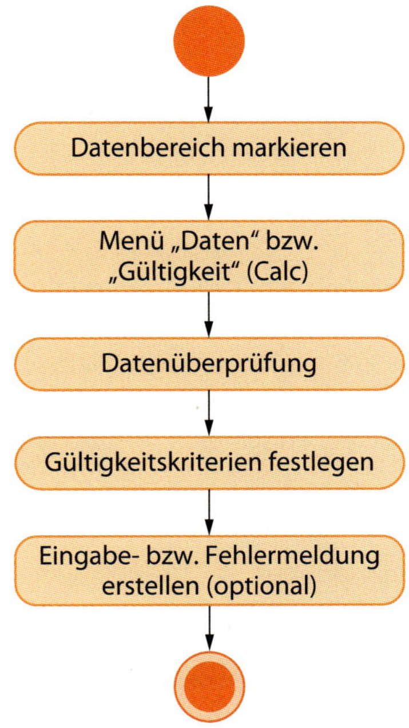

Am Anfang legst du die Einstellungen für die Gültigkeitskriterien fest:

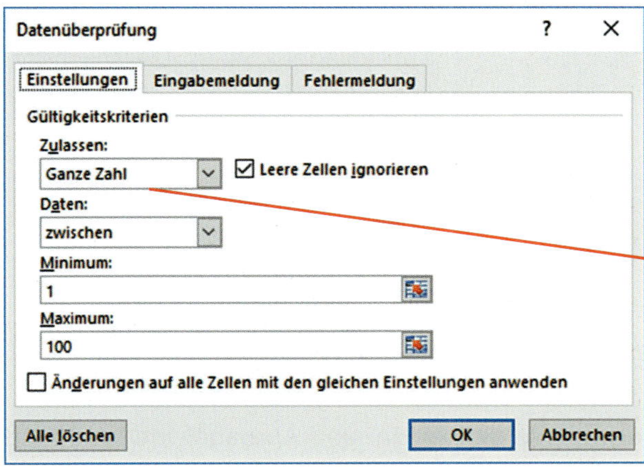

Du kannst aus einer Vielzahl von Gültigkeitskriterien auswählen:

Es ist möglich eine **Eingabemeldung** einzurichten. Dabei erscheint ein kleines Fenster, sobald man eine Eingabezelle aktiviert hat.
Der Text kann individuell festgelegt werden und sollte dem Anwender bei der Dateneingabe behilflich sein.

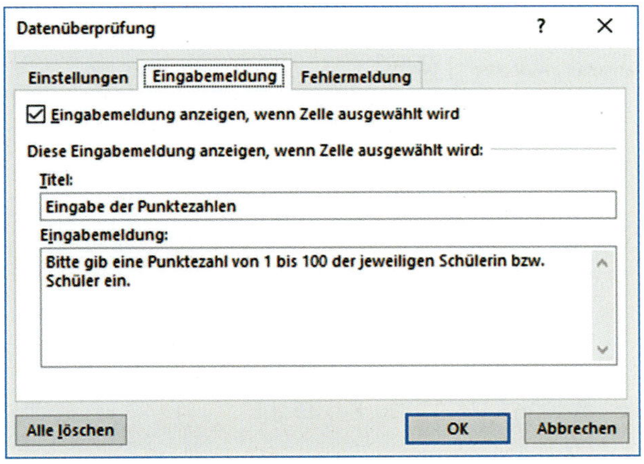

Eingabe der Punktzahlen:
Bitte gib eine Punktezahl von 1 bis 100 der jeweiligen Schülerin bzw. Schüler ein.

6. Überlege und liste auf, in welchen Bereichen deine Daten einer Validierung unterzogen wurden.

Ungültige Eingaben werden mit einer standardisierten Fehlermeldung deines Tabellenkalkulationsprogramms unterbunden:

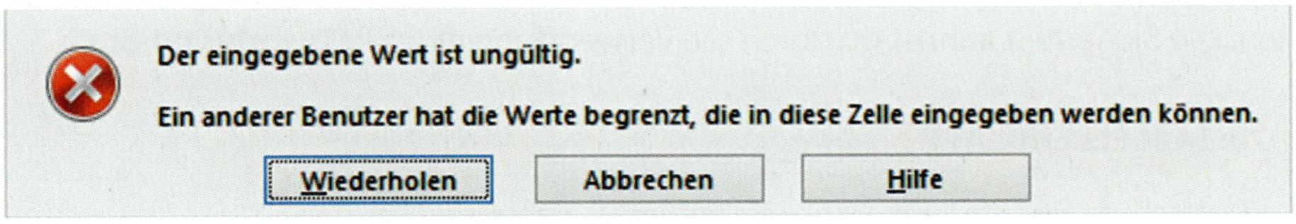

In manchen Fällen ist es sinnvoll und hilfreich zugleich dem Anwender einen Hinweis zu geben, welche Eingabe erwünscht ist. Eine individuelle **Fehlermeldung** ist einfach einzurichten:

7. Informiere mittels Datenvalidierung, dass die Länge der Schülernamen 30 Buchstaben wegen Platzgründen auf der Urkunde nicht überschreiten sollte.

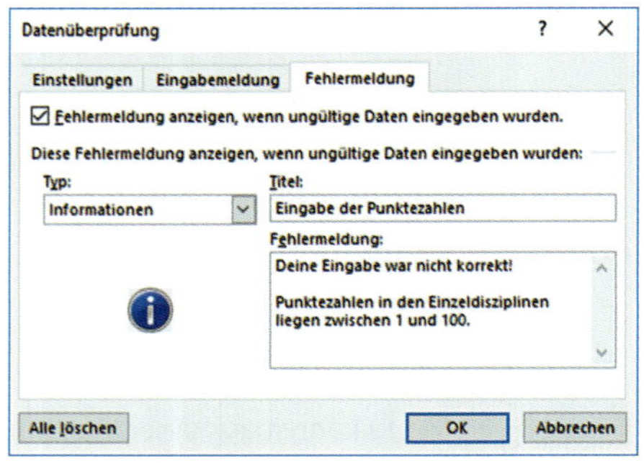

Fehlermeldung als „Information“: Die fehlerhafte Eingabe wird nicht unterbunden.

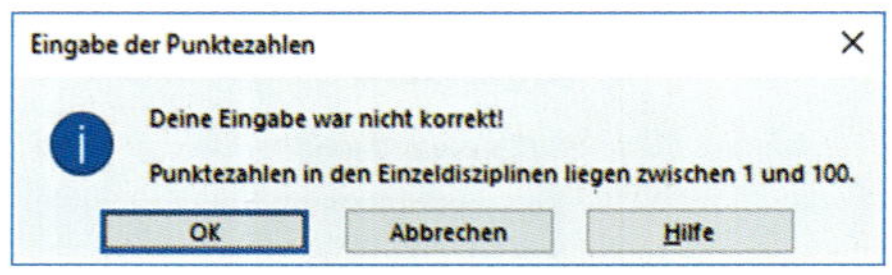

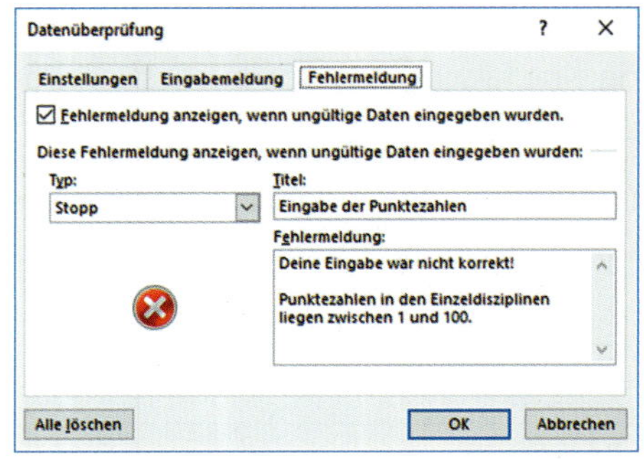

Fehlermeldung als „Stopp“: Die fehlerhafte Eingabe wird unterbunden.

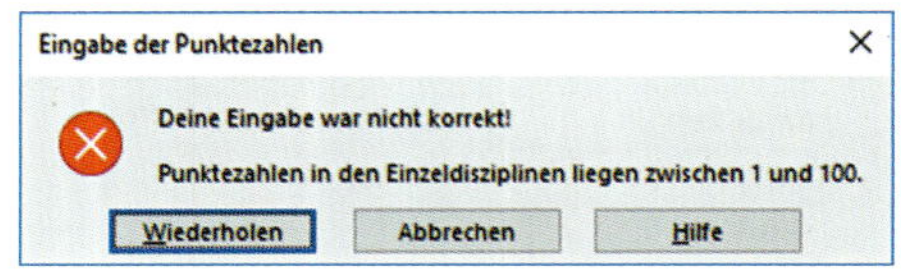

Verschiedene Mechanismen erlauben in der Tabellenkalkulation den Schutz von Tabellen auf unterschiedlichen Ebenen:

- Dateischutz
- Arbeitsmappenschutz
- Blattschutz
- Bereichsschutz

3 Schutz von Zellen und Tabellenblättern

Im Tabellenblatt der Klassenolympiade gibt es Ein- und Ausgabefelder. Während bei Eingabefeldern – wie der Name schon sagt – gewünscht wird, dass Werte eingegeben werden, möchte man bei einigen Feldern bewusst die Dateneingabe durch Anwender vermeiden. In diesen Ausgabefeldern befinden sich Formeln, die auf Basis von Zellinhalten dynamische Werte berechnen.
Standardmäßig sind alle Zellen im Tabellenblatt gesperrt. Die Sperre bzw. der Zellschutz wird erst aktiv, wenn man den übergeordneten Blattschutz aktiviert.

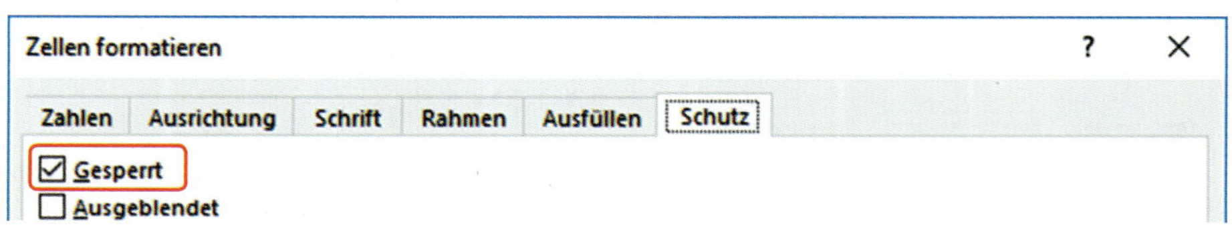

8. Benenne Ein- und Ausgabefelder im Tabellenblatt der Klassenolympiade. Welche Ausgabefelder sollten geschützt werden?

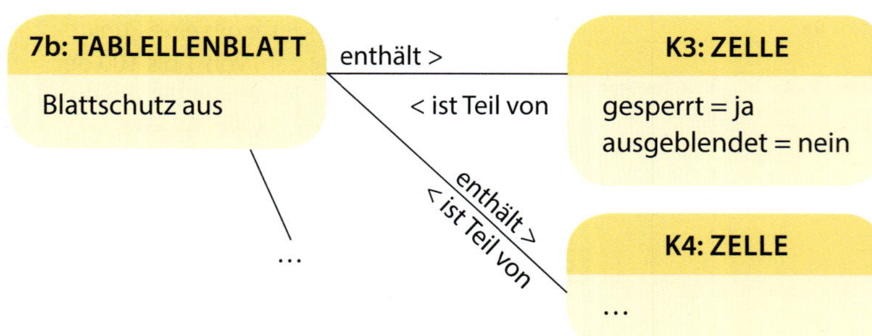

Gesamtes Tabellenblatt schützen

Ohne großen Aufwand kannst du das gesamte Tabellenblatt vor Eingaben schützen. Die Sicherheit kannst du durch die Verwendung eines Passwortes erhöhen.

Mit „Blattschutz aufheben“ stellst du den Anfangszustand wieder her.

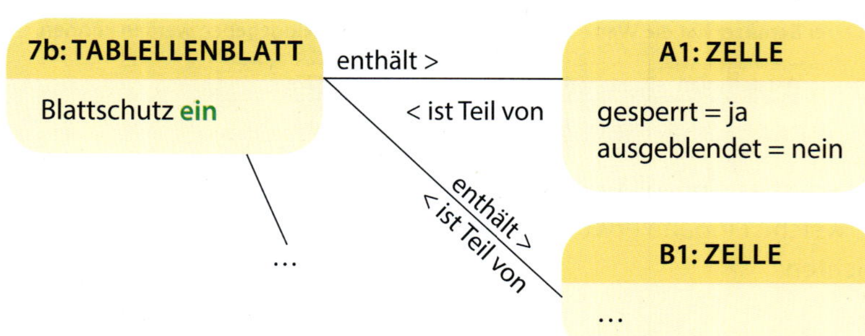

Zell- und Formelschutz einrichten

Der Sportlehrer möchte, dass lediglich die Ausgabefelder mit Formelinhalten vor Eingaben jeglicher Art geschützt werden. Zusätzlich sollen die Formeln in der Bearbeitungsleiste für Anwender nicht ersichtlich sein.

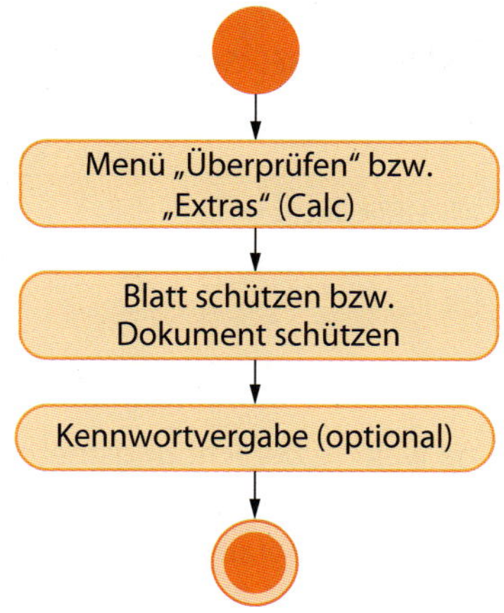

Man kann auch die gesamte Datei mit einem Kennwort beim Öffnen schützen:

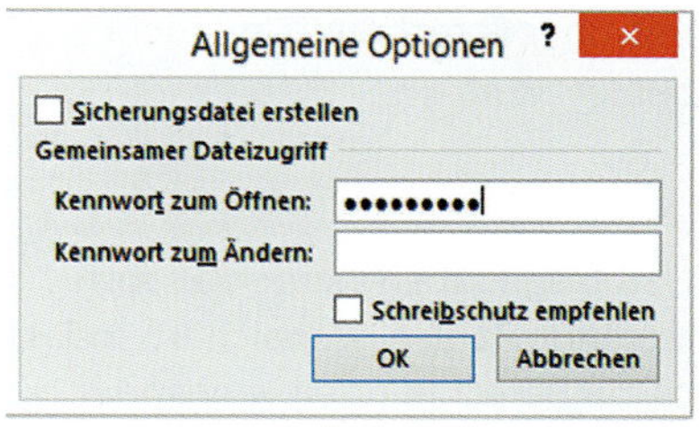

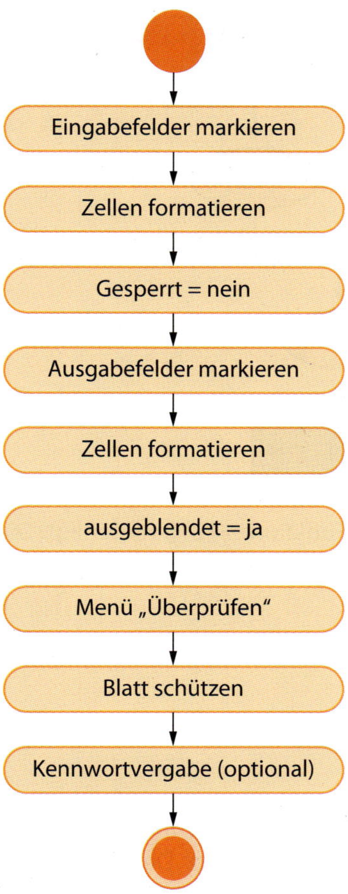

Die Standardeinstellung der Eingabefelder (Name, Klasse, Disziplinen mit Punkten) wird aufgehoben.
Der Zellschutz bzw. die Zellsperre wird deaktiviert.

Der Zellschutz bzw. die Zellsperre der Ausgabefelder (z. B. Anzahl der Disziplinen) bleibt erhalten. Zudem wird das Attribut „ausgeblendet“ aktiviert.

Der Blattschutz mit den getätigten Einstellungen wird aktiviert.

9. Finde heraus, wie du verhindern kannst, dass Tabellenblätter unberechtigt umbenannt werden können.

Um den Anfangszustand wiederherzustellen, musst du zuerst den Blattschutz aufheben und anschließend alle Änderungen der Zellattribute rückgängig machen.

4 Weitere Funktionen in der Tabellenkalkulation

Tabellenkalkulationsprogramme bieten im Schnitt 450 vorgefertigte Funktionen an. Einige setzt du seit längerem gekonnt ein. Im Folgenden lernst du weitere im Zusammenhang mit der Auswertung der Klassenolympiade kennen.

Datum & Zeit

Ausgehend vom Geburtsdatum der Schüler soll das aktuelle Lebensalter berechnet werden. Für diesen Zweck fügen wir rechts neben dem Namen zwei neue Spalten

	A	B	D	E
2	Name	Vorname	Geburtsdatum	Alter
3	David	Leonie	13.02.2006	
4	Engl	Marie Sophie	05.05.2007	
5	Fleischmann	Miriam Angelika	20.09.2006	
6	Freimuth	Christina	15.08.2006	
7	Hiebl	Nina	30.08.2006	
8	Hurka	Alexander Andreas	01.07.2007	
9	Kolbeck	Eva	08.03.2007	
10	Kolbeck	Jacqueline Sofie	02.04.2007	
11	Lotter	Jannik Bernhard	25.06.2006	

10. Berechne das Alter der Schüler mit einer Berechnungsmethode deiner Wahl.

Datumsangaben werden als fortlaufende Zahlen gespeichert, sodass sie für Berechnungen verwendet werden können. Standardmäßig ist der 1. Januar 1900 die Zahl 1, der 2. Januar 1900 die Zahl 2 und der 1. Januar 2018 die Zahl 43101.

für das Geburtsdatum und das Alter ein. Folgende Funktionen sind für unser Vorhaben (Berechnung des Alters) geeignet:

=BRTEILJAHRE(<Startdatum>;<Enddatum>)	Berechnet die Differenz zwischen zwei Datumswerten in Bruchteilen von Jahren.
=JAHR(<Datum>)	Wandelt eine fortlaufende Zahl in eine Jahreszahl um. Das Jahr wird als ganze Zahl zurückgegeben, die einen Wert von 1 900 bis 9 999 annehmen kann.

Eine weitere Berechnungsmethode hast du mit der Funktion JAHR(), die du bereits aus dem Anfangsunterricht kennst.

Das Ablaufdiagramm verdeutlicht die Berechnung:

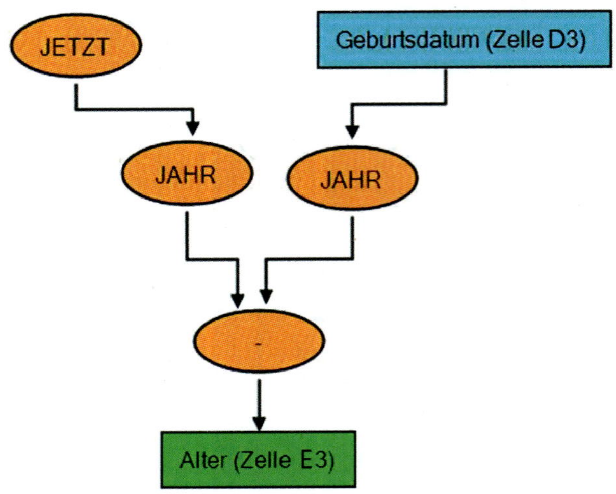

11. Berechne in einem neuen Tabellenblatt mit einer geeigneten Datumsfunktion die Tage bis Weihnachten (24.12.).

12. Erkläre, warum es zu Berechnungsproblemen kommen könnte, wenn heute der 28.12. ist.

In der Zelle Q1 ist das aktuelle Datum mittels der Funktion JETZT() hinterlegt. Die Formel kann mithilfe einer absoluten Zelladressierung ($Q$1) von E3 nach unten kopiert werden:

fx =JAHR($Q$1)-JAHR(D3)

Statistische Funktionen

Aus Sportwettbewerben ist dir bekannt, dass übersichtliche Ergebnislisten erstellt werden, bei denen der beste Athlet auf Platz 1 geführt wird. Der Sportlehrer möchte eine Rangfolge auf Grundlage der Gesamtpunkte in der Klassenolympiade ermitteln. Für diesen Zweck benötigen wir eine neue Spalte mit der Überschrift „Rang" rechts neben der Spalte „Name":

	A	B	C	H	J	K	L	N	O
1	Klassenolympiade 2017								
2	Name	Vorname	Rang	100-m-Lauf	800-m-Lauf	Weitsprung	Hochsprung	Weitwurf	Gesamtpunkte je Schüler
3	David	Leonie	9	2	99	3	69	5	178
4	Engl	Marie Sophie	8	4	98	6	66	10	184
5	Fleischmann	Miriam Angelika	7	6	97	9	63	15	190
6	Freimuth	Christina	5	8	96	12	60	20	196
7	Hiebl	Nina	4	10	95	15	57	25	202
8	Hurka	Alexander Andreas	3	12	94	18	54	30	208
9	Kolbeck	Eva	2	14	93	21	51	35	214
10	Kolbeck	Jacqueline Sofie	5	16	92		48	40	196
11	Lotter	Jannik Bernhard	1	18	91	27	45	45	226

=RANG(Zahl;Bezug;Reihenfolge)	Gibt den Rang zurück, den eine Zahl innerhalb einer Liste von Zahlen einnimmt.

Das Ablaufdiagramm verdeutlicht die Umsetzung der neuen Funktion:

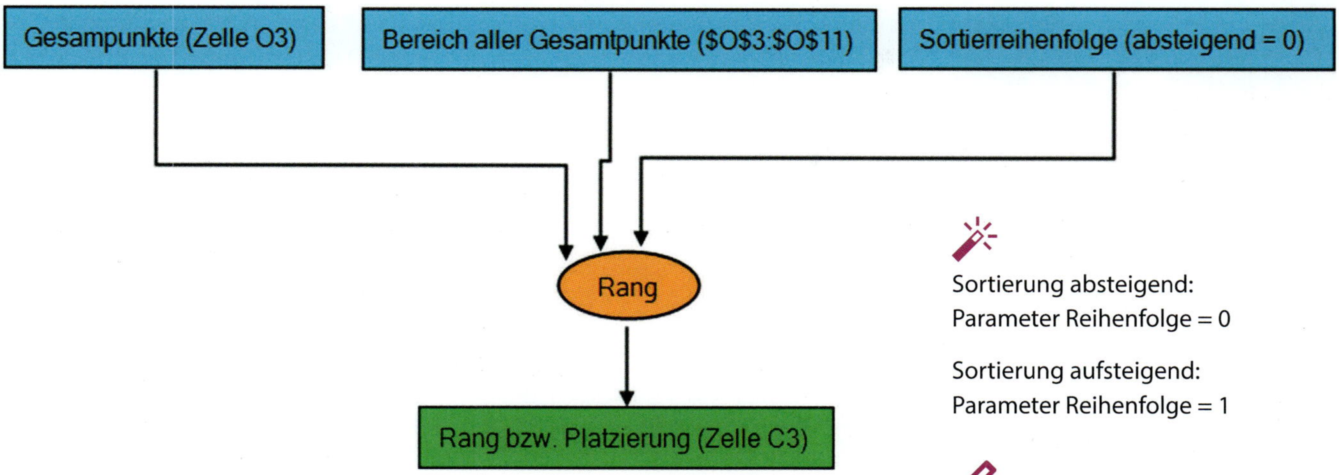

Sortierung absteigend:
Parameter Reihenfolge = 0

Sortierung aufsteigend:
Parameter Reihenfolge = 1

Der Parameter „Sortierreihenfolge“ muss nicht zwangsläufig gesetzt werden, wenn eine absteigende Rangliste gewünscht ist. Demzufolge hätten wir die Null als dritten Parameter in der Formel weglassen dürfen.

13. Setze die Füllfarbe der besten drei Ränge mittels bedingter Formatierung auf gelb.

Formelschreibweise: *fx* =RANG(O3;$O$3:$O$11;0)

Wie viele Punkte haben die besten drei Athleten erzielt? Die Antwort darauf liefert die Funktion KGRÖSSTE(). Mit ihr erstellen wir eine kleine Übersicht mit den „Stockerlplätzen“ der Klassenolympiade. Zudem lernst du, wie man mit der Funktion KKLEINSTE() das Gegenteil – also die niedrigsten Punkte – ermittelt.

Vielleicht überlegst du gerade, ob du diese Informationen nicht auch mit den dir schon bekannten Funktionen Max() und Min() ermitteln könntest. Die „neuen Funktionen“ arbeiten anders. Du wirst es gleich erfahren.

=KGRÖSSTE(Matrix,k)	Gibt den k-größten Wert einer Datengruppe bzw. Matrix zurück.
=KKLEINSTE(Matrix,k)	Gibt den k-kleinsten Wert einer Datengruppe bzw. Matrix zurück.

Eine Matrix ist eine senkrechte und waagrechte Anordnung von Zahlen.
Wenn du den 3. Platz ermitteln willst, ist k in der ersten Formel 3. Willst du den letzten Platz ermitteln, ist k in der zweiten Formel 1.

	O	P
2	Gesamtpunkte je Schüler	Anzahl Disziplinen
3	178	5
4	184	5
5	190	5
6	196	5
7	202	5
8	208	5
9	214	5
10	196	4
11	226	5
12		
13	**Plätze 1- 3**	**Punkte**
14	1	226
15	2	214
16	3	208
17	letzter Platz	178

Die Formel in der Zelle P14 lautet: *fx* =KGRÖSSTE($O$3:$O$11;O14)

Im Bereich O3 bis O11 befinden sich die Gesamtpunkte aller Schüler und Schülerinnen. Hier müssen die Inhalte als absolute Zelladressen gekennzeichnet werden, da der Bereich beim späteren Kopieren der Formel nicht verändert werden darf. Die Gesamtpunkte der einzelnen Zellen in der Spalte O werden verglichen und dem 1. Platz in der Zelle P14 zugeteilt usw.

Analog dazu arbeitet die Funktion KKLEINSTE(). Der zweite Parameter in der Funktion gibt an, wonach innerhalb der Matrix gesucht werden soll. Die „1" bedeutet, dass die kleinste bzw. niedrigste Zahl in der Matrix (O3 bis O11) zurückgegeben wird. Da die Formel ins unserem Fall nicht kopiert wird, entfällt die absolute Zelladressierung der Matrix.

Die Formel in der Zelle P17 lautet: *fx* =KKLEINSTE(O3:O11;1)

Anhand eines *festgelegten Kriteriums* vergleichen die beiden Funktionen die Inhalte einer Matrix und geben daraus den entsprechenden Wert zurück. Diese Eigenschaft unterscheidet sie von den Funktionen MAX() und MIN().

	A	B	D
2	Name	Vorname	Geschlecht
3	David	Leonie	w
4	Engl	Marie Sophie	w
5	Fleischmann	Miriam Angelika	w
6	Freimuth	Christina	w
7	Hiebl	Nina	w
8	Hurka	Alexander Andreas	m
9	Kolbeck	Eva	w
10	Kolbeck	Jacqueline Sofie	w
11	Lotter	Jannik Bernhard	m

In der Klassenolympiade geben sowohl Mädchen, als auch Jungen ihr Bestes. Für die jährliche Statistik möchte man wissen, wie viele Mädchen und Jungen eine Ehrenurkunde erhalten werden.
Für diesen Zweck fügt man eine neue Spalte mit der Überschrift „Geschlecht" rechts neben der Spalte „Name" an.

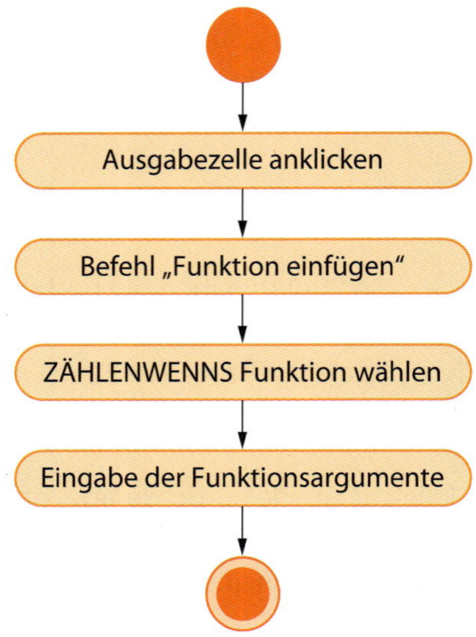

Die Funktion ZÄHLENWENNS() ermöglicht, mehrere Zellinhalte in Abhängigkeit mehrerer Bedingungen zu zählen. Der Funktionsassistent erleichtert die Eingabe Formel und die Verwendung der Funktion. Du kannst natürlich die Formel auch direkt in die Eingabezeile eingeben.

14. Berechne die weiblichen Teilnehmer an der Klassenolympiade, die eine Ehrenurkunde erzielen konnten.

15. Verwende eine dir bekannte Funktion für die Berechnung der gesamten Teilnehmeranzahl.

16. Nenne den Unterschied zwischen den Funktionen ZÄHLENWENN() und ZÄHLENWENNS().

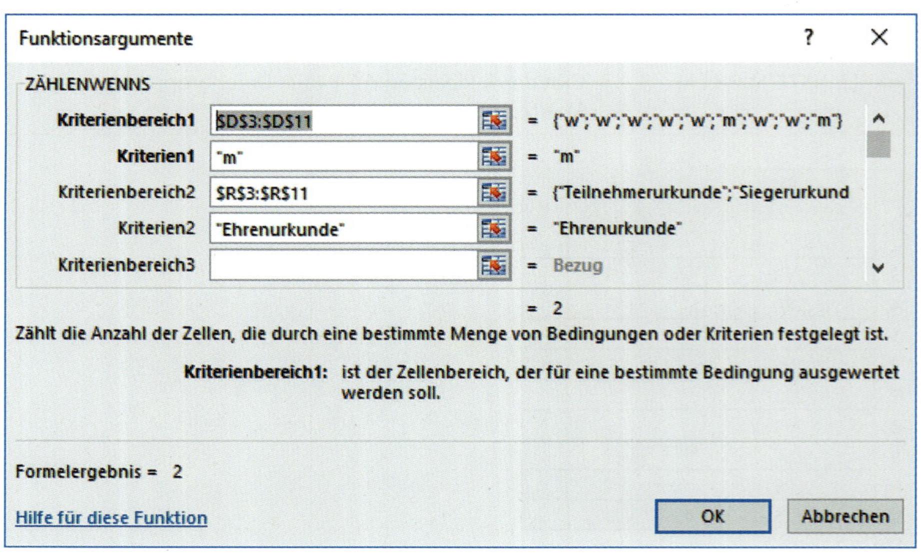

18	**Anzahl der Schüler mit Ehrenurkunde**	**2**
19	**Anzahl der Schülerinnen mit Ehrenurkunde**	**2**

Formelschreibweise:

fx =ZÄHLENWENNS($D$3:$D$11;"m";$R$3:$R$11;"Ehrenurkunde")

5 Logische Funktionen

In der Logik werden Aussagen im Hinblick auf ihre Gültigkeit untersucht. Mit der WENN-Funktion hast du bereits Bedingungen (z.B. Anzahl Disziplinen = 5) auf ihren Wahrheitsgehalt überprüft.
Mit den zwei neuen Funktionen **ODER()** und **UND()** haben wir die Möglichkeit mehrere Bedingungen *gleichzeitig* zu überprüfen und sie *logisch miteinander* in einer Wenn-Funktion *zu verknüpfen*. Ihr Einsatzbereich ist vielseitig und ist keineswegs nur auf die Wenn-Funktion beschränkt.

Um die Arbeitsweise der beiden Funktionen zu verstehen, bietet es sich an elektrische Schaltkreise zu betrachten.

Der griechische Philosoph ARISTOTELES (384 – 322 v. Chr.) diskutierte erstmals aussagenlogische Grundsätze.

UND-Funktion

Die UND-Funktion lässt sich mit einer Reihenschaltung realisieren. Die Reihenschaltung beschreibt die Hintereinanderschaltung zweier oder mehrerer Bauelemente in einer Schaltung so, dass sie einen einzigen Strompfad bilden.

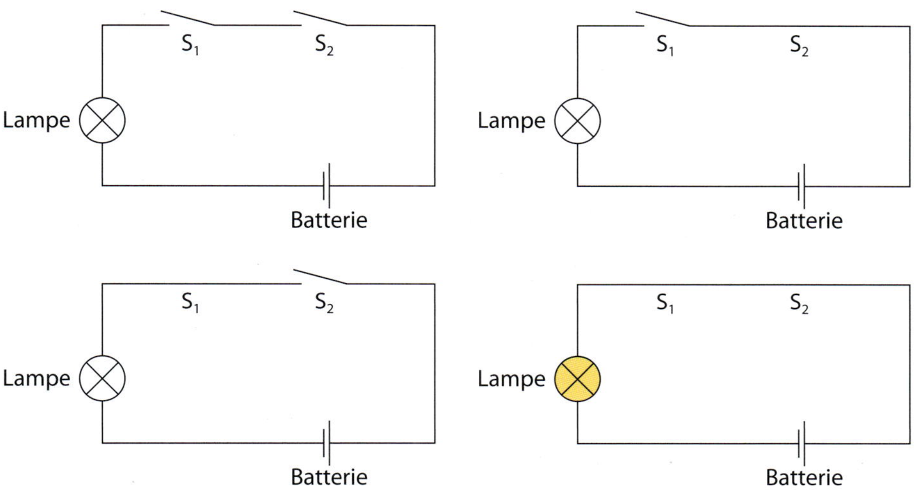

Schalter 1 **und** Schalter 2 müssen geschlossen sein, damit die Lampe brennt.

Schalter 1	Schalter 2	Lampe
offen	offen	aus
offen	geschlossen	aus
geschlossen	offen	aus
geschlossen	geschlossen	ein

Die UND-Funktion liefert den Wert „WAHR", wenn *alle* Argumente der Funktion den Wert „WAHR" haben, d. h. zutreffend sind.

So sieht die **Wahrheitstabelle** für die UND-Verknüpfung aus:

A	B	A UND B
FALSCH	FALSCH	FALSCH
FALSCH	WAHR	FALSCH
WAHR	FALSCH	FALSCH
WAHR	WAHR	WAHR

Formelschreibweise: =UND(Wahrheitswert1;Wahrheitswert2;...)

Anwendung:
Es soll überprüft werden, ob es sich bei dem Eintrag in Zelle A3 um eine Schülerin handelt, die unter den besten sechs der Klasse liegt.

	A	B	C
2	Name	Geschlecht	Rang
3	David, Leonie	w	9

Formelschreibweise: fx =UND(B3="w";C3<=5)

Bedingung 1: B3 = „w"	Bedingung 2: C3 <= 5	Ergebnis
wahr	falsch	falsch

Die UND-Funktion liefert den Wert „FALSCH", da *nicht alle* Argumente der Funktion den Wert „WAHR" haben.

17. Überprüfe, ob die Schülerin Eva Kolbeck alle Disziplinen absolviert hat **und** ob sie mehr als 200 Gesamtpunkte erreicht hat.

ODER-Funktion

Die ODER-Funktion wird durch eine **Parallelschaltung** realisiert:

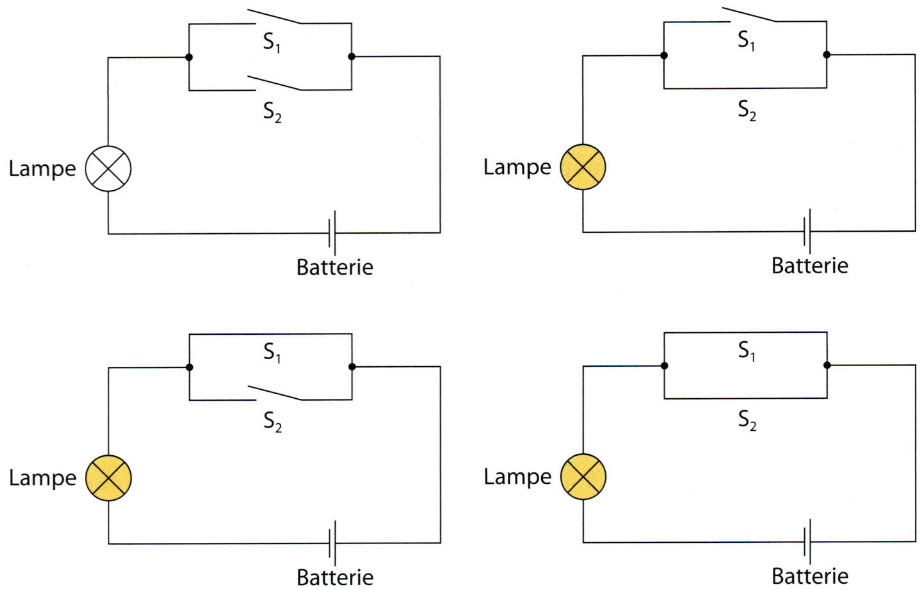

Schalter 1 **oder** Schalter 2 muss geschlossen sein **oder** beide Schalter müssen geschlossen sein, damit die Lampe brennt.

So sieht die **Wahrheitstabelle** für die ODER-Verknüpfung aus:

A	B	A ODER B
FALSCH	FALSCH	FALSCH
FALSCH	WAHR	WAHR
WAHR	FALSCH	WAHR
WAHR	WAHR	WAHR

Schalter 1	Schalter 2	Lampe
offen	offen	aus
offen	geschlossen	ein
geschlossen	offen	ein
geschlossen	geschlossen	ein

Die ODER-Funktion liefert den Wert „WAHR", wenn mindestens ein Argument der Funktion den Wert „WAHR" besitzt.

Formelschreibweise: =ODER(Wahrheitswert1;Wahrheitswert2;...)

Anwendung:

	A	B	C	D	E	F	G	H	J
2	Name	Vorname	Rang	Geschlecht	Geburtsdatum	Alter	Klasse	100-m-Lauf	800-m-Lauf
3	David	Leonie	9	w	13.02.2006	11	7BKM	2	99
4	Engl	Marie Sophie	8	w	05.05.2007	10	7BKM	4	98
5	Fleischmann	Miriam Angelika	7	w	20.09.2006	11	7BKM	6	97
6	Freimuth	Christina	5	w	15.08.2006	11	7BKM	8	96
7	Hiebl	Nina	4	w	30.08.2006	11	7BKM	10	95
8	Hurka	Alexander Andreas	3	m	01.07.2007	10	7BKM	12	94
9	Kolbeck	Eva	2	w	08.03.2007	10	7BKM	14	93
10	Kolbeck	Jacqueline Sofie	5	w	02.04.2007	10	7BKM	16	92
11	Lotter	Jannik Bernhard	1	m	25.06.2006	11	7BKM	18	91

Der Sportlehrer möchte die läuferischen Qualitäten der Teilnehmer überprüfen. Es kommen Schüler in Frage, die beim 100-m-Lauf über 10 Punkte oder mindestens 95 Punkte im 800-m-Lauf erreicht haben. Erfüllt Alexander Hurka die Anforderungen?

Formelschreibweise: fx =ODER(H8>10;J8>=95)

Bedingung 1: H8 > 10	Bedingung 2: J8 >= 95	Ergebnis
wahr	falsch	wahr

Die ODER-Funktion liefert den Wert „WAHR", da mindestens ein Argument der Funktion den Wert „WAHR" besitzt.

18. Finde mit einer geeigneten Funktion heraus, ob die Schülerin Eva Kolbeck beim Weitsprung mindestens 25 Punkte erreicht hat oder ob sie beim Weitwurf unter 40 Punkten geblieben ist.

Verknüpfung mit der Wenn-Funktion

Der Sportlehrer möchte mit einer weiblichen Sprintstaffel, bestehend aus vier Schülerinnen, an einem überregionalen Leichtathletikwettbewerb teilnehmen. Gesucht werden die schnellsten Mädchen über die 100-m-Distanz mit mindestens 8 Punkten in der Klassenolympiade.

Wir fügen für diese Auswertung eine neue Spalte „Staffel geeignet" rechts neben dem 100-m-Lauf ein. In der Spalte „I" soll ein „Ja" bei den geeigneten Schülerinnen erscheinen, ansonsten „Nein".

	A	B	C	D	G	H	I
2	Name	Vorname	Rang	Geschlecht	Klasse	100-m-Lauf	Staffel geeignet
3	David	Leonie	9	w	7BKM	2	
4	Engl	Marie Sophie	8	w	7BKM	4	
5	Fleischmann	Miriam Angelika	7	w	7BKM	6	
6	Freimuth	Christina	5	w	7BKM	8	
7	Hiebl	Nina	4	w	7BKM	10	
8	Hurka	Alexander Andreas	3	m	7BKM	12	
9	Kolbeck	Eva	2	w	7BKM	14	
10	Kolbeck	Jacqueline Sofie	5	w	7BKM	16	
11	Lotter	Jannik Bernhard	1	m	7BKM	18	

Es bietet sich an die Situation in einem Ablaufdiagramm zu verdeutlichen:

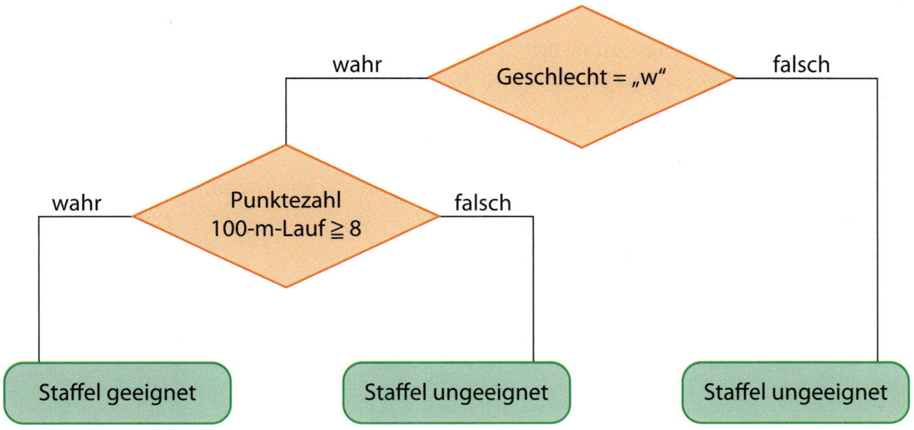

Du erkennst, dass zwei verschiedene Bedingungen logisch miteinander verbunden werden. Es wäre möglich, die Aufgabe mit einer verschachtelten WENN-Funktion zu lösen.
Allerdings können wir hier ebenso die UND-Funktion innerhalb einer WENN-Funktion anwenden und somit die Formel verkürzen.

Formelschreibweise:

```
fx  =WENN(UND(D3="w";H3>=8);"Ja";"Nein")
```

Die Schulmannschaft für den überregionalen Leichtathletikwettbewerb war komplett. In letzter Minute fällt ein Sportler für Sprungdisziplinen aufgrund einer Verletzung aus. Nun wird auf die Schnelle ein Ersatz (männlich oder weiblich) gesucht. In Frage kommen Teilnehmer der Klassenolympiade mit Leistungen beim Weitsprung von mindestens 15 oder im Hochsprung von über 60 Punkten.

In der neu eingefügten Spalte „M" soll ein „Ja" bei den geeigneten Schülern erscheinen, ansonsten „Nein".

19. Finde mit einer geeigneten Funktion heraus, welche Schüler und Schülerinnen mit Ehren- oder Siegerurkunden sich für eine Schulauswahl eignen würden.

20. Modelliere die Auswertung der weiblichen Sprintstaffel mit Hilfe eines Datenflussdiagramms. Erstelle auf dessen Grundlage eine Formel mit geeigneten Funktionen in der Tabellenkalkulation.

21. Füge eine neue Spalte „Ersatz geeignet" ein.

	K	L	M
2	Weitsprung	Hochsprung	Ersatz geeignet
3	3	69	
4	6	66	
5	9	63	
6	12	60	
7	15	57	
8	18	54	
9	21	51	
10		48	
11	27	45	

22. Erstelle für die Suche nach einem Ersatz in der Schulmannschaft eine verschachtelte Wenn-Funktion.

Auch für diese Situation fertigen wir ein Ablaufdiagramm an:

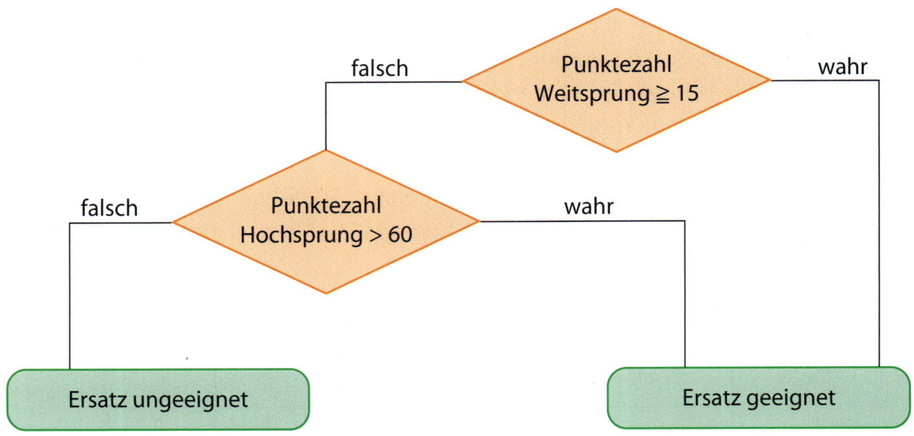

Formelschreibweise: fx =WENN(ODER(K3<=15;L3>60);"Ja";"Nein")

6 Gruppieren und erweitertes Filtern

Gruppieren

Die umfangreichen Auswertungsarbeiten an der Klassenolympiade hatten zur Folge, dass immer weitere Spalten in der Tabelle hinzugefügt werden mussten. Eine Tabelle mit diesen Ausmaßen kann unübersichtlich werden. Wir haben die Möglichkeit Daten zusammenzufassen (d.h. zu gruppieren) und somit für mehr Übersichtlichkeit zu sorgen. Auch können Zwischenergebnisse und Hilfsrechnungen verborgen werden.

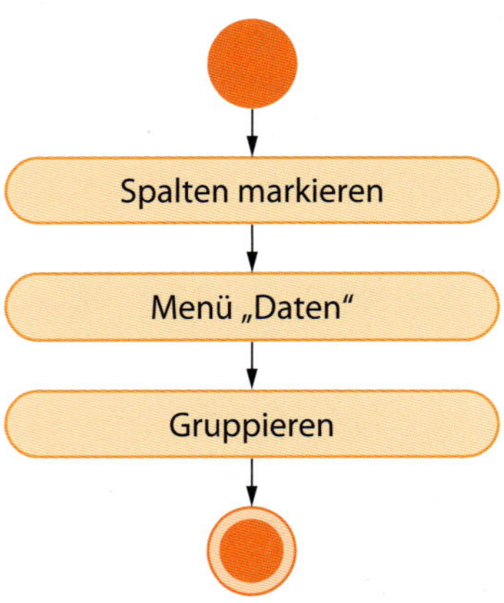

Gruppierung erstellen

Sinnvoll erscheint es, alle Zellinhalte mit den Punkten der Einzeldisziplinen zu gruppieren:

Klassenolympiade 2017

	A	B	C	D	E	F	G	H	I	J	K	L	M	N	O
2	Name	Vorname	Rang	Geschlecht	Geburtsdatum	Alter	Klasse	100-m-Lauf	Staffel geeignet	800-m-Lauf	Weitsprung	Hochsprung	Ersatz geeignet	Weitwurf	Gesamtpunkte je Schüler
3	David	Leonie	9	w	13.02.2006	11	7BKM	2	Nein	99	3	69	Ja	5	178
4	Engl	Marie Sophie	8	w	05.05.2007	10	7BKM	4	Nein	98	6	66	Ja	10	184
5	Fleischmann	Miriam Angelika	7	w	20.09.2006	11	7BKM	6	Nein	97	9	63	Ja	15	190
6	Freimuth	Christina	5	w	15.08.2006	11	7BKM	8	Ja	96	12	60	Ja	20	196
7	Hiebl	Nina	4	w	30.08.2006	11	7BKM	10	Ja	95	15	57	Ja	25	202
8	Hurka	Alexander Andreas	3	m	01.07.2007	10	7BKM	12	Nein	94	18	54	Nein	30	208
9	Kolbeck	Eva	2	w	08.03.2007	10	7BKM	14	Ja	93	21	51	Nein	35	214
10	Kolbeck	Jacqueline Sofie	5	w	02.04.2007	10	7BKM	16	Ja	92		48	Ja	40	196
11	Lotter	Jannik Bernhard	1	m	25.06.2006	11	7BKM	18	Nein	91	27	45	Nein	45	226

Nach der Gruppierung erscheint unterhalb der Bearbeitungsleiste ein neuer Bereich. Mit dem „–“ ist es möglich die Spalten visuell zusammenzufassen. Das bedeutet, dass keine der Daten oder die Spalten gelöscht wurden. Sie wurden lediglich ausgeblendet. Mit dem „+“ blendest du mit einem Klick alle Daten der Tabelle wieder ein.

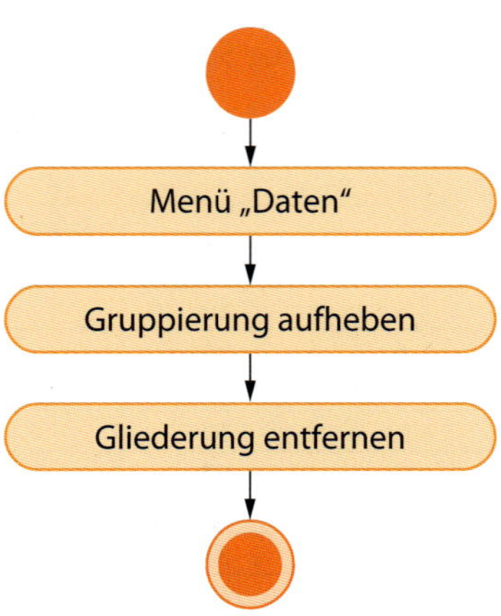

Gruppierung löschen

	A	B	C	D	E	F	G	O	P	Q	R	S
2	Name	Vorname	Rang	Geschlecht	Geburtsdatum	Alter	Klasse	Gesamtpunkte je Schüler	Anzahl Disziplinen	Alle Disziplinen erledigt?	Urkunde	Klassenbester
3	David	Leonie	9	w	13.02.2006	11	7BKM	178	5	Ja	Teilnehmerurkunde	
4	Engl	Marie Sophie	8	w	05.05.2007	10	7BKM	184	5	Ja	Siegerurkunde	
5	Fleischmann	Miriam Angelika	7	w	20.09.2006	11	7BKM	190	5	Ja	Siegerurkunde	
6	Freimuth	Christina	5	w	15.08.2006	11	7BKM	196	5	Ja	Siegerurkunde	
7	Hiebl	Nina	4	w	30.08.2006	11	7BKM	202	5	Ja	Ehrenurkunde	
8	Hurka	Alexander Andreas	3	m	01.07.2007	10	7BKM	208	5	Ja	Ehrenurkunde	
9	Kolbeck	Eva	2	w	08.03.2007	10	7BKM	214	5	Ja	Ehrenurkunde	
10	Kolbeck	Jacqueline Sofie	5	w	02.04.2007	10	7BKM	196	4	Nein	keine Urkunde	
11	Lotter	Jannik Bernhard	1	m	25.06.2006	11	7BKM	226	5	Ja	Ehrenurkunde	X

Die Tabelle ist dank der Gruppierung kompakter und somit übersichtlicher geworden.

Erweitertes Filtern

Im Kapitel 3 konntest du bereits die Vorzüge der Sortier- und Filterfunktion kennenlernen. Dabei hast du die teilnehmenden Schüler danach gefiltert, ob sie alle Disziplinen erledigt haben (► Seite 57/58).

Du kannst allerdings durchaus mehr Filterkriterien angeben. Das wollen wir an dieser Stelle ausprobieren.
Gibt es Schüler, die sowohl für die Sprintstaffel (Spalte I), als auch für den Ersatz in der Schulmannschaft (Spalte M) geeignet sind?

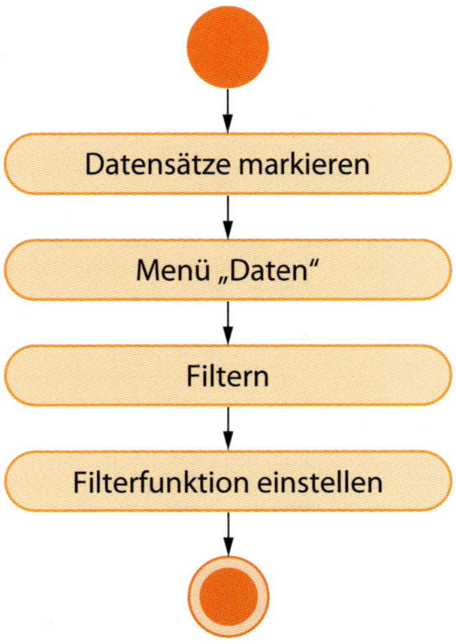

Filterfunktion einstellen

	A	B	C	D	E	F	G	H	I	J	K	L	M
1	Klassenolympiade 2017												
2	Name	Vorname	Rang	Geschlecht	Geburtsdatum	Alter	Klasse	100-m-Lauf	Staffel geeignet	800-m-Lauf	Weitsprung	Hochsprung	Ersatz geeignet
6	Freimuth	Christina	5	w	15.08.2006	11	7BKM	8	Ja	96	12	60	Ja
7	Hiebl	Nina	4	w	30.08.2006	11	7BKM	10	Ja	95	15	57	Ja
10	Kolbeck	Jacqueline Sofie	5	w	02.04.2007	10	7BKM	16	Ja	92		48	Ja

Am Filtersymbol in den beiden Spalten erkennst du, dass der Filter aktiv ist. Den bestehenden Filter kannst du mit zwei Varianten löschen. Entweder anhand des Menüs („Daten → Filter löschen“) oder über das Dialogfenster („Filter löschen“).

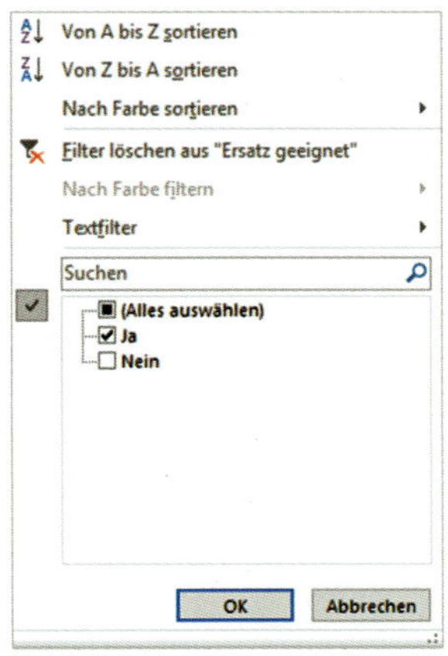

Filter in den Tabellenkalkulationsprogrammen erkennen den Datentyp (Text, Zahl, Datum) und bieten die passende Funktion an. Ein Beispiel dafür wollen wir mit der Filterung der Gesamtpunkte vornehmen. Gesucht sind alle Teilnehmer der Klassenolympiade, die im Punktebereich von 195 bis 205 liegen.

Nachdem du den Filter aktiviert hast, öffnest du das Dialogfenster des Filters in der Spalte „Gesamtpunkte je Schüler“. Danach wählst den Zahlenfilter und den Vergleichsoperator „Zwischen“ aus.

23. Suche den oder die jüngste Teilnehmer(in) der Klassenolympiade.

24. Finde mithilfe eines Filters heraus, welche Schüler oder Schülerinnen über der durchschnittlichen Punktzahl liegen.

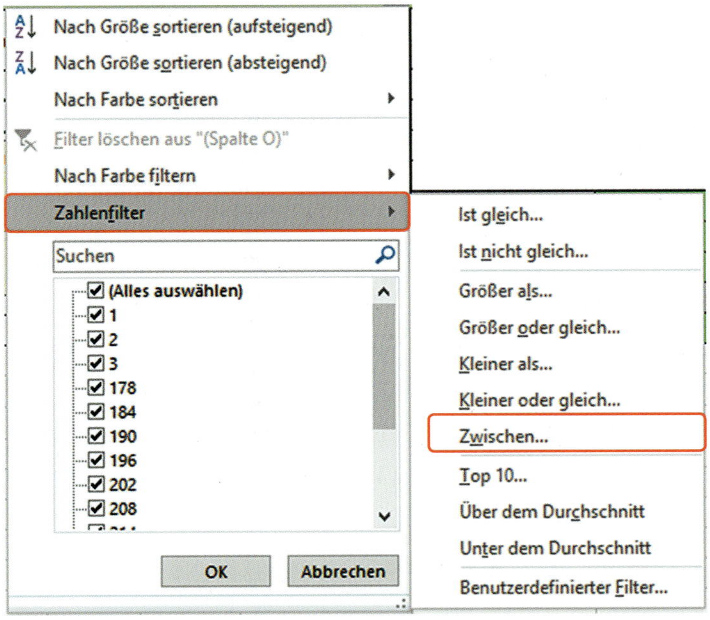

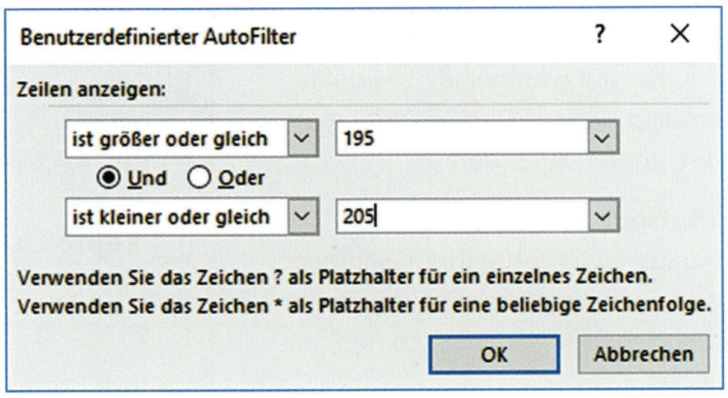

In den bisherigen Beispielen haben wir mit dem „Autofilter" gearbeitet. Komplexes Filtern von Daten mit verschiedenen UND- und ODER-Bedingungen ist allerdings nur eingeschränkt möglich. Daher bieten Tabellenkalkulationsprogramme „Spezialfilter" an.

Kopieren: Strg + C
Eunfügen: Strg + V

Auch hier spielen die Spaltenüberschriften eine wichtige Rolle. Wir kopieren diese in einen Bereich unterhalb der Tabelle. Voraussetzung ist, dass mindestens eine Zeile Abstand bleibt.
Im folgenden Beispiel wurde der Bereich A2:S2 in die Zeile 24 kopiert:

Klassenolympiade 2017 10.10.2017 11:27

	A	B	C	D	E	F	G	H	I	J	K	L	M	N	O	P	Q	R	S
2	Name	Vorname	Rang	Geschlecht	Geburtsdatum	Alter	Klasse	100-m-Lauf	Staffel geeignet	800-m-Lauf	Weitsprung	Hochsprung	Ersatz geeignet	Weitwurf	Gesamtpunkte je Schüler	Anzahl Disziplinen	Alle Disziplinen erledigt?	Urkunde	Klassenbester
3	David	Leonie	9	w	13.02.2006	11	7BKM	2	Nein	99	3	69	Ja	5	178	5	Ja	Teilnehmerurkunde	
4	Engl	Marie Sophie	8	w	05.05.2007	10	7BKM	4	Nein	98	6	66	Ja	10	184	5	Ja	Siegerurkunde	
5	Fleischmann	Miriam Angelika	7	w	20.09.2006	11	7BKM	6	Nein	97	9	63	Ja	15	190	5	Ja	Siegerurkunde	
6	Freimuth	Christina	5	w	15.08.2006	11	7BKM	8	Ja	96	12	60	Ja	20	196	5	Ja	Siegerurkunde	
7	Hiebl	Nina	4	w	30.08.2006	11	7BKM	10	Ja	95	15	57	Ja	25	202	5	Ja	Ehrenurkunde	
8	Hurka	Alexander Andrea	3	m	01.07.2007	10	7BKM	12	Nein	94	18	54	Nein	30	208	5	Ja	Ehrenurkunde	
9	Kolbeck	Eva	2	w	08.03.2007	10	7BKM	14	Ja	93	21	51	Nein	35	214	5	Ja	Ehrenurkunde	
10	Kolbeck	Jacqueline Sofie	5	w	02.04.2007	10	7BKM	16	Ja	92		48	Ja	40	196	4	Nein	keine Urkunde	
11	Lotter	Jannik Bernhard	1	m	25.06.2006	11	7BKM	18	Nein	91	27	45	Nein	45	226	5	Ja	Ehrenurkunde	X

	A	B
13	Gesamtpunkte	1794
14	Beste Punktzahl	226
15	Schlechteste Punktezahl	178
16	Durchschnittspunkte	199
17	Anzahl Teilnehmer	9
18	Anzahl der Schüler mit Ehr	2
19	Anzahl der Schülerinnen n	2

	O	P
13	Plätze 1-3	Punkte
14	1	226
15	2	214
16	3	208
17	letzter Platz	178

	A	B	C	D	E	F	G	H	I	J	K	L	M	N	O	P	Q	R	S
24	Name	Vorname	Rang	Geschlecht	Geburtsdatum	Alter	Klasse	100m Lauf	Staffel geeignet	800-m-Lauf	Weitsprung	Hochsprung	Ersatz geeignet	Weitwurf	Gesamtpunkte je Schüler	Anzahl Disziplinen	Alle Disziplinen erledigt?	Urkunde	Klassenbester

Wir möchten nur jene Teilnehmer ermitteln, die eine Sieger- oder Ehrenurkunde erhalten haben.
Stehen mehrere Kriterien in verschiedenen Zeilen, dann sind sie mit ODER verknüpft.
Wir tragen daher als Kriterien unter „Urkunde" (Zelle R24) „Siegerurkunde" und „Ehrenurkunde" ein.

Urkunde
Siegerurkunde
Ehrenurkunde

Mit „Menü → Daten → (Filtern) Erweitert" öffnest du den Spezialfilter

Als Listenbereich ist der ursprüngliche Datenbereich mit Spaltenüberschriften auszuwählen. Der Kriterienbereich stellt die kopierte Spaltenüberschrift mit den eingetragenen Kriterien dar.

25. Gibt es Schüler (männlich) mit mehr als 200 Gesamtpunkten, die im 100-m-Lauf weniger als 10 Punkte erreicht haben? Finde es mit einem geeigneten Filter heraus.

26. Finde mithilfe eines Filters heraus, welche 10-jährige Schüler oder Schülerinnen mit einer Siegerurkunde unter den besten fünf liegen.

Nach Bestätigung des Dialogfensters „Spezialfilter" wurde der ursprüngliche Datenbereich reduziert.
Es werden jetzt nur sieben von neun Sportlern angezeigt:

	A	B	C	D	E	F	G	H	I	J	K	L	M	N	O	P	Q	R	S
1	Klassenolympiade 2017																	10.10.2017 12:30	
2	Name	Vorname	Rang	Geschlecht	Geburtsdatum	Alter	Klasse	100-m-Lauf	Staffel geeignet	800-m-Lauf	Weitsprung	Hochsprung	Ersatz geeignet	Weitwurf	Gesamtpunkte je Schüler	Anzahl Disziplinen	Alle Disziplinen erledigt?	Urkunde	Klassenbester
4	Engl	Marie Sophie	8	w	05.05.2007	10	7BKM	4	Nein	98	6	66	Ja	10	184	5	Ja	Siegerurkunde	
5	Fleischmann	Miriam Angelika	7	w	20.09.2006	11	7BKM	6	Nein	97	9	63	Ja	15	190	5	Ja	Siegerurkunde	
6	Freimuth	Christina	5	w	15.08.2006	11	7BKM	8	Ja	96	12	60	Ja	20	196	5	Ja	Siegerurkunde	
7	Hiebl	Nina	4	w	30.08.2006	11	7BKM	10	Ja	95	15	57	Ja	25	202	5	Ja	Ehrenurkunde	
8	Hurka	Alexander Andrea	3	m	01.07.2007	10	7BKM	12	Nein	94	18	54	Nein	30	208	5	Ja	Ehrenurkunde	
9	Kolbeck	Eva	2	w	08.03.2007	10	7BKM	14	Ja	93	21	51	Nein	35	214	5	Ja	Ehrenurkunde	
11	Lotter	Jannik Bernhard	1	m	25.06.2006	11	7BKM	18	Nein	91	27	45	Nein	45	226	5	Ja	Ehrenurkunde	X
12																			
13	Gesamtpunkte	1794													Plätze 1-3	Punkte			
14	Beste Punktzahl	226													1	226			
15	Schlechteste Punktezahl	178													2	214			
16	Durchschnittspunkte	199													3	208			
17	Anzahl Teilnehmer	9													letzter Platz	178			
18	Anzahl der Schüler mit Ehr	2																	
19	Anzahl der Schülerinnen n	2																	
20																			
21																			
22																			
23																			
24	Name	Vorname	Rang	Geschlecht	Geburtsdatum	Alter	Klasse	100m Lauf	Staffel geeignet	800-m-Lauf	Weitsprung	Hochsprung	Ersatz geeignet	Weitwurf	Gesamtpunkte je Schüler	Anzahl Disziplinen	Alle Disziplinen erledigt?	Urkunde	Klassenbester
25																		Siegerurkunde	
26																		Ehrenurkunde	

Über das Menü „Daten Löschen" wird der Filter deaktiviert. Es werden keine Daten gelöscht.

Die Vielseitigkeit des Spezialfilters wird bei dem folgenden Beispiel deutlich.
Der Sportlehrer möchte herausfinden, welche 11-jährigen Schülerinnen mit Siegerurkunde sowohl für die Sprintstaffel, als auch für den Ersatz in der Schulmannschaft (Sprungwettbewerbe) geeignet wären.

Stehen mehrere Kriterien untereinander in verschiedenen Zeilen, dann sind sie mit ODER verknüpft.
Stehen mehrere Kriterien nebeneinander in verschiedenen Spalten, dann sind sie mit UND verknüpft.
Der Kriterienbereich des Spezialfilters sieht für unser Beispiel deshalb so aus:

ODER-Verknüpfung

Geschlecht	Geburtsdatum	Alter	Klasse	100m Lauf	Staffel geeignet	800-m-Lauf	Weitsprung	Hochsprung	Ersatz geeignet	Weitwurf	Gesamtpunkte je Schüler	Anzahl Disziplinen	Alle Disziplinen erledigt?	Urkunde
w		11			ja									Siegerurkunde
w		11							ja					Siegerurkunde

UND-Verknüpfung

Gefilterter Datenbereich:

	A	B	C	D	E	F	G	H	I	J	K	L	M	N	O	P	Q	R	S
1	Klassenolympiade 2017																	10.10.2017 13:08	
2	Name	Vorname	Rang	Geschlecht	Geburtsdatum	Alter	Klasse	100-m-Lauf	Staffel geeignet	800-m-Lauf	Weitsprung	Hochsprung	Ersatz geeignet	Weitwurf	Gesamtpunkte je Schüler	Anzahl Disziplinen	Alle Disziplinen erledigt?	Urkunde	Klassenbester
5	Fleischmann	Miriam Angelika	7	w	20.09.2006	11	7BKM	6	Nein	97	9	63	Ja	15	190	5	Ja	Siegerurkunde	
6	Freimuth	Christina	5	w	15.08.2006	11	7BKM	8	Ja	96	12	60	Ja	20	196	5	Ja	Siegerurkunde	
12																			

Grundwissen

- Um fehlerhafte Eingaben in Tabellenblättern zu verhindern, gibt es in Tabellenkalkulationsprogrammen die Möglichkeit Eingabewerte auf ihre Gültigkeit zu überprüfen (**Validierung**).

- Einzelne Objekte der Tabellenkalkulation, wie Zellen, Tabellenblätter und ganze Arbeitsmappen, können vor der Bearbeitung von Dritten **geschützt** werden.

- Tabellenkalkulationsprogramme stellen vordefinierte **Funktionen** bereit. Der Aufruf von Funktionen erfolgt über einen festgelegten Namen, gefolgt von Argumenten, die in Klammern stehen und durch Semikola voneinander getrennt werden. Die Argumente können Zellbezüge oder selbst wieder Funktionen enthalten.

- Wichtige Funktionen:

=BRTEILJAHRE(<Startdatum>;<Enddatum>)	Berechnet die Differenz zwischen zwei Datumswerten in Bruchteilen von Jahren.
=JAHR(<Datum>)	Wandelt eine fortlaufende Zahl in eine Jahreszahl um. Das Jahr wird als ganze Zahl zurückgegeben, die einen Wert von 1900 bis 9999 annehmen kann.
=RANG(Zahl;Bezug;Reihenfolge)	Gibt den Rang zurück, den eine Zahl innerhalb einer Liste von Zahlen einnimmt.
=KGRÖSSTE(Matrix;k)	Gibt den k-größten Wert einer Datengruppe bzw. Matrix zurück.
=KKLEINSTE(Matrix;k)	Gibt den k-kleinsten Wert einer Datengruppe bzw. Matrix zurück.
=ZÄHLENWENNS(Kriterienbereich1, Kriterium1;Kriterienbereich2;Kriterium2; …)	Zählt die Anzahl der Zellen, die durch mehrere Kriterien festgelegt wird.
=UND(Wahrheitswert1;Wahrheitswert2;…)	Prüft, ob alle Argumente WAHR sind; gibt WAHR zurück, wenn alle Argumente WAHR sind.
=ODER(Wahrheitswert1;Wahrheitswert2;…)	Prüft, ob mindestens ein Argumente WAHR ist und gibt WAHR oder FALSCH zurück. Nur wenn alle Argumente FALSCH sind, wird FALSCH zurückgegeben.

- Große Datenmengen lassen sich in Tabellenkalkulationsprogrammen mit **Gruppier-Funktionen** anwenderfreundlich gestalten, *Beispiel:*

	1			**Einnahmen (€)**
	2	**1.Quartal**	**3.000**	
+	6	**2. Quartal**	**5.250**	
+	10	**3. Quartal**	**3.800**	
+	14	**4.Quartal**	**1.500**	
+	18			

	1			**Einnahmen (€)**
	2	**1.Quartal**	**3.000**	
	3		**Januar**	**1.000**
	4		**Februar**	**1.200**
	5		**März**	**800**
−	6	**2. Quartal**	**5.250**	
	7		**April**	**2.500**
	8		**Mai**	**1.850**
	9		**Juni**	**900**
−	10	**3. Quartal**	**3.800**	
	11		**Juli**	**750**
	12		**August**	**1.400**
	13		**September**	**1.650**
−	14	**4.Quartal**	**1.500**	
	15		**Oktober**	**300**
	16		**November**	**800**
	17		**Dezember**	**400**
−	18			

- Spezialfilter filtern die Daten nach mehreren Kriterien und schreiben das Ergebnis zur weiteren Verarbeitung an eine andere Stelle des Tabellenblattes.

Zeig was du kannst

1. Für ein Kleinfeldturnier im nächsten Schuljahr wertet der Sportlehrer eine Übersicht aller interessierten Schüler aus. Das Schulteam soll aus insgesamt zehn geeigneten Spielern bestehen.

	A	B	C	D	E	F	G
1	**Übersicht Schulteam Kleinfeldturnier**						
2	**Stichtag:**	**31.07.2017**					
3	**Name**	**Vorname**	**Geburtsdatum**	**Alter**	**Vereinsspieler**	**Sportnote**	**geeignet**
4	Rubesch	Matthias	16.12.2002		ja	2	
5	Kranz	Sasha	07.11.2003		nein	4	
6	Mingo	Markus	07.12.2002		ja	2	
7	Renner	Stefan	14.08.2002		ja	3	
8	Matthäus	Benjamin	10.09.2003		nein	1	
9	Boateng	Lukas	29.09.2001		nein	2	
10	Rabe	Alexander	02.02.2005		nein	1	
11	Schweinsteiger	Benedikt	30.03.2002		ja	1	
12	Pflaume	Kai	22.09.2004		nein	2	
13	Schröder	Thorsten	19.03.2001		nein	1	
14	Haudanem	Marco	16.06.2002		ja	3	
15	Stelzle	Felix	26.12.2003		nein	1	
16	Schwimmer	Tobias	01.04.2004		ja	1	
17	Gnabri	Christian	24.02.2007		ja	2	
18	Kimmich	Manfred	01.01.2004		nein	1	

a) Öffne das Tabellendokument K1_Fußballschulteam.

b) Ermittle mit einer Formel in der Zelle B20 die Anzahl der Interessenten am Fußballschulteam.

c) Berechne in der Spalte D das Alter (volle Lebensjahre, ohne Nachkommastellen) aller Interessenten, ausgehend vom Stichtag.

d) Für das Schulteam werden nur Schüler zugelassen, die älter als 13 Jahre und maximal 16 Jahre alt sind. Zudem sollten Schüler im Sportunterricht mindestens die Note 3 im Jahreszeugnis erreicht haben. Modelliere den Sachverhalt mit Hilfe eines Datenflussdiagramms.

e) Ermittle in der Spalte G die geeigneten Kandidaten für das Schulteam.

f) Berechne in der Zelle B21 die Anzahl der geeigneten Schüler.

g) Sortiere die Daten in der Übersicht nach dem Eignungsgrad der Fußballer und nach deren Lebensalter.

h) Wer darf die Kapitänsbinde tragen? In Betracht kommen sowohl die Ältesten unter den Vereinsspielern unabhängig von ihrer Sportnote, aber auch keine Vereinsspieler mit einer sehr guten Sportnote. Ermittle mit einer Formel die geeigneten Kandidaten in der Spalte H.

2. Susi Sparsam eröffnet mit 1.000,00 € am 01.01.2017 ein Sparbuch bei ihrer Bank. Sie tätigt im Jahresverlauf Ein- und Auszahlungen (= Transaktionen). Die Bank gewährt ihr einen Zinssatz von 3 %.

a) Benenne die Fachbegriffe der Zinsrechnung anhand des Beispielfalls.

b) Überlege dir die Ein- und Ausgabefelder in deinem Rechenblatt.

c) Erstelle ein Rechenblatt in einem Tabellenkalkulationsprogramm, das folgende Spalten enthält: Anfangszeit, Guthaben, Endzeit, Tage, Transaktion, Zinsen.

d) Ergänze die Tabelle um die fünf Transaktionen:

Endzeit	Transaktion
17.03.2017	500,00 €
14.05.2017	–900,00 €
26.07.2017	–400,00 €
10.10.2017	300,00 €
05.12.2017	200,00 €

Die Zinsrechnung ist ein Anwendungsfall der Prozentrechnung, jedoch werden andere Begriffe und Buchstaben verwendet:

Prozentwert **W** → Zinsen **Z**
Prozentsatz **p%** → Zinssatz **p%**
Grundwert **G** → Kapital **K**

Zinsformel:

$$\frac{\text{Kapital} \cdot \text{Zinssatz} \cdot \text{Tage}}{365 \cdot 100}$$

e) Berechne mit einer Formel das aktuelle Guthaben nach einer Transaktion und die Tage.
f) Ermittle die Zinsen für die jeweiligen Zeiträume mit den verschiedenen Guthaben.
g) Berechne die Jahreszinsen und den Stand des Sparguthabens am Jahresende (= Saldo).

3. Für die Planung der Abschlussfahrten der 10. Jahrgangsstufe wird eine Liste geführt. Führe sämtliche statistische Auswertungen durch, ermittle die Zielorte der Klassenfahrten und die Kosten.

Berlin	Prag	Wien	München

a) Öffne das Tabellendokument K3_Abschlussfahrt.
b) Finde mittels Filterfunktion Datensätze im Tabellenblatt „Klassenliste", die nicht vollständig erfasst wurden. Erfasse die fehlenden Informationen in den Spalten „Klassen", „Geschlecht" und „Klassenleitung" selbständig.
c) Berechne mit geeigneten Formeln im Tabellenblatt „Zusammenfassung"
- die Anzahl der Absolventen insgesamt.
- die Anzahl der weiblichen Absolventen.
- die Anzahl der männlichen Absolventen.
- die Anzahl der Teilnehmer an der Abschlussfahrt. Dafür kommen nur Schüler in Frage, die die Abschlussprüfung erfolgreich abgelegt haben.

d) Die Schüler dürfen über das Ziel ihrer Abschlussfahrt abstimmen. Fasse die abgegebenen Stimmen pro Klasse mittels Formeln zusammen (Tabellenblatt „Zusammenfassung").
e) Recherchiere, ob es Schüler gab, die sich bei der Abstimmung enthielten.
f) Gestalte, ähnlich wie in der Vorlage, mit einer bedingten Formatierung die gewonnenen Informationen.

Abstimmung Zielorte Abschlussfahrt

10a		Schülerzahl	32
Berlin	Prag	Wien	München
12	8	7	5

g) Stelle den Sachverhalt der Abstimmung über die Zielorte der Abschlussfahrt in einem geeigneten Diagramm grafisch dar.
h) Berechne mit geeigneten Formeln im Tabellenblatt „Kosten Abschlussfahrt"
- den Gesamtpreis pro Schüler ohne Rabatt.
- Rabatt in Prozent und Euro.
- den Gesamtpreis bei Berücksichtigung des Rabattes pro Schüler.

i) Übertrage die Preise in das Tabellenblatt „Zusammenfassung" mit Hilfe eines Bezuges zum Tabellenblatt „Kosten Abschlussfahrt".
j) Eltern der Schüler möchten wissen, ob ein Rabatt für die Abschlussfahrt gewährt wird. Gib im Tabellenblatt „Zusammenfassung" eine entsprechende Meldung mittels einer Formel aus. Veranschauliche die Ergebnisse mit einer bedingten Formatierung.
k) Die Daten der Abstimmung zur Klassenfahrt im Tabellenblatt „Klassenliste" sollen vor nachträglicher Veränderung geschützt werden. Richte eine entsprechende Sicherheitsfunktion ein.

Kapitel 5

Datenbanksysteme I

Ständig finden an Computern Suchanfragen statt. Ob in Suchmaschinen des Internets, in Onlineshops und sozialen Netzwerken oder in Bibliotheken, auf Behörden und zum Beispiel auch im Sekretariat an deiner Schule. Irgendwo im Hintergrund sind große Mengen an Daten vorhanden, auf die bei Bedarf zugegriffen werden kann.

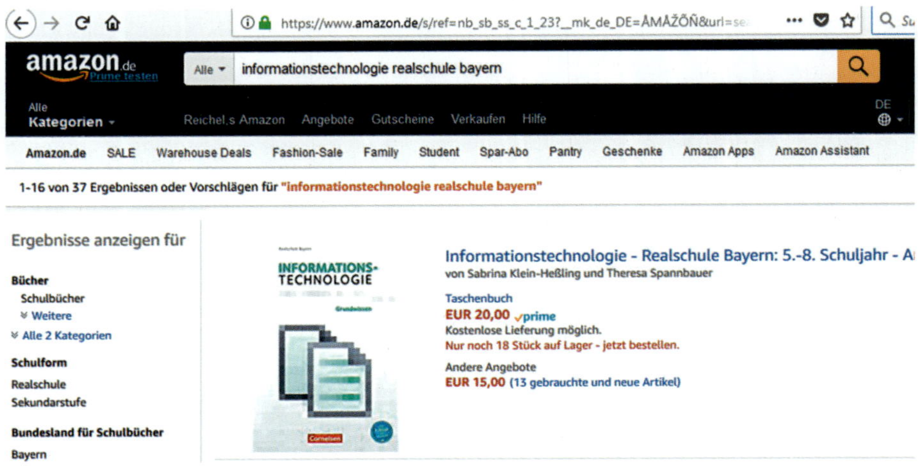

Hast du dich bereits einmal gefragt, woher genau diese abgefragten Daten kommen? Wo sind sie gespeichert und wie werden sie verwaltet? Wer liefert die gewünschten Informationen, wenn du deine Fragen oder Stichworte in ein Suchfeld eintippst?
In diesem Kapitel erfährst du, wie umfangreiche Datenmengen in sogenannten Datenbanken gespeichert und wieder abgerufen werden können.

1 Aufbau eines Datenbanksystems

Datenbank

1. Erkläre den Begriff „Bank" anhand des Cartoons. Erschließe daraus den Begriff der Datenbank.

Bei einer Bank denkt man zunächst an eine Sitzgelegenheit oder ein Kreditinstitut.
Es handelt sich hierbei jedoch laut Definition um eine „Institution zur Sammlung und Aufbewahrung".

Im Fall der ***Datenbank*** werden demnach Daten gesammelt und aufbewahrt.

Dabei stellt sich die Frage, was Daten eigentlich sind und wer sie warum aufbewahrt.

Daten dienen zur Informationsgewinnung.
Informationen über Personen, Dinge usw. spielen in unserem Alltag eine entscheidende Rolle. Zum Beispiel wie du heißt und in welche Klasse du gehst, ist wichtig für dich, deine Lehrer und deine Schule.

Daten und Informationen

Die Begriffe Daten und Informationen werden sehr oft vermischt und verkehrt verwendet, wobei es nicht immer möglich ist, die Begriffe strikt zu trennen.

Datum = Einzahl von Daten

Ein **Datum** ist lediglich eine Folge von Zeichen. Diese Zeichenfolge kann aus Ziffern, Buchstaben oder Symbolen bestehen.
Die Zahl „5" ist also ein Datum. Die Zeichenfolge „Johanna" ist auch ein Datum.

Wenn man weiß, in welchem Kontext das Datum steht, wird **Information** daraus. Zum Beispiel könnte der Kontext des Datums „5“ die Jahrgangsstufe sein. Auch Note 5 oder Alter 5 wäre möglich.
Kombiniert man verschiedene Informationen, werden diese immer besser interpretierbar. Die Kombination aus Name Johanna und Note 5 trägt die Information, dass Johanna eine Note 5 hat.

Aus dieser Information kann wiederum Wissen gewonnen werden. Wissen entsteht durch Denken, ist also abhängig von demjenigen, der die Information interpretiert. Aufgrund der Information „Name Johanna, Note 5“ weiß ein Lehrer, dass die Schülerin Johanna das Gelernte noch nicht verstanden (oder nicht gelernt) hat.

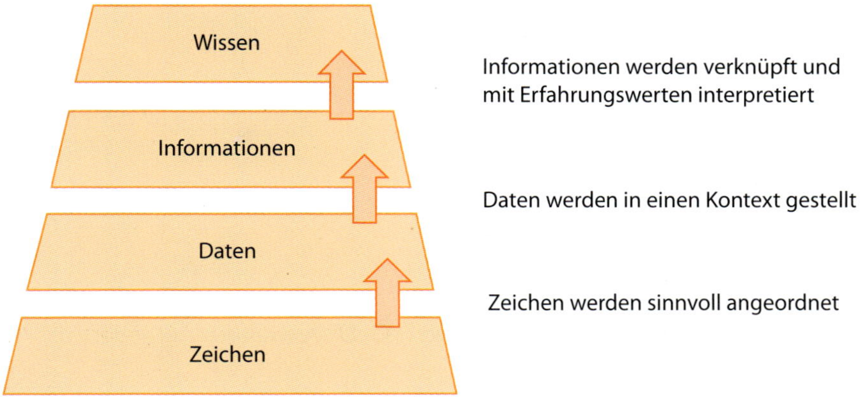

2. Überlege mit deinem Nachbarn, welche Daten von dir wo gespeichert sind und welches Wissen daraus abgeleitet werden könnte. Diskutiert dann in der Klasse ob man z. B. in sozialen Netzwerken zu leichtsinnig damit umgeht.

Das aus Daten gewonnene Wissen ist für Unternehmen von erheblicher Bedeutung. Die Schule kann aus Johannas Noten ableiten, ob sie in die nächste Jahrgangsstufe versetzt wird. Ein Nachhilfeinstitut kann ihr Werbung schicken. Je umfangreicher eine Datensammlung ist, desto mehr wirtschaftlichen Nutzen und Wert hat sie.

Tipp: Lies zum Thema personenbezogene Daten den Text „Das Privacy Paradox“ auf Seite 136

Bestandteile eines Datenbanksystems

Wenn du schon einmal in einem Telefonbuch oder einem Katalog geblättert hast, hast du eine Sammlung von großen Datenmengen, also eine Datenbank benutzt. Stell dir vor, wie schwer ein Telefonbuch für alle Telefonnummern in ganz Deutschland wäre. Da sehr große Mengen an Daten kaum mehr analog zu handhaben sind, wurden computergestützte Systeme entwickelt, die *Datenbanksysteme*.

3. Nenne drei Beispiele für von dir genutzte Datenbanken und gib an, welche Daten darin gespeichert sind.

> Ein **Datenbanksystem (DBS)** ist ein System zur *elektronischen Datenverwaltung*. Ein Datenbanksystem besteht aus zwei Teilen:
> - einer Sammlung von zu verwaltenden Daten, der **Datenbasis (DB)** und
> - einer Verwaltungssoftware, **Datenbankmanagementsystem (DBMS)** genannt.

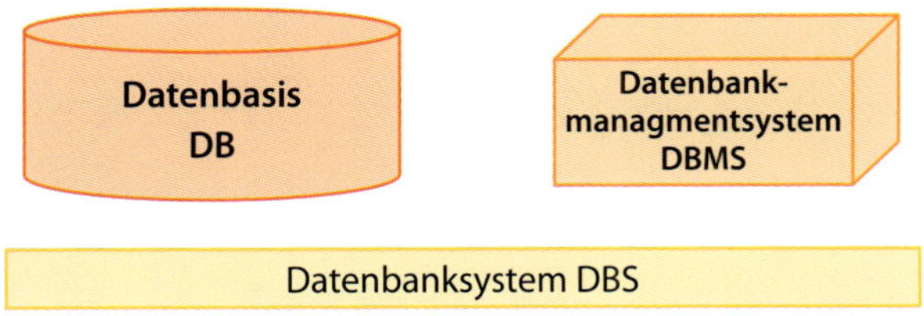

Die Aufgabe eines solchen Datenbanksystems ist es, große Datenmengen effizient und sicher zu speichern und benötigte Daten für deren Benutzer oder auch für Anwendungsprogramme bereitzustellen.

Eines der führenden Datenbankmanagementsysteme weltweit ist MySQL von Oracle

4. Unzureichend geschützte Daten ziehen enorme wirtschaftliche Verluste nach sich. Macht euch schlau und diskutiert in der Klasse die möglichen Auswirkungen von Datenpiraterie sowohl in der Musikbranche als auch bei Banken.

5. Auf welche Weise könnten Datenverluste entstehen? Nenne drei Möglichkeiten.

Das Datenbankmanagementsystem

Das Datenbankmanagementsystem (DBMS) ist das Kontrollprogramm, mit dessen Hilfe die Daten effizient verwaltet werden. In erster Linie speichert es die Daten strukturiert ab und findet sie wieder, wenn sie benötigt werden.
Da von der *Verfügbarkeit, Richtigkeit und Vollständigkeit bestimmter Daten* die Aktionsfähigkeit von Behörden und Unternehmen abhängt, ist der Schutz vor Datenverlust und unerlaubten Zugriffen von zentraler Bedeutung. Diese Datensicherheit wird ebenfalls vom DBMS kontrolliert, zum Beispiel werden die Benutzerberechtigungen bei allen schreibenden und lesenden Zugriffen auf die Datenbank überwacht.

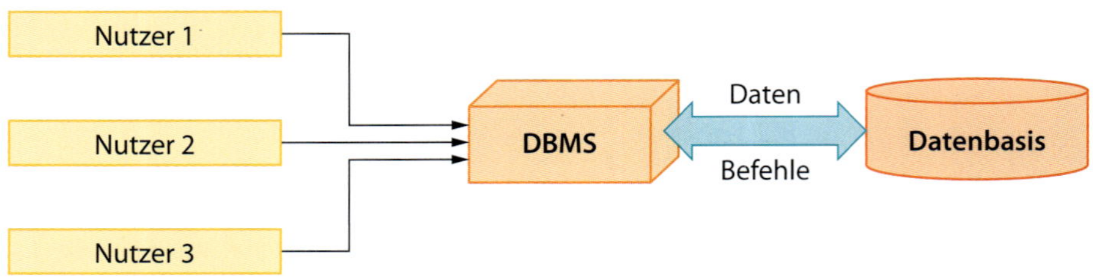

2 Modellierung einer Datenbank

Um eine Datenbank sinnvoll zu strukturieren, ist es zunächst wichtig, zu analysieren welche Anforderungen an sie gestellt werden und welche Elemente sie beinhalten muss. Auf Grundlage der Analyse wird ein **Modell** der Datenbank erstellt und dieses schließlich **implementiert** (engl. *implementation,* „Ausführung",„Durchführung")

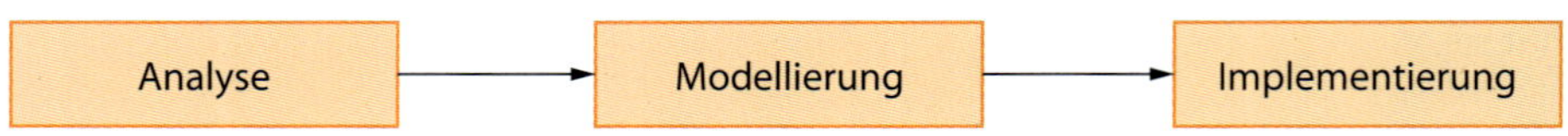

Analyse eines Onlineshops

6. Suche auch du in einem Onlineshop nach den Mindstorm-Robotern und analysiere welche Attribute die Suchtreffer haben. Nenne Attribute, die deine Kaufentscheidung beeinflussen würden.

Tipp: Erinnere dich an die Begriffe Attribut und Attributwert und erkläre sie.

Um einen Überblick über den Aufbau von Onlineshops zu bekommen, starten die Mädchen zunächst bei verschiedenen Shops eine Suchanfrage nach „Lego Mindstorm", da Hanna sich einen Roboterbausatz bestellen möchte. Es ergeben sich sofort viele Treffer. Bei näherer Betrachtung handelt es sich dabei hauptsächlich um Bausätze und Bücher.

Die für Hannas Kaufentscheidung wichtigsten Attribute sind der Artikel selbst, den sie anhand des *Herstellers* und der *Produktbezeichnung* findet und der *Preis*. Es lassen sich also schon drei wichtige Attribute erkennen.

Auf der Suche nach weiteren Attributen finden die Mädchen bei den Büchern noch den *Autor*, den *Titel*, den *Verlag* und die *ISBN-Nummer*.

ARTIKEL
Hersteller
Produktbezeichnung
Autor
Titel
Verlag
ISBN-Nummer
Preis

7. Suche weitere wichtige Attribute. Beurteile, ob auch Bilder und Kundenbewertungen Attribute des jeweiligen Artikels sind.

Die Attribute der Objekte werden mit Hilfe von **Klassenkarten** übersichtlich dargestellt.
Da Roboterbausätze keinen Autor haben, die Bücher wiederum einen Titel, aber keine Produktbezeichnung usw., besitzt keines der beiden Objekte alle Attribute der Klassenkarte auf Seite 90 unten. Die Artikel gehören also offenbar nicht der gleichen Klasse an. Das Problem lässt sich lösen, indem man zwei Klassen betrachtet:

SPIELZEUG
Hersteller Produktbezeichnung Preis

BUCH
Autor Titel Verlag ISBN-Nummer

Zum Versenden der Ware benötigt der Verkäufer eine Adresse. Hanna muss deshalb beim Bestellvorgang gewisse persönliche Daten verpflichtend angeben.

KUNDE
Name Anschrift

Die Objektkarte der Kundin Hanna mit ihren Attributwerten sieht demnach folgendermaßen aus:

Hanna: KUNDE
Name = Johanna Reichel Anschrift = Schwedenstraße 6, 85283 Wolnzach

Es wäre auch nachvollziehbar, würde die Telefonnummer und die E-Mail-Adresse für Rückfragen abgefragt, sowie die Anrede oder das Geschlecht, um den Kunden korrekt anzusprechen.

Soll man zusätzlich noch Daten wie das Geburtsdatum angeben, so stellt sich allerdings die Frage, wozu der Shop diese persönliche Information wohl benötigt.
Gern werden zu Marktforschungszwecken zu viele personenbezogene Daten abgefragt. Hier sollte man als Nutzer sparsam mit seinen Daten umgehen (vgl. „Das Privacy Paradox" auf Seite 136)

Atomisieren von Datenfeldern

Beim Modellieren von Datenbanken gilt zur Übersichtlichkeit und sauberen Bedienbarkeit die Regel, **Daten** zu **atomisieren**, sie also in kleinste Teilchen zu zertrümmern.
Für die Klasse KUNDE muss man die Klassenkarte daher noch verfeinern:

KUNDE
Nachname Vorname Straße Postleitzahl Ort

Tipp: Grundwissen zum Aufbau von Klassen- und Objektkarten findest du auf Seite 144.

8. Lena möchte gleich noch ein paar Schuhe mitbestellen. Erstelle eine Klassenkarte SCHUHE.

9. Als Onlineshop-Betreiber muss man sich selbstverständlich an das Datenschutzgesetz halten. Dieses sollte bereits bei der Modellierung berücksichtigt werden, um später nicht auf rechtliches Glatteis zu geraten.
Informationen hierzu findest du im Text Seite 139. Finde heraus, welche Daten überhaupt erhoben werden dürfen.

Es ist sinnvoll Postleitzahlen als eigenes Attribut zu betrachten, da mehrere zusammengehörige Orte oft die gleiche Postleitzahl besitzen. Mit einer alleinstehenden Hausnummer kann man hingegen selten etwas anfangen.

3 Relationale Datenbanken

Tabellen kennst du bereits aus der Tabellenkalkulation. Im Grunde lassen sich große Datenmengen auch mit Tabellenkalkulationsprogrammen verwalten. Hier fehlt allerdings das DBMS, welches die Struktur der Daten und die Zugriffsrechte der Benutzer überwacht. Daten lassen sich in Datenbanksystemen miteinander verknüpfen und somit effizienter nutzen.

Eine Relation beschreibt eine Beziehung (engl. *relationship*). In einer Datenbanktabelle stehen die Einträge in Beziehung.

Es gibt verschiedene Möglichkeiten eine Sammlung von Daten zu strukturieren. Die Struktur gibt das jeweilige DBMS vor. Eine der gebräuchlichsten Formen, Daten zu organisieren, ist die des relationalen Datenbanksystems. Hier werden die Daten in einer Sammlung von Tabellen, den **Relationen** verwaltet.

10. Erkläre in eigenen Worten den Begriff relationale Datenbank.

In den Tabellen werden die einzelnen Objekte als sogenannte **Datensätze** abgelegt.
Ein Datensatz besteht aus einer Reihe von **Attributwerten.** In jeder Zeile der Tabelle steht genau ein Datensatz mit seinen Attributwerten. Im Kopf der Spalten stehen die **Attributnamen.**

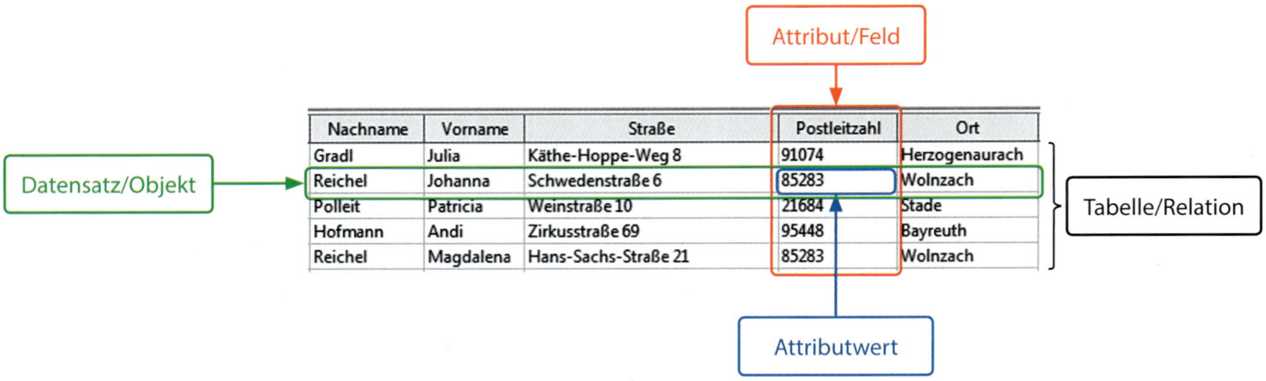

11. Skizziere eine Datenbankrelation „BUCH" mit fünf Datensätzen.

Der Primärschlüssel

Um Datensätze eindeutig identifizieren zu können, verwendet man in relationalen Datenbanken einen sogenannten **Primärschlüssel (Primary Key).**
Als Primärschlüssel kann im Grunde jedes Feld einer Relation verwendet werden. Die Attributwerte eines Primärschlüssels müssen allerdings untereinander verschieden sein, um jeden Datensatz eindeutig zu kennzeichnen.

Symbol des Primary Key

Betrachtet man die Tabelle, so kommen sowohl in „Vorname", als auch in „Straße" alle Einträge nur einfach vor. Sie scheinen also auf den ersten Blick als Primärschlüsselattribut in Frage zu kommen.

Nachname	Vorname	Straße	Postleitzahl	Ort
Gradl	Julia	Käthe-Hoppe-Weg 8	91074	Herzogenaurach
Reichel	Johanna	Schwedenstraße 6	85283	Wolnzach
Polleit	Patricia	Weinstraße 10	21684	Stade
Hofmann	Andi	Zirkusstraße 69	95448	Bayreuth
Reichel	Magdalena	Hans-Sachs-Straße 21	85283	Wolnzach

12. Begründe, warum sich die Felder *Vorname* und *Straße* nicht als Primärschlüssel eignen.

Da der Kundenstamm eines Onlineshops meist allerdings sehr groß ist, finden sich sicher auch in diesen beiden Feldern gleiche Attributwerte.

> Die Attributwerte eines Primärschlüssels müssen untereinander verschieden sein, da der **Primärschlüssel** zur *eindeutigen Identifizierung eines jeden Datensatzes* verwendet wird.

Um zu verhindern, dass in einem Primärschlüsselfeld ein Datum mehrfach auftaucht, werden Datensätze in der Regel mit einer **Identifikationsnummer (ID)** versehen.

Kundennummer	Nachname	Vorname	Straße	Postleitzahl	Ort
1	Gradl	Julia	Käthe-Hoppe-Weg 8	91074	Herzogenaurach
2	Reichel	Johanna	Schwedenstraße 6	85283	Wolnzach
3	Polleit	Patricia	Weinstraße 10	21684	Stade
4	Hofmann	Andi	Zirkusstraße 69	95448	Bayreuth
5	Reichel	Magdalena	Hans-Sachs-Straße 21	85283	Wolnzach

In manchen erfassten Daten ist eine zusätzliche Nummerierung wiederum nicht nötig, da sich die Datensätze in einem Feld mit Sicherheit sowieso unterscheiden.

Kennzeichen	Nachname	Vorname
ERH-KX 99	Gradl	Julia
IN-JR 321	Gradl	Julia
ERH-P 609	Gradl	Julia

Den Primärschlüssel bestimmt man bereits bei der Modellierung. Wir haben in den Klassenkarten *kursiv* hervorgehoben:

KUNDE	SPIELZEUG	BUCH
Kundennummer	*Artikelnummer*	*Artikelnummer*
Nachname	Hersteller	Autor
Vorname	Produktbezeichnung	Titel
Straße	Preis	Verlag
Postleitzahl		ISBN-Nummer
Ort		Preis

13. Skizziere eine Relation „Kraftfahrzeug" und finde zwei Gründe, warum diese ohne extra ID auskommt.

14. Gib drei weitere Beispiele für Relationen mit „eingebautem" Primärschlüssel an.

15. Erstelle die Klassenkarten für deine Relationen aus Aufgabe 14.

4 Arbeiten mit einem Datenbankmanagementsystem

Die dritte Phase der Datenbankentwicklung, die Implementierung, führt Hanna und Lena schließlich an ein entsprechendes Programm.
In manchen Office-Paketen wie LibreOffice, ist ein relationales Datenbankmanagementsystem bereits enthalten. Bei anderen wie MS Office lässt es sich zu den Basic-Programmen dazukaufen. Die Beispiele hier im Buch beruhen auf LibreOffice Base, welches für jeden frei verfügbar ist, und können von anderen Programmen geringfügig abweichen. Der zugrunde liegende Aufbau der DBMS und die Datenbanksprache sind bei den Systemen allerdings die gleichen.

Direkt einsatzbereite Datenbankmanagementsysteme sind z. B. OpenOffice Base, LibreOffice Base und Microsoft Access

Erstellen von Datenbanktabellen

Um eine eigene Sammlung von Datenbanktabellen anzulegen, erstellt man zunächst – am einfachsten mit Hilfe des Programmassistenten – eine neue Datenbank.
In dieser werden die Tabellen verwaltet. Die Datenbank wird sinnvoll benannt und abgespeichert.

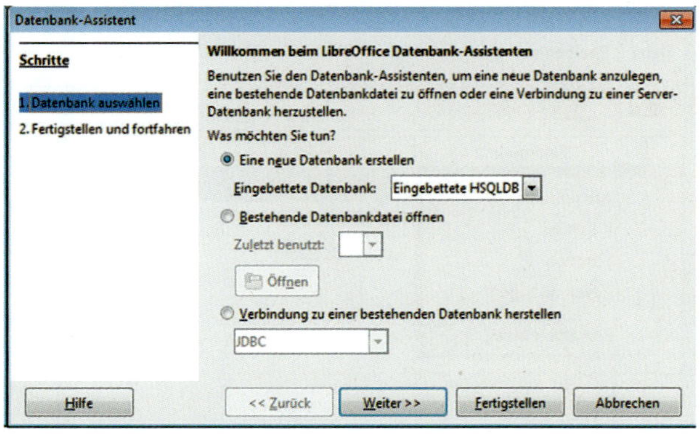

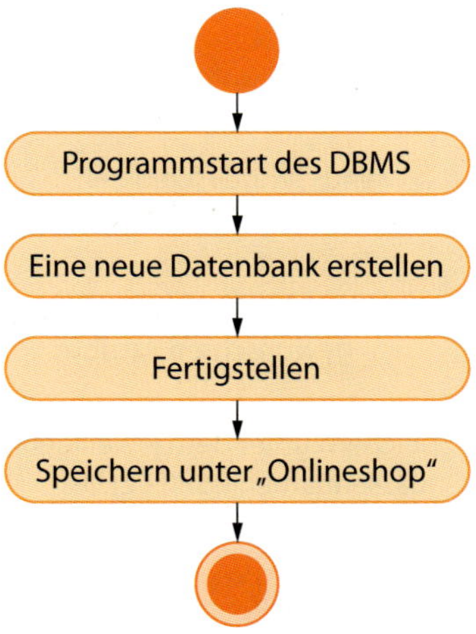

Hanna und Lena haben diesen Schritt geschafft. Das DBMS zeigt ihnen ihre neue Datenbank, in der sie nun ihre zuvor modellierten Tabellen anlegen.

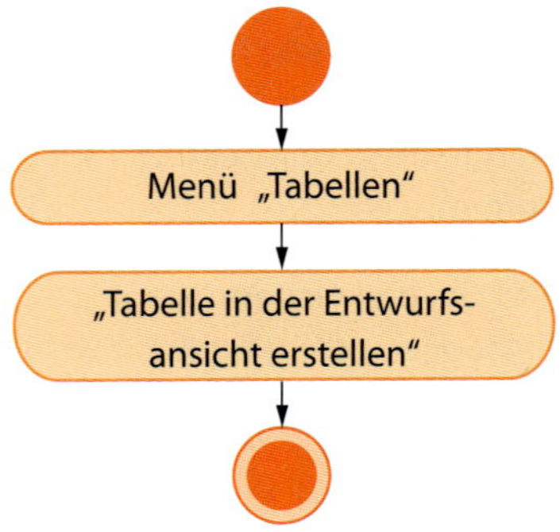

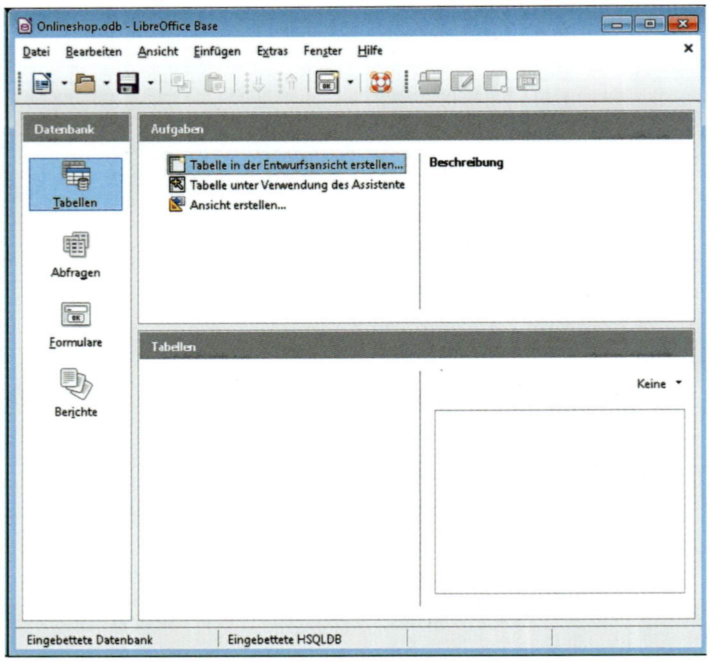

16. Folge dem Beispiel der Mädchen und lege eine Datenbank für deinen eigenen Onlineshop an.

In der Entwurfsansicht des Programms können die Attributnamen (Feldnamen) direkt eingetragen werden.

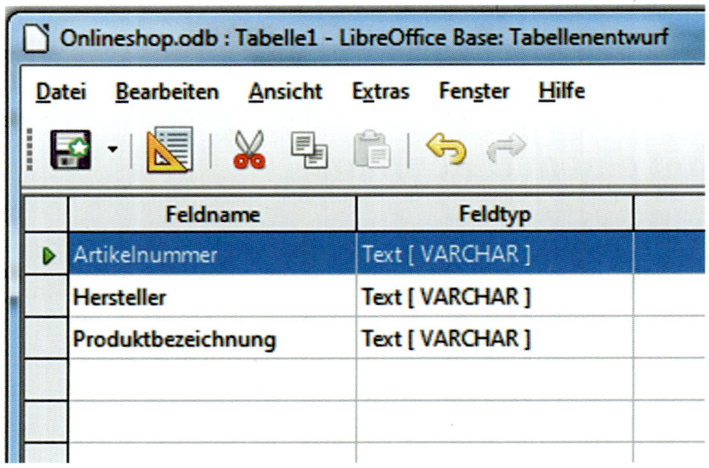

Wir haben bereits erfahren, dass das Schlüsselattribut wichtig ist, um die einzelnen Datensätze genau identifizieren zu können. Das Programm muss erkennen können, welches der eingegebenen Attribute der Primärschlüssel ist, sonst lässt sich eine Tabelle nicht anlegen, bzw. speichern.

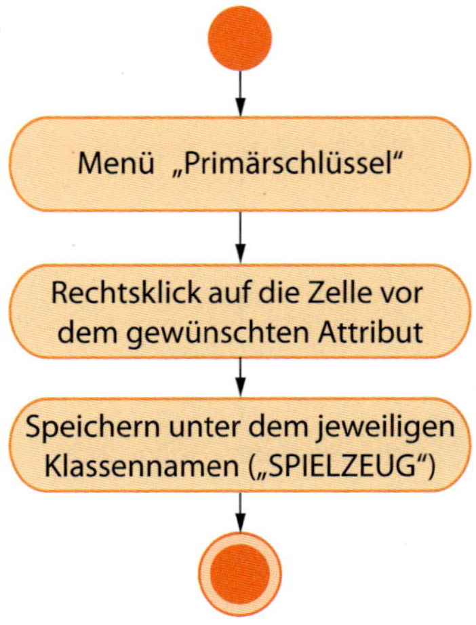

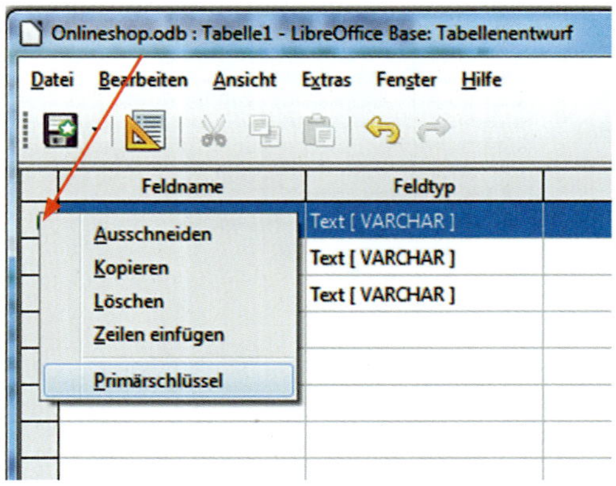

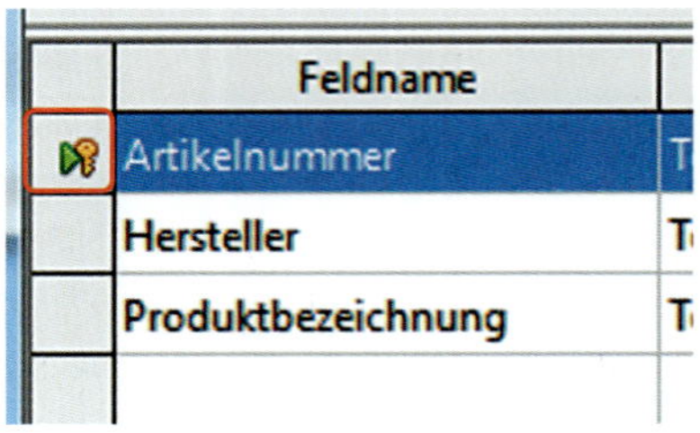

Datentypen

Wir haben bereits gelernt, dass Daten eine Folge von Zeichen sind. Um Daten mit einem DBMS verarbeiten zu können, ist es notwendig, für sie einen Datentyp festzulegen. Der Datentyp gibt dem System Auskunft darüber, um welche Art Datum es sich handelt, wie damit umgegangen und wie viel Speicherplatz dafür eingeräumt werden muss.

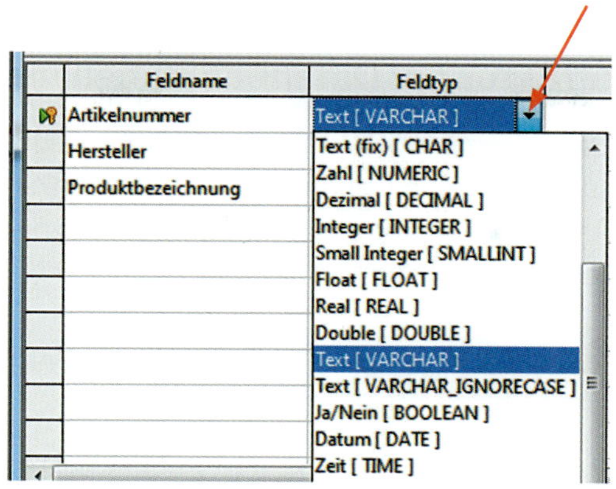

Der vom System standardmäßig vorgegebene Datentyp ist VARCHAR(100), das heißt eine 100-stellige beliebige Zeichenkette kann als Attributwert eingegeben werden. Darin sind eigentlich alle möglichen Eingaben (auch Zahlen) enthalten. Die Eingrenzung dient dazu, die Eingabemöglichkeiten einzuschränken und dadurch Bedienfehler bei der Datenpflege zu vermeiden.

Datentyp	Eigenschaften	Beispiele
VARCHAR(n)	beliebige **Zeichenkette** mit *maximal* n Zeichen (max. 32 767 Zeichen)	Wohnort: **Egg** oder **Pfaffenhofen**
CHAR(n)	beliebige **Zeichenkette** mit *genau* n Zeichen (bis zu 32 767 Zeichen)	Geschlecht: **m** oder **w**; Postleitzahl; ISBN-Nummer
DECIMAL(m, n)	**Dezimalzahl** mit *mindestens* m Ziffern, davon n nach dem Komma	Preis mit genauem Centbetrag: **1,53** € oder **721,60** €
NUMERIC(m,n)	**Dezimalzahl** mit *genau* m Ziffern, davon n nach dem Komma	Körpergröße in Metern: **0,52** m oder **1,67** m
FLOAT(n)	**Dezimalzahl (Gleitkommazahl)** mit genau n Ziffern insgesamt	beliebige Zahl begrenzter Länge: **9,8735** oder **5678,5**
SMALLINT	**ganze Zahl** zwischen –32 768 und 32 768	Lagerbestand: **387** Artikel auf Lager
INTEGER	**ganze Zahl** zwischen –2 147 483 648 und 2 147 483 647	Postleitzahl: PLZ **85276**
BEGINT	**ganze Zahl** zwischen –9 223 372 036 854 775 808 und 9 223 372 036 854 775 807	ISBN-Nummer: ISBN **9783060410064**
DATE	**Datumsangabe** mit Tag, Monat und Jahr im Bereich zwischen 01.01.1000 und 31.12.9999	Geburtsdatum: **18.10.2013**
BOOLEAN	**Wahrheitswert** Ja / Nein	Artikel verfügbar **Ja**

17. Begründe, warum hier ausgerechnet „krumme" Zahlen wie 32767 oder 2147483648 eine Rolle spielen.

18. Gib drei Beispiele für Zeichenketten an, die durch den Datentyp CHAR(5) festgelegt sind.

19. Erörtere Vor- und Nachteile bei der Eingabe von Postleitzahlen als INTEGER gegenüber CHAR Zeichenketten mit 5 Stellen.

20. Finde jeweils ein weiteres Datenbankbeispiel für jeden der nebenstehenden Datentypen.

Hinweis: Neben den aufgeführten Datentypen gibt es eine Vielzahl weiterer, die auch die Datensicherheit bei der Eingabe von Attributwerten erhöhen.

Auch die Eigenschaften des Datentyps sollte man anpassen, um zu verhindern, dass bei der Pflege der Datenbank sinnlose Eingaben gemacht werden können.
In den Feldeigenschaften unten in der Entwurfsansicht kann z. B. die Länge von Datentypen auf VARCHAR(30) statt VARCHAR(100) verändert werden.

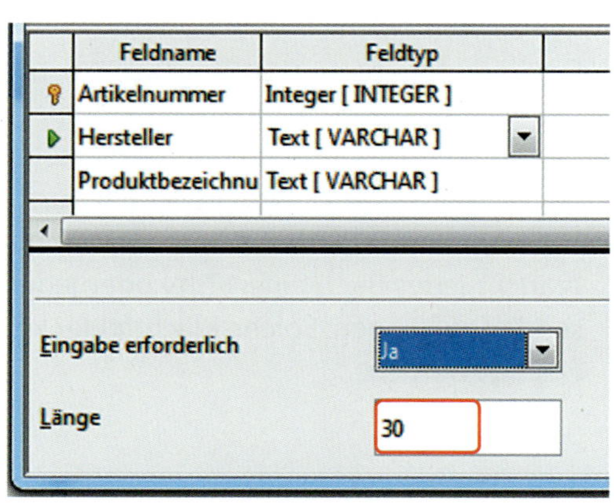

21. Erläutere warum bei der Angabe der Produktbezeichnung der Datentyp CHAR keinen Sinn macht und warum eine Eingabe erforderlich sein sollte.

5 Sprechen mit der Datenbank – SQL

Struktur der Datenbanktabellen

Die Abkürzung **SQL** steht für „**S**tructured **Q**uery **L**anguage" und ist eine Datenbanksprache für die Definition von Datenbankstrukturen, durch Angabe von Relation, Attributnamen und zugehörigen Datentypen in relationalen Datenbanken.
Die Sprache ist einfach aufgebaut und an das Englische angelehnt.

Zudem dient SQL zum *Bearbeiten* (Einfügen, Verändern, Löschen) und *Abfragen* (engl.: *query*) der Datenbestände.

Wir haben in der Entwurfsansicht des Programms bereits eine Datenbank Onlineshop mit vier Feldern erstellt. Alle hier getätigten Eingaben lassen sich auch durch einen einzigen SQL Befehl bewerkstelligen.

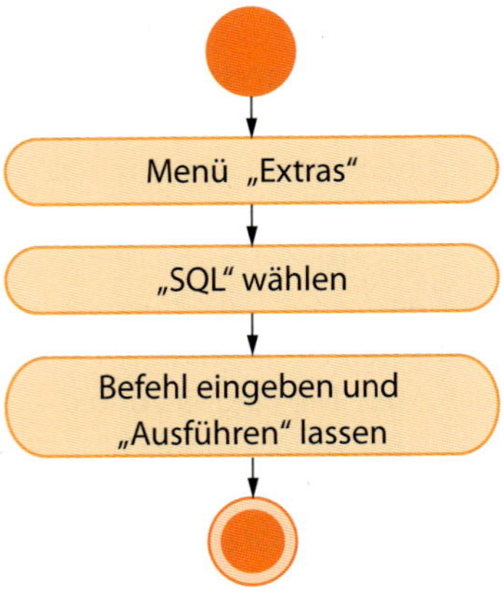

Aufrufen der SQL-Ansicht im DBMS Base

22. Führe im Programm die SQL-Anweisung aus und analysiere in der Entwurfsansicht die neu angelegte Tabelle.

23. Erkläre das Kommando **`Preis DECIMAL(7,2)`**.

Syntax	Funktion

`CREATE TABLE` `SPIELZEUG2`
`(Artikelnummer INTEGER`
`PRIMARY KEY,`
`Produkt VARCHAR(30),`
`Preis DECIMAL(7,2));`
	`CREATE TABLE` erstellt in der Datenbank eine Tabelle mit dem angegebenen Namen.
	Neben dem Namen der Tabelle werden die Attributnamen und deren Wertebereich festgelegt.
	Auch der Primärschlüssel kann hier festgelegt werden.

Für einen erfolgreich ausführbaren SQL-Befehl sind wie in jeder Sprache gewisse Syntaxregeln („Rechtschreibregeln") zu befolgen.

- Im SQL-Standard werden die Schlüsselworte in Großbuchstaben geschrieben, was jedoch keine Auswirkung auf das Ergebnis hat und nur der Übersichtlichkeit dient.
- Jeder Befehl muss durch ein Semikolon (;) beendet werden.
- Die Attribute und deren Datentypen stehen beim CREATE-TABLE-Befehl in Klammern und werden durch Komma getrennt.

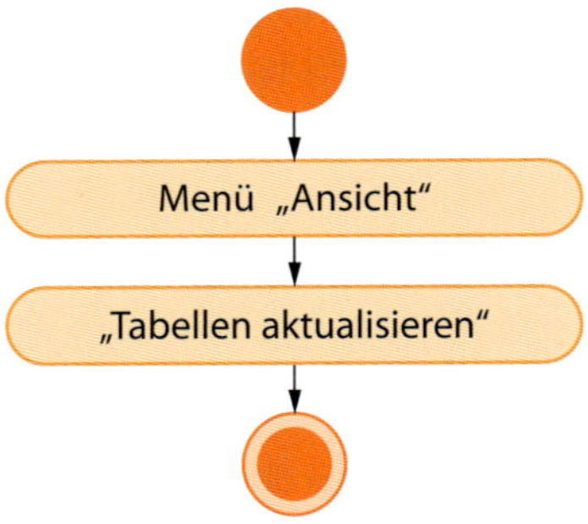

Wichtig ist es beim Definieren von Tabellen über SQL in Base nach dem erfolgreichen Ausführen des Befehls die *Tabellen zu aktualisieren*, sonst wird die neu erzeugte Tabelle nicht in der Liste angezeigt.

Beim Erzeugen von Tabellen können neben den Datentypen weitere Feldeigenschaften festgelegt werden:

- So macht es häufig Sinn, die Identifikationsnummer vom Programm automatisch vergeben zu lassen, um die bei Primärschlüsseln verbotenen Mehrfachnennungen zu vermeiden.
  Das Hinzufügen von **`GENERATED BY DEFAULT AS IDENTITY`** bewirkt, dass der entsprechende Attributwert automatisch – fortlaufend nummeriert – vergeben wird und als Primärschlüssel dient. (**`GENERATED BY DEFAULT`** entspricht der Einstellung Auto-Wert in der Entwurfsansicht des Programms.)
- Bei manchen Feldern macht es Sinn einen Eintrag zu erzwingen. Zum Beispiel braucht jedes Buch einen Titel oder jeder Kunde eine Adresse um die Ware zusenden zu können. Solche Pflichtfelder können durch die Ergänzung **`NOT NULL`** erzeugt werden.

24. Nenne die Felder der Tabellen SPIELZEUG, BUCH und KUNDE, bei denen es Sinn macht, einen Eintrag zu erzwingen.

Syntax	Funktion

`CREATE TABLE SPIELZEUG3`
`(Artikelnummer INTEGER`
`GENERATED BY DEFAULT AS IDENTITY,`
`Produkt VARCHAR(30)`
`NOT NULL,`
`Preis DECIMAL(7,2));`
	Durch den Befehl **GENERATED BY DEFAULT AS IDENTITY** wird hier die Artikelnummer als fortlaufend nummerierter Wert automatisch vergeben.
	Durch Hinzufügen des Befehls **NOT NULL** wird hier festgelegt, dass bei der Eingabe in die Datenbanktabelle immer eine Produktbezeichnung vorhanden sein muss.

25. Erstelle nach nebenstehendem Beispiel per SQL-Befehl eine Tabelle BUCH und KUNDE für deine Onlineshop-Datenbank.

Bearbeiten der Datenbankstruktur

Möchte man nach dem Anlegen der Datenbankstruktur diese noch verändern, so ist auch dies mit SQL-Befehlen möglich. Da die Sprache SQL ans Englische angelehnt ist lautet der entsprechende Befehl **ALTER** (von engl. *etwas ändern*)

Die Tabellen müssen nur beim ersten Anlegen **(CREATE TABLE)** aktualisiert werden.

Syntax	Funktion

`ALTER TABLE SPIELZEUG3`
`ADD Hersteller VARCHAR (30)`
`BEFORE Preis;`
	Durch den Befehl **ALTER** wird hier *vor* (**BEFORE**) dem Feld „Preis" noch ein Feld „Hersteller" eingefügt (**ADD**).

Syntax	Funktion

`ALTER TABLE SPIELZEUG3`
`ALTER COLUMN Produkt`
`RENAME TO Produktbezeichnung;`
	Hier wird in der Tabelle Spielzeug das Feld „Produkt" in „Produktbezeichnung" umbenannt (**RENAME TO**). **COLUMN** steht hier für Spalte/Feld.

26. Teste den Befehl ADD in deiner Tabelle SPIELZEUG. Betrachte das Ergebnis in den Feldeigenschaften im Entwurfsmodus.

27. Füge deiner Tabelle KUNDE ein Feld „Passwort" hinzu. Das Feld soll ein Pflichtfeld sein.

Syntax	Funktion
`ALTER TABLE SPIELZEUG3` `DROP Preis;`	Mit dem Befehl **DROP** (engl. fallenlassen) können Felder aus der Tabelle entfernt werden.

28. Entferne mit SQL ein beliebiges Feld aus deiner Tabelle und füge es danach wieder hinzu.

Durch den ALTER-Befehl lassen sich über SQL alle Änderungen durchführen, die das Programm in der Entwurfsansicht auch ermöglicht. Man muss nur die entsprechenden Befehle kennen. Also: Vokabeln lernen! Im Internet finden sich eine Menge Tutorials zum Erlernen von SQL und zum Nachschauen von benötigten Befehlen.

Einträge in die Datenbank

Nachdem man die Datenbankstruktur modelliert und im Programm implementiert hat, kann man nun Einträge in die Tabellen vornehmen. Hierzu dient der SQL-Befehl **INSERT** (von engl. *einsetzen*).

Felder die nicht leer sein dürfen **(NOT NULL)** müssen hier belegt werden, die anderen je nach Bedarf. Auto-Werte vergibt das DBMS selbst, sie dürfen nicht aufgelistet werden!

Es gilt weitere Syntaxregeln zu beachten:

- Die nichtnumerischen Werte (alles außer Zahlen) werden in Hochkomma ' ' gesetzt.
- Kommazahlen werden mit einem Punkt, statt mit einem Komma geschrieben, wie im englischen üblich. Zahlen stehen nicht in Hochkommas.

29. Lege in deiner Tabelle den Artikel „Roboter" von „LEGO" für 349,99 € und drei weitere Online-shop-Artikel deiner Wahl an.

Syntax	Funktion
INSERT INTO KUNDE (Nachname, Vorname,…, Passwort) **VALUES** ('Reichel', 'Johanna', …, 'o!ES11mnkS');	Hier wird in der Tabelle KUNDE ein Datensatz erzeugt. Dazu werden die gewünschten Felder aufgezählt und in der gleichen Reihenfolge die zugehörigen Werte angegeben.

Die Werte kann man durch Doppelklick auf die Tabelle auch direkt eintragen und ändern. Zum Verständnis ist es jedoch trotzdem sinnvoll sich mit den SQL-Befehlen auseinanderzusetzen.

Möchte man Einträge aktualisieren, verwendet man einen anderen Befehl: **UPDATE**. Hier wird angegeben in welcher Tabellenspalte der Wert geändert werden soll. Macht man keine genaue Angabe bei welchem Datensatz **(WHERE)**, so werden alle Werte des Feldes aktualisiert.

Syntax	Funktion
UPDATE SPIELZEUG **SET** Preis = 278.99 **WHERE** Artikelnummer = 1;	Hier wird der Preis des ersten Artikels angepasst. Das Komma der Zahl wird durch einen Punkt ersetzt.
UPDATE SPIELZEUG **SET** Produktbezeichnung = 'Mindstorm' **WHERE** Artikelnummer = 1;	Beim Anpassen der Produktbezeichnung muss diese als VARCHAR-Wert wieder in Hochkomma stehen.

30. Aktualisiere den Eintrag mit den Mindstorm-Robotern in deiner Datenbank nach nebenstehendem Beispiel.

Auch das Löschen ganzer Datensätze ist mit dem DELETE-Befehl möglich.

Syntax	Funktion
DELETE FROM SPIELZEUG **WHERE** Artikelnummer = 1;	Der erste Datensatz wird gelöscht.

31. Trage dich als Kunde in die entsprechende Tabelle ein und lösche diesen Datensatz anschließend wieder.

Durch die Arbeit mit SQL-Befehlen ist der Eintrag von Datensätzen und deren Veränderung leicht möglich – vorausgesetzt man beherrscht die Sprache.

Dass es sich lohnen kann Datenbanken gut zu modellieren und SQL zu beherrschen, sieht man an großen Unternehmen wie SAP, Amazon oder Facebook, deren Gründer heute alle Milliardäre sind.

Ein großer Vorteil der Kenntnis von SQL ist, dass die Sprache unabhängig vom Programm ist. Hast du die SQL-Befehle gelernt, kannst du sie in allen relationalen Datenbanksystemen verwenden.

Die wenigsten User einer Datenbank kennen allerdings deren Struktur oder verwenden/beherrschen SQL-Befehle. Sie sind auf eine benutzerfreundliche Oberfläche angewiesen. Den Eintrag und die Abfrage von Datensätzen erleichtern Formulare, um die es im nächsten Kapitel geht.

6 Formulare erleichtern die Einträge

Stell dir vor, man müsste seine Profileinträge in ein soziales Netzwerk über SQL-Befehle machen:

```
UPDATE TABLE BENUTZER SET Beziehungsstatus = 'vergeben'
WHERE ID = 3487767
```

Myspace, Facebook und Co. hätten in diesem Fall wohl kaum einen so durchschlagenden Erfolg gehabt.

Hanna und Lena ist bewusst, dass auch Mitarbeiter eines Onlineshops die Artikel und Kunden nicht per SQL-Code in die Datenbank eintragen. Hier helfen Formulare weiter.

Tipp: Bereits im Abschnitt 2.5 hast du dich näher mit der Gestaltung von Formularen auseinandergesetzt (▶ Seite 38 – 40).

> Ein **Formular** ist ein Datenbankobjekt, mit dem sich eine Benutzeroberfläche für eine Datenbankanwendung erstellen lässt. Direkt mit einer Tabelle verbunden, kann es zum Eingeben und Bearbeiten von Daten verwendet werden.

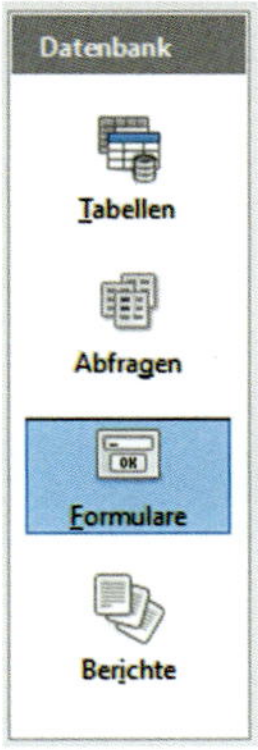

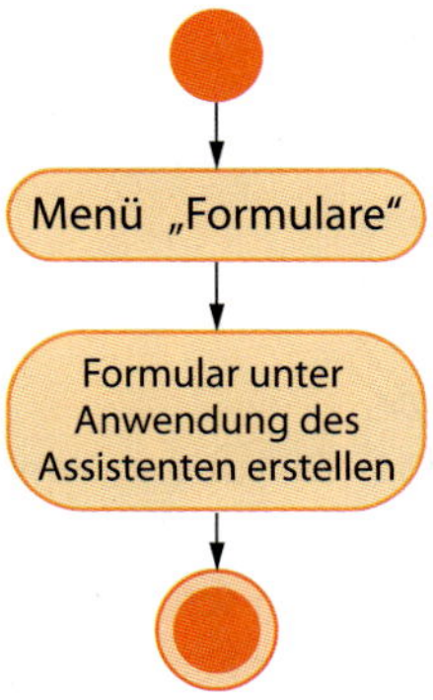

Ein Formular ganz nach den eigenen Vorstellungen zu erzeugen ist eine recht arbeitsintensive und auch komplizierte Angelegenheit. Bei einfachen Formularen hilft allerdings der Assistent in Base schnell weiter.

Zunächst wird ausgewählt welche der bestehenden Tabellen mit dem Formular bearbeitet werden soll.

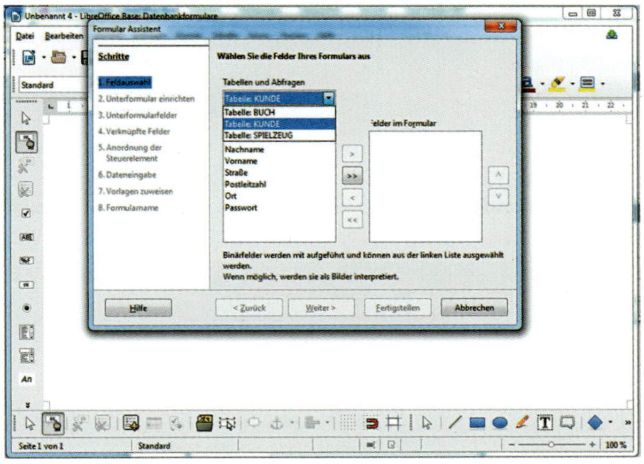

32. Überlege wo du im Internet schon überall Formulare verwendet hast. Tausche dich mit deinem Nachbarn aus.

Nun wird festgelegt welche Felder der Tabelle durch das Formular angezeigt oder bearbeitet werden sollen. Hierzu muss man sich klarmachen, wer am Ende mit dem Formular arbeitet. Oft ist es sinnvoll verschiedene Formulare für verschiedene Anwender zu generieren, da z. B. nicht jeder Nutzer Passworte sehen können soll.

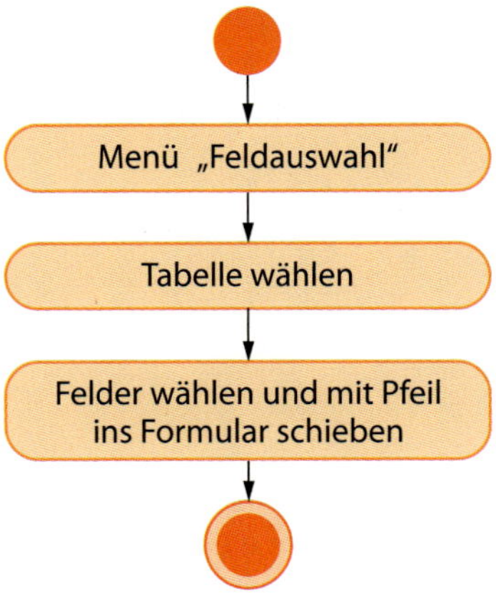

Die Anordnung der Steuerelemente entscheidet, wie das Formular am Ende aussieht.

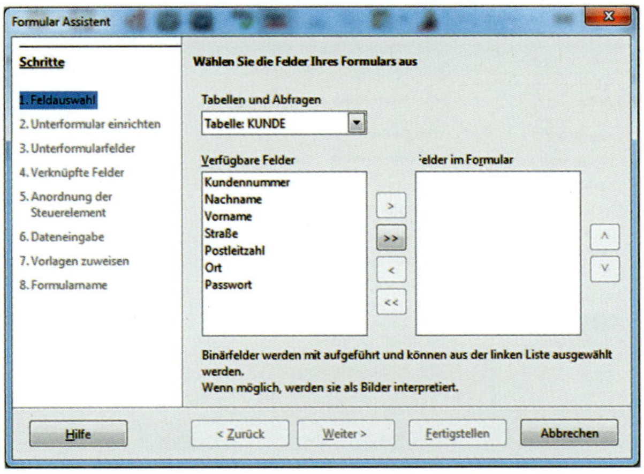

33. Mach mit! Erstelle entsprechend dem Beispiel dein erstes Formular zur Eingabe von Kundendaten.

In der tabellarischen Anordnung hat man eine Übersicht über alle bestehenden Datensätze. In den anderen Ansichten ist es möglich zwischen den einzelnen Datensätzen zu wechseln.

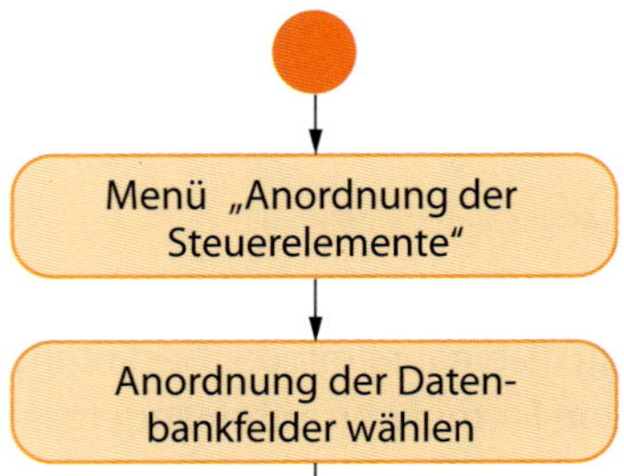

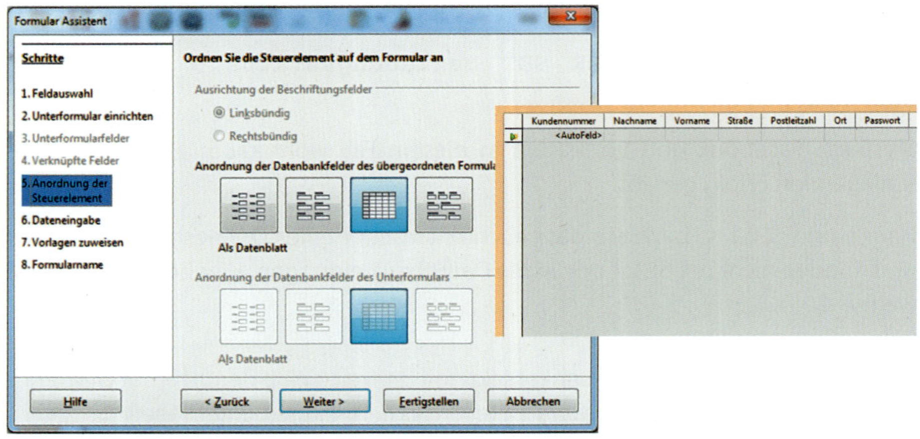

34. Diskutiert in der Gruppe, wer auf welche Felder der Onlineshop-Tabellen schreibenden, lesenden oder gar keinen Zugriff haben sollte.

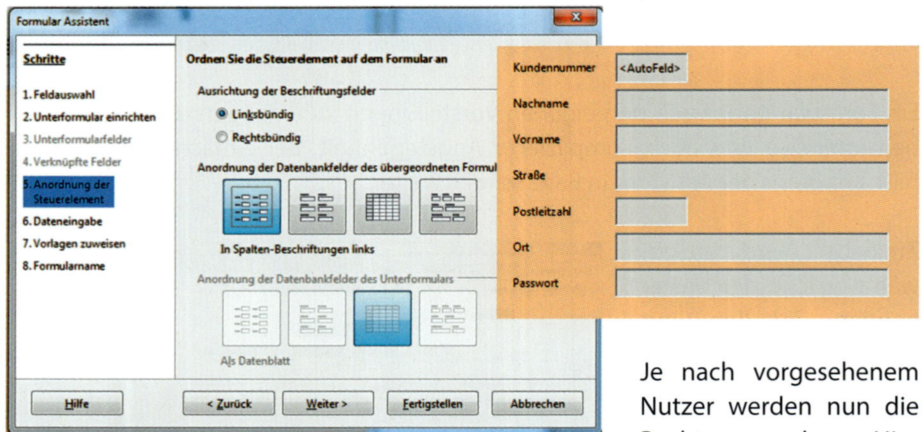

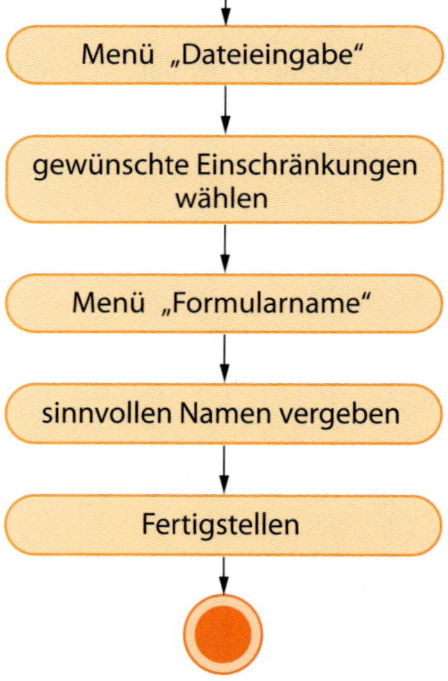

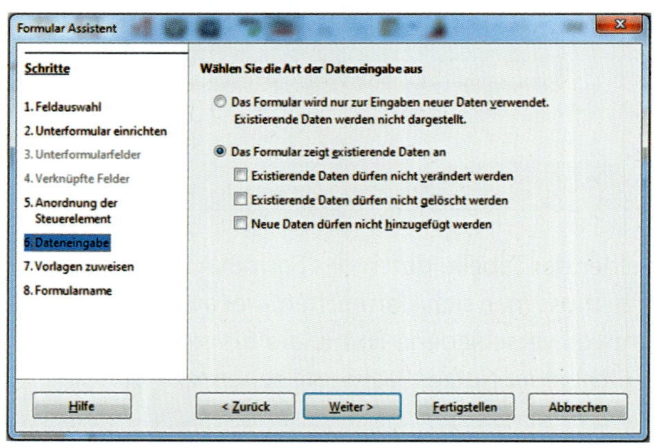

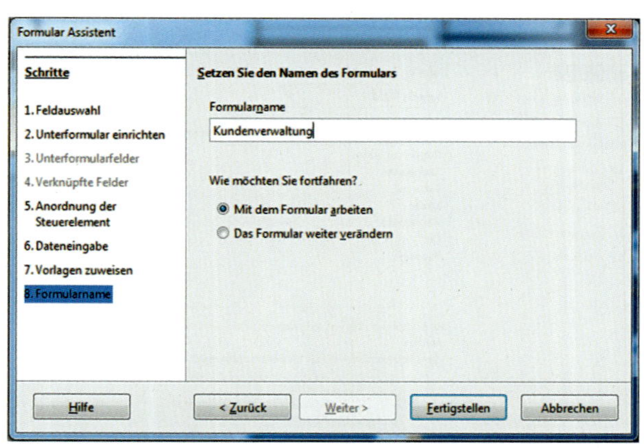

Je nach vorgesehenem Nutzer werden nun die Rechte vergeben. Hier lohnt es sich im Sinne der Datensicherheit genau hinzusehen. Als Kunde eines Onlineshops sollte man beispielsweise nicht auf andere Kundendaten zugreifen oder diese löschen können. Als Mitarbeiter schon.

Das Formular benötigt noch einen aussagekräftigen Namen und wird fertiggestellt.

Nun können über die Formulare Daten eingegeben, geändert oder gelöscht werden. Auto-Werte werden vom Programm vergeben. Das Programm überprüft auch die Datentypen auf Konsistenz, also ob ein eingegebenes Datum dem festgelegten Typ entspricht.

35. Implementiere die Formulare mit passender Feldauswahl und Rechtevergabe entsprechend Aufgabe 33.

36. Trage über das entsprechende Formular fünf Bücher in die Datenbank ein.

7 Abfragen und Berichte

Von den meisten Anwendern werden Datenbanken zur Informationsgewinnung genutzt. Ob beim Onlineshoppen oder in Suchmaschinen, die Nutzer tragen den gesuchten Begriff ein und bekommen sofort eine Antwort vom System.
Datenbanken enthalten zum Teil riesige Datenmengen. Neben der Erfassung dieser Daten ist es also wichtig aus diesem Datenbestand gezielt Informationen zu gewinnen.

Wie du bereits weißt steht SQL für Structured Query Language, wobei Query *englisch* für **Abfrage**/Anfrage steht.
Der für die Abfragen wichtigste Befehl ist `SELECT` (von *engl.* Auswahl).

37. Big Data ist heute ein Begriff, der uns überall begegnet. Informiere dich im Text „Kleine Daten, Große Wirkung" auf Seite 137 über Big Data.

Projektion

Manchmal möchte man, z. B. aufgrund der Übersichtlichkeit oder des Datenschutzes nur den *Inhalt von ausgewählten Feldern* einer Tabelle abfragen. Die Darstellung einer Auswahl von Feldern nennt man Projektion.

Syntax	Funktion
`SELECT Wohnort` `FROM KUNDE;`	Hier wird eine Liste aller Wohnorte aller Kunden abgefragt.
`SELECT Kundennummer, Nachname, Vorname` `FROM KUNDE;`	Hier wird die Kundennummer, zusammen mit dem Namen des Kunden abgefragt.

Nach dem Öffnen der gespeicherten Abfrage werden die gewünschten Daten angezeigt:

Kundennummer	Nachname	Vorname
1	Gradl	Julia
2	Reichel	Johanna
3	Polleit	Patricia
4	Hofmann	Andi
5	Reichel	Magdalena

Bei einer Projektion bleibt die Anzahl der Zeilen in der Ergebnistabelle gleich und die Anzahl der Spalten bleibt gleich bzw. wird kleiner.

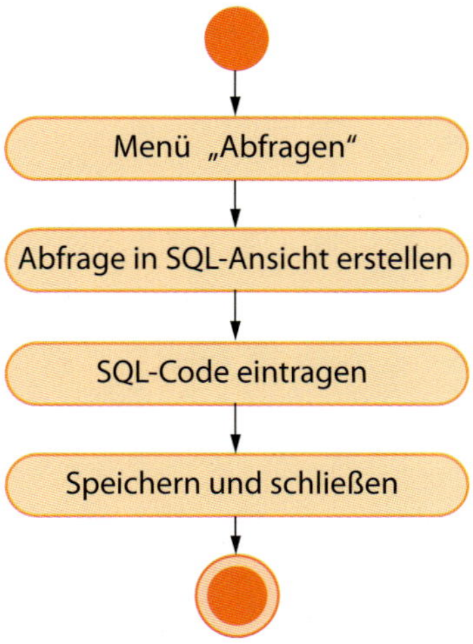

Abfrage mit SQL erstellen im DBMS Base.
Unter MS Access musst du, wenn du mit SQL arbeiten möchtest, zuerst eine neue Abfrage in der Entwurfsansicht aufrufen und eine Tabelle auswählen. Erst dann kannst du in die SQL-Ansicht wechseln und dort die gewünschten Befehlszeilen eingeben oder ändern.

Selektion

Möchte man die *Auswahl auf die Datensätze einschränken*, die bestimmten Kriterien entsprechen, so handelt es sich um eine **Selektion.** Das Sternchen „*" steht für alle Felder der Tabelle ohne Einschränkung.

Syntax	Funktion

`SELECT *`
`FROM KUNDE`
`WHERE Nachname = 'Reichel';`
	Hier werden alle Daten aller Kunden mit dem Nachnamen Reichel angefragt.

`SELECT Kundennummer, Nachname, Vorname`
`FROM KUNDE`
`WHERE Nachname = 'Reichel';`
	Durch diese Kombination von Projektion und Selektion schränkt man die Ausgabe der Kundennummern auf alle mit dem Nachnamen Reichel ein.

Bei einer Selektion bleibt die Anzahl der Spalten in der Ergebnistabelle gleich und die Anzahl der Zeilen bleibt gleich bzw. wird kleiner.

38. Erstelle eine Projektion der Felder „Autor", „Titel" und „Preis" deiner Tabelle BUCH.

39. Schränke deine Projektion aus Aufgabe 36 auf die Datensätze deines liebsten Autors ein.

Sortierung

Daten werden in einer Datenbank nicht sortiert abgelegt. Sobald ein neuer Datensatz entsteht wird dieser an die bestehende Tabelle angehängt. Möchte man eine Tabelle *nach einem bestimmten Kriterium* sortiert ausgeben lassen, so hilft hier die Sortierung.

40. Lass deine Bücher aufsteigend nach dem Preis sortiert ausgeben.

Syntax	Funktion
`SELECT Kundennummer, Nachname, Vorname FROM KUNDE ORDER BY Nachname;`	Durch diese Sortierung wird die Ausgabe nach Nachname (**ORDER BY**) alphabetisch sortiert.

Berichte

Die Anzeige von ganzen Tabellen oder Abfragen im DBMS ist zwar praktisch, Hanna und Lena brauchen für ihr Projekt allerdings auch *Ausdrucke* bestimmter Abfragen. Oft reicht es nicht den aktuellen Zustand von Datenbanken im System abrufen zu können. Man braucht zum Verteilen oder zum Archivieren bestimmte Momentaufnahmen der Daten als Dokument oder auf Papier. Hierzu dienen **Berichte.**

Berichte ermöglichen eine übersichtliche Darstellung der gewünschten Daten aus bestehenden Tabellen oder Abfragen als Textdokument. Wie auch bei den Formularen können Berichte über einen Programmassistenten sehr einfach erstellt werden.

41. Erstelle einen einfachen Bericht, zu der Abfrage aus Aufgabe 40.

Kundennummer	Nachname	Vorname
1	Gradl	Julia
4	Hofmann	Andi
3	Polleit	Patricia
5	Reichel	Magdalena
2	Reichel	Johanna
<AutoFeld>		

Ursprüngliche Abfrage der nach Nachnamen sortierten Kunden mit Kundennummer.

Kundennummer	Nachname	Vorname
1	Gradl	Julia
4	Hofmann	Andi
3	Polleit	Patricia
5	Reichel	Magdalena
2	Reichel	Johanna

Man kann Berichte auch noch verfeinern, indem man z. B. die Felder genauer beschriftet, oder ein nicht tabellarisches Layout wählt.
Da der Bericht ein Textdokument ist, lässt er sich nach dem Erstellen noch optisch aufbereiten, speichern, in andere Formate wie PDF exportieren oder einfach ausdrucken.

Serienbriefe aus Datenbanken

Das Datenbankmanagementsystem bietet ein Rundum-sorglos-Paket im Umgang zu Verwaltung von Daten. Die Daten können (auch mit Formularen) eingetragen und geändert werden und mit Hilfe von Abfragen und Berichten abgerufen und ausgewertet werden.
Oft sind die gespeicherten, strukturierten Daten aber auch an anderer Stelle – zum Beipiel beim Seriendruck – hilfreich.

Du hast den Seriendruck bereits in Kapitel 2 kennengelernt.
Hier hast du erfahren, dass ein **Serienbrief** in drei Schritten erstellt wird:

- Man benötigt eine Datei mit den Daten, die in die Briefe eingefügt werden sollen, die sogenannte **Datenquelle** und
- eine **Basisdatei,** mit dem Briefrumpf.
- Der Brief wird mit Hilfe von Seriendruckelementen mit der Datenquelle verknüpft und bezieht seine Informationen dynamisch aus ihr.

Die Datenquelle hast du bisher mit einem Tabellenkalkulationsprogramm extra erstellt.
Datenquellen für den Seriendruck beschränken sich allerdings nicht auf Tabellenkalkulation. Gerade im Umgang mit Datenbanken und den zum Teil riesigen Datenmengen, wird der Seriendruck häufig benötigt, z. B. für Rechnungen, Gehaltsabrechnungen, Werbungssendungen, usw.

42. Gib drei weitere Beispiele für Serienbriefe an, die mit den Daten von Datenbanken erstellt werden.

Die Schritte beim Erstellen von Serienbriefen bleiben gleich, nur wird als Datenquelle nun die gewünschte Tabelle der Datenbank ausgewählt.

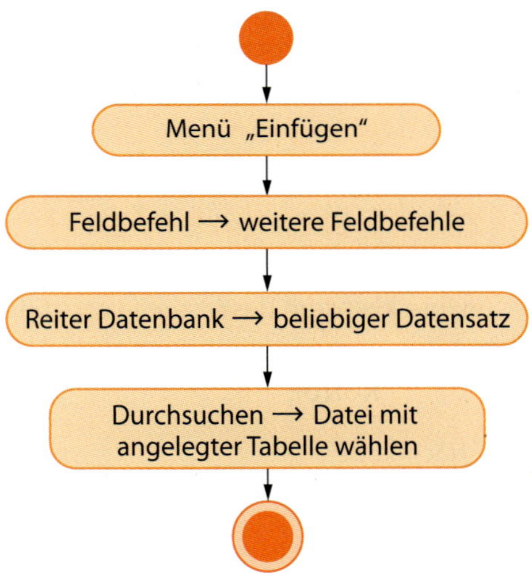

Tipp: Kannst du dich nicht mehr genau an den Seriendruck erinnern, so wiederhole Abschnitt 2.3.

Matthias Huber
Fliegenpilzweg 45
80457 München

20.11.2019

Onlineshop

Sehr geehrter Herr Huber,

Wir freuen uns, Sie als Kunden in unserem Shop begrüßen zu dürfen.

Mit freundlichen Grüßen

Hanna Lauter

43. Wirb bei allen deinen Onlineshop-Kunden mit einem Serienbrief für ein bestimmtes Produkt aus deinem Sortiment.

44. Ändere in deiner Kundendatei eine Adresse und verfolge was geschieht, wenn du dein Seriendruckdokument erneut speicherst.

Grundwissen

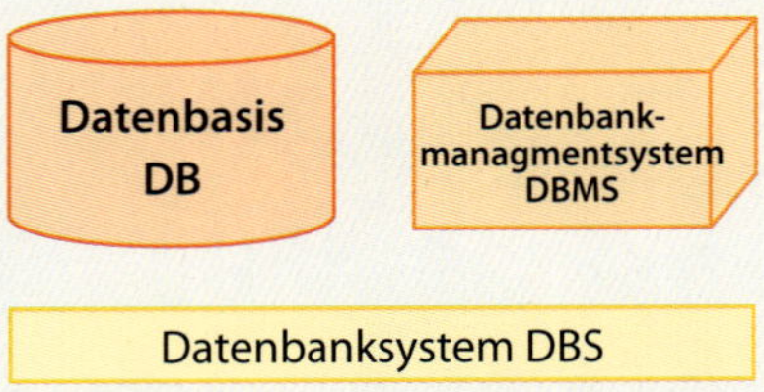

- Ein **Datenbanksystem** ist eine strukturierte Sammlung von Daten eines Problembereichs (Datenbasis) und der zur Eingabe, Verwaltung und Ausgabe erforderlichen Software **(Datenbankmanagementsystem).**

SQL…
Structured Query Language

- **SQL** ist eine Datenbanksprache zur Definition von Datenbankstrukturen und zur Bearbeitung der darin abgelegten Datenbestände.
  SQL wurde Anfang der 1980er-Jahre entwickelt und gilt heute als herstellerunabhängiger Standard zur Kommunikation mit relationalen Datenbanken.

- Zur **Strukturierung einer Datenbank** gehören:

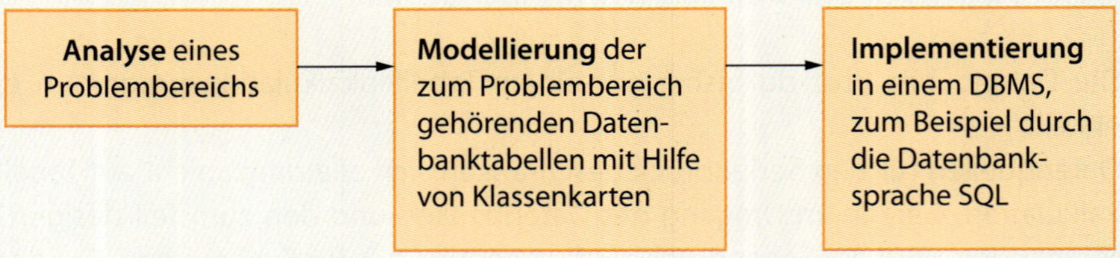

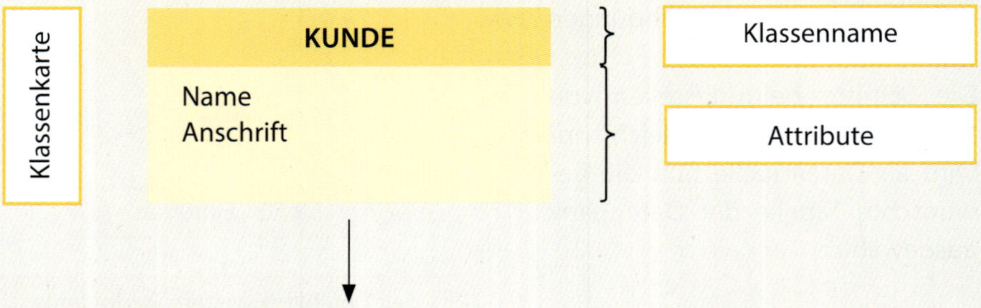

Die Attribute werden **atomisiert …**
(in Ihre kleinsten Bestandteile zertrümmert)

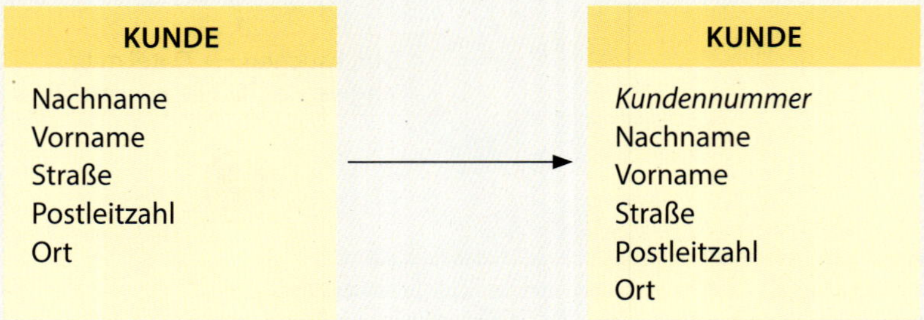

… und die Klasse wird mit einem Attribut zur eindeutigen Identifizierung jedes Datensatzes versehen, dem **Primärschlüssel.**

- **Querys** sind **Abfragen** von Daten aus der Datenbank, die mit Hilfe der **SELECT-Anweisung** durchgeführt werden. Die elementarsten Abfragen sind **Projektionen, Selektionen** und **Sortierungen.**

```
SELECT      attribut_1 [, attribut_2, …, attribut_n]
FROM        tabelle
WHERE       bedingung
ORDER BY    attribut;
```

Zeig was du kannst

1. Schreibe drei verschiedene Daten aus einem von dir gedachten Zusammenhang auf einen Zettel und diskutiere mit deinem Nachbarn darüber, welche Schlussfolgerung er ohne weitere Information aus den Daten ziehen kann. Löse dann auf.

2. Alle vier Jahre findet die Fußball WM statt.

a) Die Spieler gehören verschiedenen Nationalitäten an. Muss man eine eigene Tabelle für die Spieler jeder Nation anlegen?
b) Analysiere, welche Felder eine Tabelle zur genauen Erfassung der teilnehmenden Spieler haben sollte und erstelle eine passende Klassenkarte. Diskutiere mit deinem Nachbarn, ob diesem noch weitere aufschlussreiche Attribute einfallen.
c) Überprüfe, ob die Datenfelder deiner Klassenkarte bereits atomisiert sind und ob ein Primärschlüsselattribut vorhanden ist. Ändere gegebenenfalls deine Klassenkarte ab.
d) Überlege, welche Wertebereiche (Datentypen) die von dir angegebenen Attribute haben sollten.
e) Die Olympischen Spiele werden ebenfalls alle vier Jahre ausgetragen. Erkläre warum sich die Olympioniken nicht anhand der von dir erstellten Klassenkarte erfassen lassen.
f) Ergänze dein Datenbankmodell um die entsprechenden Relationen für fünf Sportarten.
g) Implementiere die Relationen mit SQL-Befehlen in deinem DBMS.

3. Quartett-Spielkarten gibt es zu den unterschiedlichsten Themenbereichen. So gibt es etwa Karten mit Autos, Märchenfiguren, Städten, EU-Mitgliedsstaaten oder bekannten Persönlichkeiten und vielem mehr.

a) Überlege, welche vier Attribute auf einer Quartettkarte zum Thema „Wilde Tiere" von Interesse sein könnten und skizziere eine passende Klassenkarte.
b) Beim Quartett gibt es auf jeder Karte eine Information, welche sich zum Primärschlüssel eignet. Ergänze deine Klassenkarte entsprechend.
c) Implementiere dein Modell in einer Datenbank „Quartett".
d) Suche im Internet nach den benötigten Attributwerten für vier Quartette (16 Karten) und trage diese per SQL-Befehl in deine Relation ein.

4. Ein Freundebuch ist auch in Zeiten der sozialen Netzwerke eine schöne Erinnerung.

a) Modelliere eine Tabelle für die Freundschaftseinträge. Überlege auch, welche Datentypen die einzelnen Felder bekommen müssen.

b) Implementiere deine Freundedatenbank mit Hilfe von SQL-Befehlen.

c) Erstelle ein Formular, mit dessen Hilfe deine Klassenkameraden sich in dein Freundebuch eintragen können und lass es einige deiner Mitschüler testen.

d) Erstelle einen Bericht, mit dessen Hilfe du dir die einzelnen Freundseiten ausgeben lassen kannst. Wenn du Lust hast, kannst du den Bericht noch optisch ansprechend gestalten.

5. Beim Umgang mit Datenbanken spielt die Datensicherheit und der Datenschutz eine wichtige Rolle. Dabei sollten auch Passworte einem gewissen Sicherheitsstandard genügen um unzulässige Zugriffe zu verhindern. Für sichere Passworte gibt es gewisse Empfehlungen:

Die Buchstabenkombination sollte …

- aus mindestens zehn Zeichen bestehen,
- Groß- und Kleinbuchstaben enthalten,
- Zahlen und Sonderzeichen enthalten (Leerzeichen sind allerdings zum Teil nicht erlaubt),
- und alle drei Monate geändert werden.
- Jedes Konto sollte ein eigenes Passwort erhalten.

Dringend abgeraten wird von…

- normalen Wörtern, Namen, Geburtstagen, Zitaten etc. beziehungsweise
- Zeichenmustern (12345, asdf, abcdef,…).
- Umlaute können auf Tastaturen im Ausland Probleme bereiten.

Quelle: www.giga.de

6. Informiere dich im Text „Merkhilfen für sichere Passwörter" (▶ Seite 140) darüber, wie man ein so sicheres Passwort erstellen kann und generiere daran angelehnt ein eigenes.
Die Europäische Union ist derzeit ein Verbund von 28 Mitgliedsstaaten, zu denen es eine Vielzahl von Informationen zu sammeln gibt.

a) Diskutiert, warum es sinnvoll ist, vor der Implementierung einer Relation diese zu modellieren.

b) Findet möglichst viele informative Attribute zu einer Datenbankrelation „EUMitgliedsstaaten". Gibt es einen „natürlichen" Primärschlüssel unter den Feldern?

c) Implementiert die Relation in eurem DBMS.

d) Erstellt ein Formular zur Erfassung der Daten und testet die Erfassung anhand von einigen Mitgliedsstaaten.

Kapitel 6

Datenbanksysteme II

Kundennummer	Nachname	Vorname
1	Gradl	Julia
2	Reichel	Johanna
3	Polleit	Patricia
4	Hofmann	Andi
5	Reichel	Magdalena

In Kapitel 5 hast du bereits erfahren, was man unter einem Datenbanksystem versteht. Du weißt, was du bei der Datenmodellierung einzelner Tabellen (Relationen) beachten musst und wie du diese in einem Datenbankmanagementsystem wie LibreOffice Base implementierst.

Über die SQL-Befehle
- **`INSERT`**,
- **`UPDATE`**,
- und **`DELETE`**

hast du Datensätze eingefügt, bearbeitet, gelöscht.

Mit der `SELECT`-Anweisung hast du Informationen aus deinen Datenbeständen abgefragt und du hast Formulare kennengelernt, mit denen jeder Anwender auch ohne SQL-Kenntnisse Tabelleneinträge bearbeiten kann.

Die Einträge der bisher kennengelernten Datenbanken hättest du weitgehend auch über die Tabellen eines Tabellenkalkulationsprogramms verwalten können. Ein Datenbanksystem zu verwenden ist deshalb sinnvoll, weil zwischen den Tabellen eines Sachverhalts Beziehungen bestehen. Diese Beziehungen lassen sich in einem Datenbanksystem herstellen und für komplexere Abfragen über mehrere Tabellen nutzen.

In diesem Kapitel erfährst du nun, wie du ein Szenario modellierst in dem *die Tabellen miteinander in Verbindung* stehen. Du lernst Regeln kennen, um das erstellte Modell in eine relationale Datenbank zu überführen und erstellst Abfragen über mehrere Tabellen, um miteinander verknüpfte Informationen aus deinem Datenbestand zu erhalten.

Teste dein Können

Nicht nur E-Books werden über Datenbanken verwaltet.

1. In einer Bücherei sind Daten von Büchern, CDs und Bibliotheksnutzern in einer relationalen Datenbank abgelegt.
  a) Analysiere, welche Datentabellen eine Datenbank für einen Bibliotheksbestand haben sollte und modelliere die Tabellen mit Hilfe von Klassenkarten.
  b) Erkläre den Ausdruck „Felder atomisieren" und beachte, ob die Felder deiner Relationen atomisiert sind.
  Welche Felder eignen sich zum Primärschlüssel? Markiere diese entsprechend in deiner Klassenkarte.
  c) Implementiere die Relationen in einem DBMS wie LibreOffice Base.
  d) Überprüfe, ob du sinnvolle Wertebereiche (Datentypen) festgelegt hast. Welchen Datentyp benötigt das Feld „Entliehen"? Erkläre diesen speziellen Datentyp.
  e) Trage je zwei Datensätze pro Tabelle ein.
  f) Erstelle eine Abfrage, die dir die Information liefert, welches deiner Bücher entliehen ist.
  g) Lass dir den Autor eines bestimmten Buches der Tabelle ausgeben.

2. Einen Primärschlüssel braucht jede Relation.
  a) Erkläre, was man unter einem Primärschlüssel versteht.
  b) Beschreibe, wie der Primärschlüssel in den Klassenkarten hervorgehoben wird und welche zwei Möglichkeiten du gelernt hast in deinem DBMS einen Primärschlüssel zu setzen.
  c) Informiere dich über die Begriffe natürliche, künstliche oder kombinierte Schlüssel und finde je zwei Beispiele.

d) Diskutiere, ob sich
- das Geburtsdatum,
- die E-Mail-Adresse,
- das Passwort,
- das Autokennzeichen,
- die Adresse

als natürlicher Schlüssel eignet.

3. Tabellen kann man auf verschiedene Art modellieren.

a) Interpretiere die Schreibweise
Tabelle(<u>Attribut_1</u>, Attribut_2, ..., Attribut_n)
und gib ein Beispiel an.

b) Skizziere dein Beispiel als Tabelle.

c) Setze die Tabelle mit SQL-Befehlen in deinem DBMS um.

4. Auf der Suche nach einem Tierpark hilft die Seite *www.zoo-infos.de* weiter. Hier findet man eine Liste mit allen deutschen Zoos und Tierparks und kann sich über jeden informieren.

a) Modelliere eine Datenbanktabelle mit den sechs Attributen, die für jeden Park angegeben werden.

b) Implementiere dein Modell.

ID	Name	PLZ	ORT	Land	Größe in ha	Tierbestand
0	Vogel- und Tierpark Abensberg	93326	Abensberg	Bayern	2,8	400
1	Falknerei Burg Rabenstein	95491	Ahorntal	Bayern	3	70
2	Tonis Tierpark	88319	Aitrach	Baden-Würtemberg	1,1	200
3	Alb-Aquarium	72458	Albstadt-Ebingen	Baden-Würtemberg		500
4	Tierpark Alsdorfer Weiher	52477	Alsdorf	Nordrhein-Westfalen	30	300

c) Trage die in der Tabelle angegebenen fünf Tierparks in deine Tabelle ein.

d) Erkläre, was man unter den Begriffen Selektion und Projektion versteht.

e) Stelle mit SQL fest, ob sich dein Lieblingszoo in der Liste befindet.

f) Finde mit Hilfe der SELECT-Anweisung heraus, wie viele Tiere Tonis Tierpark beherbergt.

g) Gib per SQL-Befehl eine Liste aller Zoos aus, die in Bayern liegen.

h) Erstelle mit Hilfe von SQL eine Liste aller Zoos nach „Name" sortiert.

5. In Kapitel 5 hast du bereits mit Hanna und Lena gemeinsam an einer Datenbank für einen Onlineshop gearbeitet.

a) Gib an, welche Wertebereiche die Attribute der beiden Tabellen haben sollten und begründe deine Entscheidung.
- **KUNDE(KNr, Nachname, Vorname, Straße, Postleitzahl, Ort)**
- **ARTIKEL(ANr, Hersteller, Produktbezeichnung, Preis)**

b) Erstelle die Datenbanktabellen in deinem DBMS.

c) Erstelle zwei einfache Formulare zur Eingabe der Kundendaten und der Produkte und gib jeweils 5 Personen aus deiner Klasse und 5 Gegenstände, die sich in deiner Schultasche befinden, als Produkte ein.

1 Datenmodellierung mit dem ER-Diagramm

Kardinalitäten

Auch **Assoziation** ist ein bei Datenbanken häufig verwendeter Begriff für die Beziehungen zwischen den Klassen.

Eine wesentliche Eigenschaft von Datenbanken sind Beziehungen **(Relationen)** zwischen den Tabellen, welche man auch englisch **„Relationships"** nennt. Relationships werden durch aussagekräftige Verben beschrieben.

Hanna und Lena wollen ihren Onlineshop möglichst genau modellieren und machen sich Gedanken über die Beziehungen ihrer Tabellen. Sie stellen fest, dass z. B. Kunden Artikel bestellen, diese wiederum vom Kunden bestellt werden.

1. Beschreibe die Beziehungen, die zwischen folgenden Tabellen bestehen:
- FIRMA und MITARBEITER
- BUCH und ENTLEIHER

Die Beziehung „Kunde bestellt Artikel" könnte man also folgendermaßen darstellen:

Für die genaue Beschreibung der Beziehung ist es auch wichtig zu wissen, wie viele der Datenobjekte einer Tabelle einer anderen Tabelle zugeordnet werden können. Diese Anzahl der an einer Beziehung beteiligten Objekte nennt man **Kardinalität.**

Die m:n-Beziehung

Bei der Betrachtung der Kardinalität der Beziehung „Kunde bestellt Artikel", erkennt man, dass
- *ein Kunde mehrere (n)* Artikel bestellen kann,
- umgekehrt *ein* Artikel aber auch von *mehreren (m)* Kunden bestellt werden kann.

Es handelt sich um eine **m:n-Beziehung.**

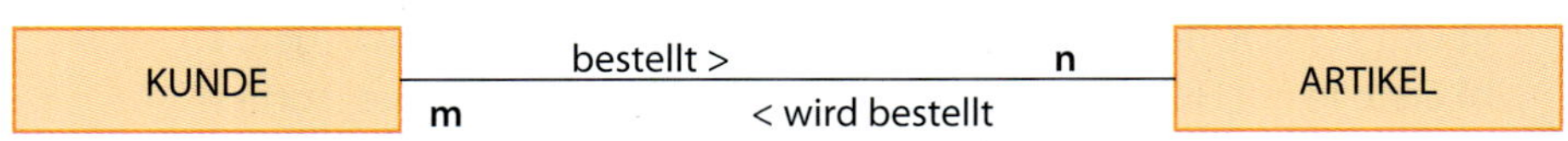

Gelesen wird die Beziehung immer mit einer vorangehenden „Eins" in Pfeilrichtung. Die Rückrichtung ist im Passiv formuliert:
„Ein Kunde bestellt mehrere Artikel, ein Artikel wird von mehreren Kunden bestellt."

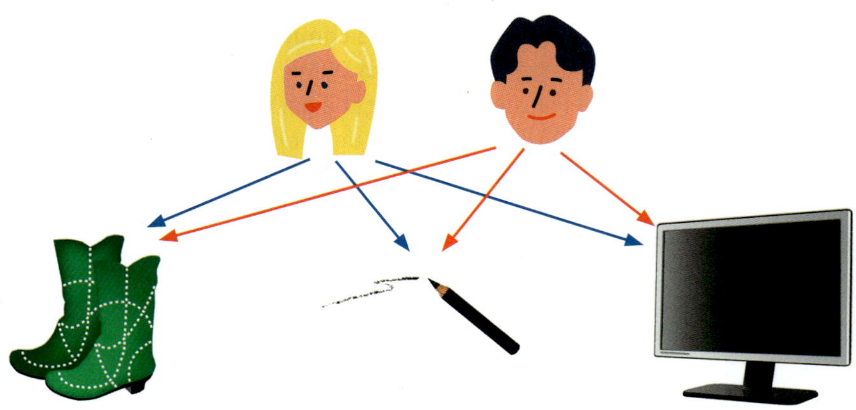

Bei Tabellen mit einer **m:n-Beziehung** kann jeder Datensatz aus Tabelle A mehreren Datensätzen der Tabelle B zugeordnet werden und umgekehrt.

2. Finde ein weiteres Beispiel für eine m:n-Beziehung.

3. Handelt es sich bei den Beispielen aus Aufgabe 1 um m:n-Beziehungen? Begründe.

Die 1:n-Beziehung

Bei der Betrachtung der Kardinalität einer Beziehung „Hersteller erzeugt Artikel“, erkennt man, dass
- *ein* Hersteller *mehrere (n)* Artikel erzeugen kann,
- umgekehrt *ein* Artikel aber nur von *einem (1)* Hersteller erzeugt wird.

Es handelt sich um eine 1:n-Beziehung.

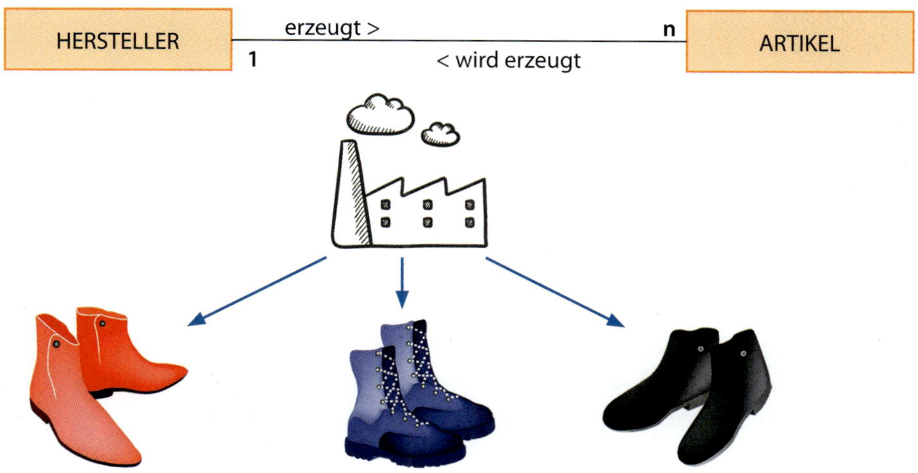

4. Finde drei weitere Beispiele für 1:n-Beziehungen.

> Bei Tabellen mit einer **1:n-Beziehung** kann jeder Datensatz aus Tabelle A mehreren Datensätzen der Tabelle B zugeordnet sein.
> Umgekehrt kann jedoch jedem Datensatz aus Tabelle B nur genau einem Datensatz der Tabelle A zugeordnet werden.

Die 1:1-Beziehung

> Kann jeder Datensatz aus Tabelle A genau einem Datensatz der Tabelle B zugeordnet werden und umgekehrt, so handelt es sich um eine **1:1-Beziehung** zwischen den Tabellen.

Die Beziehung KUNDE – BENUTZERNAME ist die gleiche wie PERSON – FINGERABDRUCK:
- *Ein* Kunde besitzt *einen (1)* Benutzernamen,
- umgekehrt wird *ein* Benutzername von *einem (1)* Kunden besessen.

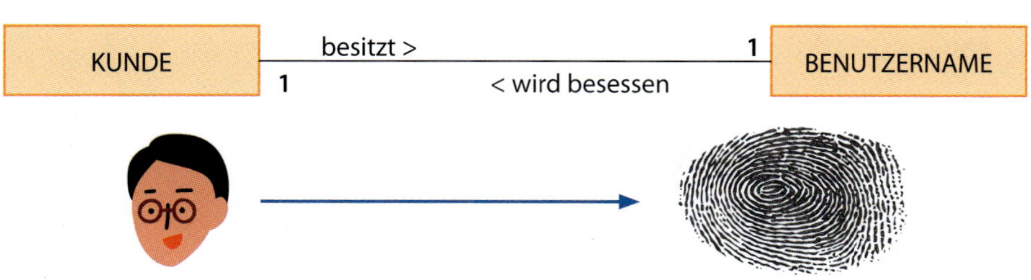

Bei 1:1-Beziehungen sind die Datensätze der beiden Tabellen einander eindeutig zugeordnet. Da Daten, die auf diese Art zueinander in Beziehung stehen sich normalerweise in derselben Tabelle befinden, ist diese Art der Beziehung eher selten sinnvoll.
Sollen Datensätze auf Grund der Übersichtlichkeit oder der Zugriffsrechte jedoch auf mehrere Tabellen aufgeteilt werden, so können 1:1-Beziehungen vorkommen.

5. Finde ein weiteres Beispiel für eine 1:1-Beziehung.

6. Begründe um welchen Beziehungstypen es sich hier jeweils handelt:
- ZOO, TIERBABY
- TIERBABY, TIERMAMA

7. Skizziere die Beziehungen von Aufgabe 6 schematisch.

Das ER-Diagramm

Alle Überlegungen zu den Beziehungen und ihren Kardinalitäten können auch in bestehende grafische Darstellungen der Datenobjekte aufgenommen werden – hier ein Klassendiagramm:

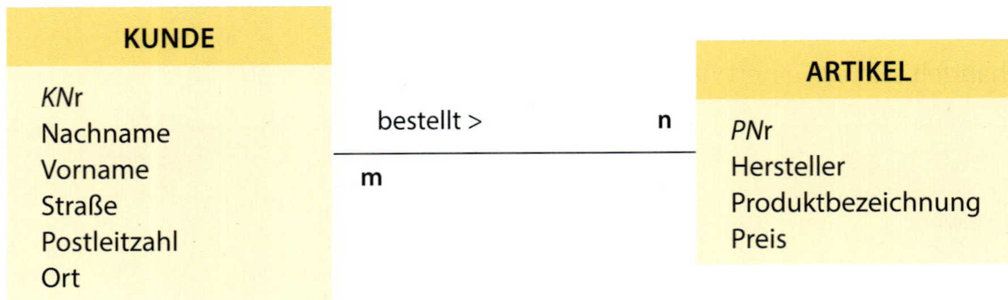

In den Klassendiagrammen werden die Entitäten mit ihren Attributen genau beschrieben. Das gibt einen guten Überblick, ist aber wenig flexibel zu zeichnen. Schneller skizziert ist ein ER-Diagramm.

Eine andere Form der Darstellung eines Datenmodells ist das **Entity-Relationship-Diagramm (ER-Diagramm),** zu Deutsch etwa „Objektbeziehungsdiagramm".

Eine **Entität** (oder **Entity**) ist ein konkretes, eindeutig identifizierbares Datenobjekt, z. B. eine Person, ein Gegenstand aber auch abstrakte Dinge wie Aufträge. Eine Entität ist also sozusagen ein „Irgendetwas".
In einer Tabelle entspricht eine Entität einem Datensatz.

In einer **Entitätsmenge (Klasse)** werden Entitäten mit gleichen Eigenschaften zusammengefasst. Eine Entitätsmenge entspricht einer Tabelle.

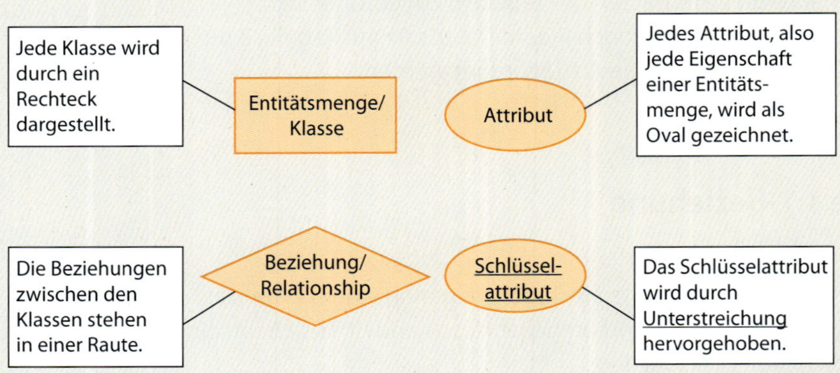

Für das obige Beispiel sieht das ER-Diagramm folgendermaßen aus:

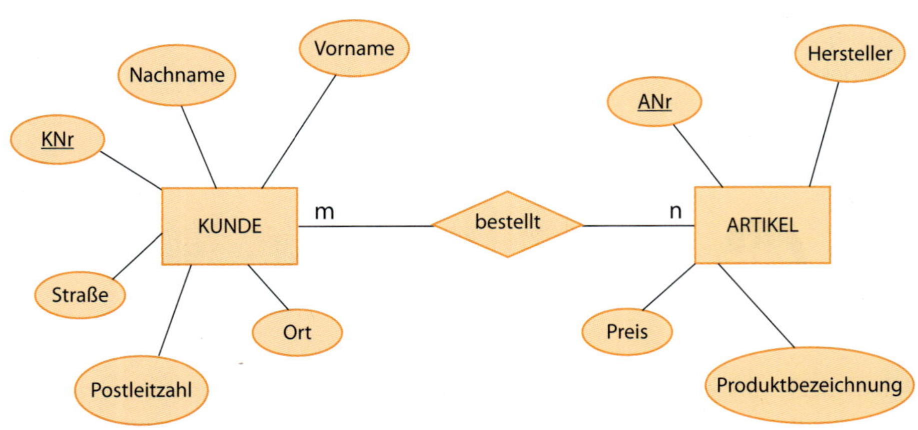

8. Skizziere die Klassen aus Aufgabe 2 mit einem ER-Diagramm.

Auch die Kardinalitäten werden im ER-Diagramm berücksichtigt.

Auch 1:n-Beziehungen und 1:1-Beziehungen können mit dem ER-Diagramm modelliert werden. Die Kardinalität wird auf der Verbindungslinie eingetragen. Gelesen wird wie gewohnt immer mit einer Eins zu Beginn des Satzes.

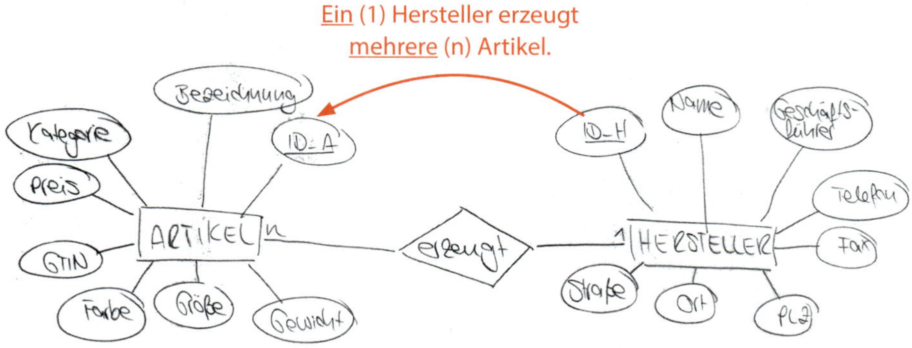

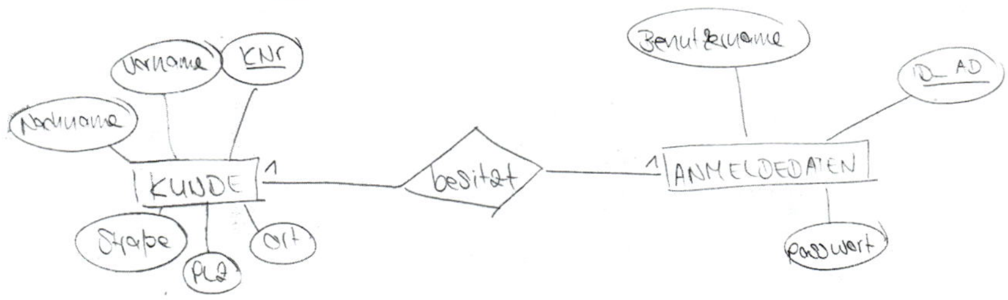

Ein ER-Diagramm kann aus vielen Klassen bestehen, die durch ihre Beziehungen verbunden sind. Die Anordnung ist grundsätzlich beliebig, sollte aber möglichst übersichtlich sein.

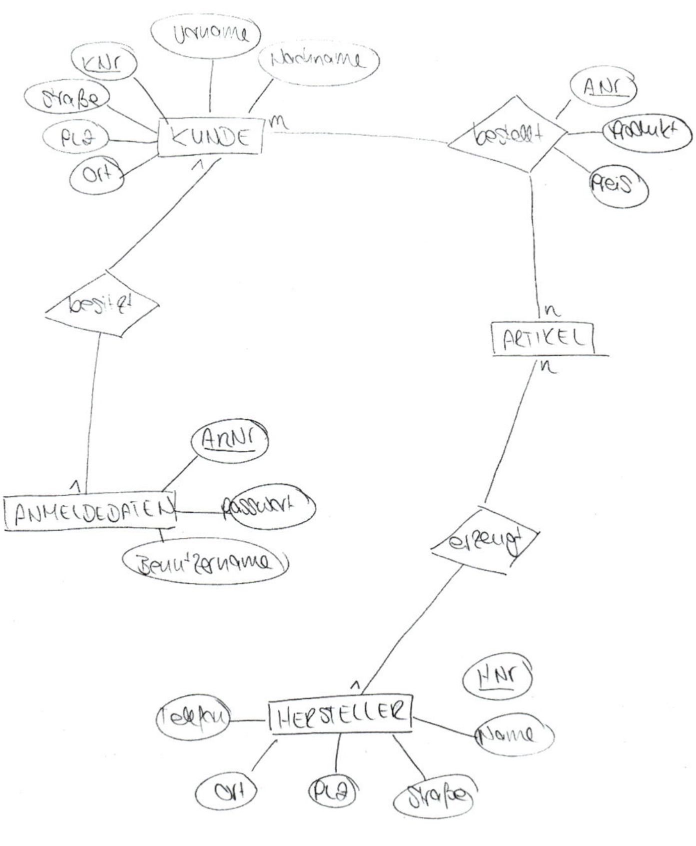

> Das **ER-Diagramm** ist die Grundlage für die spätere Datenbank. Es muss alle Klassen (Entitäten) mit allen Attributen enthalten, die für die Datenbank notwendig sind, sowie deren Beziehungen (Relationships).

Tipp: Ein ER-Diagramm ist handschriftlich schnell flexibel zu erstellen.

9. Finde weitere Attribute, die die dargestellten Klassen beschreiben.

10. Welche Beziehung lässt sich zwischen den beiden ER-Diagrammen herstellen?

Der Einsatz von ER-Modellen ist heute sehr weit verbreitet und dient zur grafischen Datenmodellierung. Das leicht verständliche Modell dient sowohl in der konzeptionellen Phase einer Anwendungsentwicklung als Verständigungsgrundlage zwischen Kunden und Entwicklern, als auch später als Implemetierungsgrundlage.

11. Erstelle ein ER-Diagramm, das die Beziehungen zwischen den Tabellen AUTOR, BUCH und VERLAG darstellt.

2 Abbildung des ER-Diagramms im DBMS

Transformationsregeln

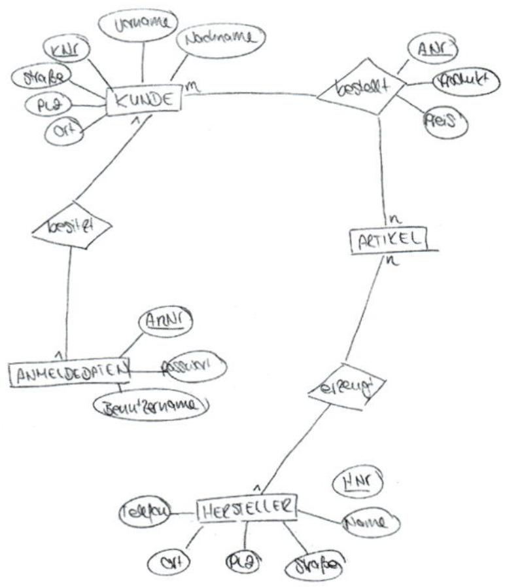

Hanna und Lena wollen das Modell in ihr Programm implementieren. Sie wissen bereits, dass die einzelnen Klassen sich als Tabellen abbilden lassen. Wie sie jedoch die *Beziehungen zwischen den Tabellen* in ihrer Datenbank umsetzen sollen, ist ihnen noch nicht bekannt.
Nach der Modellierung einer Datenbank mit einem ER-Modell (ERM) muss dieses in Tabellen, also in ein **relationales** Modell (RM) umgewandelt werden. Dies ist ein Prozess, der nach festen Regeln abläuft: den **Transformationsregeln (Abbildungsregeln).**

> **Regel 1:** Jede Klasse des ER-Diagramms wird als Tabelle dargestellt.
> Jede Tabelle benötigt einen *Primärschlüssel.*
> **Tabellenname (<u>Primärschlüssel</u>, Attribut_1, Attribut_2,…)**

Beispiel: Wir transformieren unser ER-Modell mit den Klassen KUNDE, ANMELDEDATEN, ARTIKEL und HERSTELLER:

KUNDE(<u>KNr</u>, Nachname, Vorname, Straße, PLZ, Ort)
ANMELDEDATEN(<u>AnNr</u>, Benutzername, Passwort)
ARTIKEL(<u>ANr</u>, Produkt, Preis)
HERSTELLER(<u>HNr</u>, Name, Straße, PLZ, Ort, Telefon)

Tipp: In manchen Fällen kann es gewünscht sein, zwei Tabellen mit einer 1:1-Beziehung beizubehalten.

Bei einem Fremdschlüssel handelt es sich um ein Feld einer Relation, in dem der Primärschlüssel einer anderen Relation steht, das also auf diese andere Relation verweist (▶ folgende Seite).

> **Regel 2:** Zwei Klassen, die im ER-Diagramm durch eine 1:1-Beziehung verbunden sind, werden zu einer Tabelle zusammengefasst.

Beispiel:

KUNDE(<u>KNr</u>, Nachname, Vorname, Straße, PLZ, Ort, Benutzername, Passwort)

> **Regel 3:** Bei zwei Klassen mit einer **1:n-Beziehung** wird der Primärschlüssel der ersten Klasse (**1**:n) als Fremdschlüssel der zweiten Klasse (1:**n**) eingefügt.
> **Tabellenname (<u>Primärschlüssel</u>, Attribut_1, Attribut_2,…, Fremdschlüssel)**

Beispiel:

ARTIKEL(<u>ANr</u>, Produkt, Preis, HNr)
HERSTELLER(<u>HNr</u>, Name, Straße, PLZ, Ort, Telefon)

Die Beziehung heißt: „HERSTELLER erzeugt ARTIKEL" und nicht „ARTIKEL erzeugt HERSTELLER". Damit ist HERSTELLER die erste (1:n)- und ARTIKEL die zweite (1:n)-Klasse.

> **Regel 4:** Für jede **n:m-Beziehung** entsteht eine neue Tabelle, welche die Beziehung der beiden Entitäten beschreibt. Diese Tabelle enthält die Primärschlüssel beider Klassen als Fremdschlüssel. Falls die Beziehung durch eigene Attribute charakterisiert ist, werden diese mit in die Tabelle aufgenommen.
> **Tabellenname (<u>Primärschlüssel</u>, Attribut_1, Attribut_2, …, FS_1, FS_2)**

Beispiel:

KUNDE(<u>KNr</u>, Nachname, Vorname, Straße, PLZ, Ort, Benutzername, Passwort)
ARTIKEL(<u>ANr</u>, Produkt, Preis, HNr)
HERSTELLER(<u>HNr</u>, Name, Straße, PLZ, Ort, Telefon)
BESTELLT(<u>BNr</u>, Anzahl, KNr, ANr)

12. Transformiere dein Modell aus Aufgabe 11.

> Ein **Fremdschlüssel** ist ein Attribut einer Tabelle, das in einer anderen Tabelle ein Primärschlüssel ist. Auf diese Art werden Beziehungen zwischen Entitäten hergestellt.

In dem einfachen Modell der Mädchen existiert eine m:n-Beziehung zwischen den Entitätsklassen KUNDE und ARTIKEL. Nach Regel 4 muss hier eine weitere Tabelle mit den Primärschlüsseln beider Tabellen als Beziehungstabelle eingefügt werden. Diese Tabelle kann sogar eigene Attribute haben, wie z. B. die Anzahl des bestellten Produkts.

BESTELLT(BNr, Anzahl, KNr, ANr)

Das Ergebnis der Transformation ist ein vollständiges relationales Modell, das direkt auf den Computer übertragen werden kann.

KUNDE(KNr, Nachname, Vorname, Straße, Postleitzahl, Ort)
ARTIKEL(ANr, Hersteller, Produkt, Preis)
BESTELLT(BNr, Anzahl, KNr, ANr)

Um zu erkennen, wie die Entitätsklassen nun genau aussehen, kannst du dir das nochmals mit Hilfe von Klassenkarten verdeutlichen.

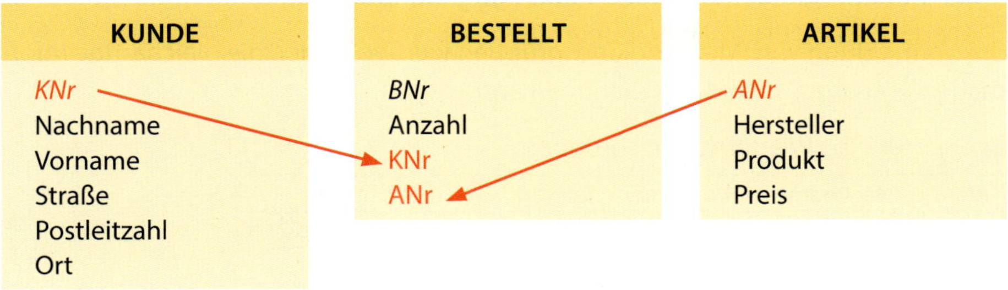

Beide Darstellungsarten (relationales Modell und Klassenkarten) beschreiben die Relationen, zeigen also nichts anderes, als die Tabellenstruktur in vereinfachter Form. Somit lässt sich die Tabelle selbst leicht daraus ableiten.
Die Tabellen von Hanna und Lena haben damit diese Form:

Tabelle **KUNDE**:

KNr	Nachname	Vorname	Straße	Postleitzahl	Ort

Tabelle **BESTELLT**:

BNr	Anzahl	KNr	ANr

Tabelle **ARTIKEL**:

ANr	Hersteller	Produkt	Preis

Der Primärschlüssel muss weder im Modell, noch in der Tabelle an erster Stelle stehen.

13. Skizziere dein Modell aus Aufgabe 12 in Tabellenform.

Je genauer man das ER-Diagramm modelliert hat, umso weniger Probleme treten später bei der Benutzung der Datenbank auf. Manchmal fallen einem Fehler in der Struktur aber auch erst auf, wenn man mit der Datenbank arbeitet. Um solche späteren **Anomalien** zu vermeiden, muss man wissen an welchen Stellen Datenbanken fehleranfällig sind und entschärft (normalisiert) werden müssen.

Atomisierung

Du weißt bereits, dass es für eine saubere Speicherung sinnvoll ist, die Attribute zu zerlegen und auf mehrere Felder aufzuteilen. So hast du bereits die Relation

KUNDE(KNr, Adresse) atomisiert in
KUNDE(KNr, Vorname, Straße, Postleitzahl, Ort).

Die Atomisierung von Daten dient dazu, dass Abfragen der Datenbank ermöglicht werden. So ist es kaum möglich, ein Feld, das Straße, Postleitzahl und Ort enthält nach Postleitzahlbereichen sortiert auszugeben.

Als **Redundanzen** bezeichnet man mehrfaches Festhalten des gleichen Sachverhalts, *also sich unnötig wiederholende Einträge.*
Generell gilt, dass ein sauber modelliertes ER-Modell in ein bereits redundanzfreies Relationenmodell überführt werden kann.

Korrekte Datenspeicherung – Normalsierung

Neben der Atomisierung der Datenfelder, sollte man die Datenbankstruktur weiter „aufräumen", so dass auch bei der Änderung und Löschung von Daten des Datenbestandes keine Fehler **(Anomalien)** auftreten, was hauptsächlich durch redundante Einträge passieren kann.
Man spricht von der **Normalisierung** der Datenstruktur.

Vermeidung von Wiederholungsgruppen

Zur Vermeidung von Wiederholungsgruppen werden Felder, die gleichartige Information enthalten, in andere Relationen ausgelagert.

14. Finde ein weiteres Beispiel für eine Wiederholungsgruppe.

Beispiel für eine Wiederholungsgruppe:

KNr	Nachname	Vorname	Telefon
3	Polleit	Patricia	08442 983765; 08442 983777
4	Hofmann	Andi	0921 763501

Es macht keinen Sinn, die Information auf mehrere Datensätze zu verteilen, da ansonsten redundante Daten entstehen würden und auch der Primärschlüssel nicht mehr eindeutig wäre:

SO NICHT!

KNr	Nachname	Vorname	Telefon
3	Polleit	Patricia	08442 983765
3	Polleit	Patricia	08442 983777
4	Hofmann	Andi	0921 763501

Tipp: In Fällen, in denen man sich sicher ist, dass man eine feste Anzahl von Nummern speichern möchte, kann man die Felder auch so in der Tabelle belassen. Formulare bieten daher oft nur die Möglichkeit eine Telefonnummer (und zusätzlich vielleicht noch eine Handy- und eine Faxnummer) einzugeben an.

Auch die Aufteilung auf weitere Felder ist nicht sinnvoll, da ja weitere Telefonnummern hinzukommen könnten. Bei der Modellierung einer Relation muss aber klar sein, welche und wie viele Felder sie haben soll. Es darf niemals nötig sein, nach der Implementierung weitere Felder aufnehmen zu müssen.

SO NICHT!

KNr	Nachname	Vorname	Telefon1	Telefon2
3	Polleit	Patricia	08442 983765	08442 983777
4	Hofmann	Andi	0921 763501	

Einfügeanomalie

Eine Datenstruktur die leere Zellen ermöglicht, kostet Speicherplatz und ist somit unerwünscht. Bei auftretenden leeren Zellen spricht man von **Einfügeanomalien.**

Lösung des Problems:
Um keine Wiederholungsgruppe zu erzeugen, werden die Daten in eine andere Relation ausgelagert. Über einen Fremdschlüssel werden die Tabellen miteinander verbunden. Somit können die Daten später mit Hilfe des Fremdschlüssels wiedergefunden werden:

KNr	Nachname	Vorname
3	Polleit	Patricia
4	Hofmann	Andi

ID_T	Telefon	**KNr**
1	08442 983765	**3**
2	08442 983777	**3**
3	0921 763501	**4**

ABER SO!

Die Kundennummer des Kunden dient in der Tabelle der Telefonnummern als Fremdschlüssel.

Vermeidung von Dateninkonsistenz

Als **inkonsistent** bezeichnet man Daten, die zwar gültig, aber ohne Zusammenhang sind. Jede Relation sollte nur einen Sachverhalt, also sachlich zusammengehörige Informationen darstellen.
Dadurch werden Redundanzen verringert und somit verhindert, dass bei der Aktualisierung einer Datenbank Fehler auftreten.

Beispiel für eine Inkonsistenz:

KNr	Nachname	Vorname	Straße	PLZ	Ort
1	Gradl	Julia	Käthe-Hoppe-Weg 8	91074	Herzogenaurach
2	Reichel	Johanna	Schwedenstraße 6	85283	Wolnzach
3	Polleit	Patricia	Weinstraße 10	21684	Stade
4	Hofmann	Andi	Zirkusstraße 69	95448	Bayreuth
5	Reichel	Magdalena	Hans-Sachs-Straße 21	85283	Wolnzach

Durch die Angabe der Postleitzahl und des Ortes in der gleichen Tabelle, entstehen Redundanzen. In einem Onlineshop leben oft viele der Kunden am selben Ort.
Es gibt viele Beispiele für die Umbenennung von Städten. Wird der Wohnort in derselben Tabelle festgehalten wie der Rest der Kundendaten, so müsste er in diesem Fall bei jedem Datensatz geändert werden.

Lagert man Postleitzahl und Ort als sachlich zusammengehörig in eine andere Tabelle aus und verbindet die Tabellen über einen Fremdschlüssel, braucht man den Ortsnamen nur einmal zu ändern.

Lösung des Problems

KNr	Nachname	Vorname	Straße	ID_Ort
1	Gradl	Julia	Käthe-Hoppe-Weg 8	1
2	Reichel	Johanna	Schwedenstraße 6	2
3	Polleit	Patricia	Weinstraße 10	3
4	Hofmann	Andi	Zirkusstraße 69	4
5	Reichel	Magdalena	Hans-Sachs-Straße 21	1

ID_Ort	PLZ	Ort
1	91074	Herzogenaurach
2	85283	Wolnzach
3	21684	Stade
4	95448	Bayreuth

Somit hat man zwei konsistente Tabellen und die Wahrscheinlichkeit für eine Anomalie, sowie auch der Arbeitsaufwand bei der Aktualisierung der eingetragenen Orte sinkt.

> Unter der **Normalisierung** einer relationalen Datenstruktur versteht man die Aufteilung von Attributen auf mehrere Relationen (Tabellen), so dass eine Form entsteht, die keine vermeidbaren Redundanzen mehr enthält.

Natürlich kann man darüber diskutieren, wie weit man eine Datenstruktur normalisieren muss. Es hängt vor allem vom tatsächlichen Sachverhalt ab, wie komplex man die Struktur gestalten möchte.
In einem Onlineshop beispielsweise, achtet ein Nutzer wohl im eigenen Interesse darauf, dass seine Adresse aktuell ist.
In einem abgeschlossenen System, wie z.B. der Schülerdatenbank deiner Schule, wäre es hingegen eine Zumutung, müsste jeder Schülerdatensatz einzeln bearbeitet werden, wenn sich ein Orts- oder Straßenname ändert.

Eine weitere Anomalie tritt auf, wenn bei der Aktualisierung von Daten diese nicht an allen Stellen der Datenbank geändert werden. Man spricht von einer **Update-anomalie.**
Gehen durch Löschen von Daten mehr Informationen verloren als erwünscht, so spricht man von einer **Löschanomalie.** Wird in der nebenstehenden Tabelle z.B. der erste, dritte oder vierte Datensatz gelöscht, so verschwindet damit auch jegliche Information über die Postleitzahlen der entsprechenden Orte.

Beispiele für Ortsnamenänderungen:
- Chemnitz hieß von 1953–1990 Karl-Marx-Stadt
- Das berühmte Stalingrad (1925–1961) war vorher unter dem Namen Zarizyn bekannt und heißt heute Wolgograd.
- Sankt Petersburg hieß zwischenzeitlich Petrograd (1914–1924) und Leningrad (1924–1991)

Es können hier leicht Updateanomalien auftreten, wenn die Orte ihren Namen ändern, aber die Datenbank ohne Fremdschlüssel arbeitet.

15. Eine Tabelle FUSSBALL enthält die Attribute Spielername, Spielernummer und Verein. Normalisiere die Tabelle sinnvoll.

Tipp:
Arbeitsaufwand ≙ Zusatzkosten!

16. Finde im Internet Informationen zu dem Werbeslogan: *„Raider heißt jetzt Twix, sonst ändert sich nix."* und begründe, wo diese Änderung in einer Datenbank zu Problemen führen kann.

Umsetzung eines relationalen Datenmodells

Zur Implementierung des entstandenen relationalen Modells muss man sich nun nur noch Gedanken zu den Datentypen der Attribute machen.

Tabellenname(<u>Primärschlüssel:Typ,</u> Attribut1:Typ, Attribut2:Typ, ...)

Sind die Tabellen wie gewohnt in das Programm aufgenommen, so werden die zusammengehörigen Schlüsselattribute miteinander verbunden.

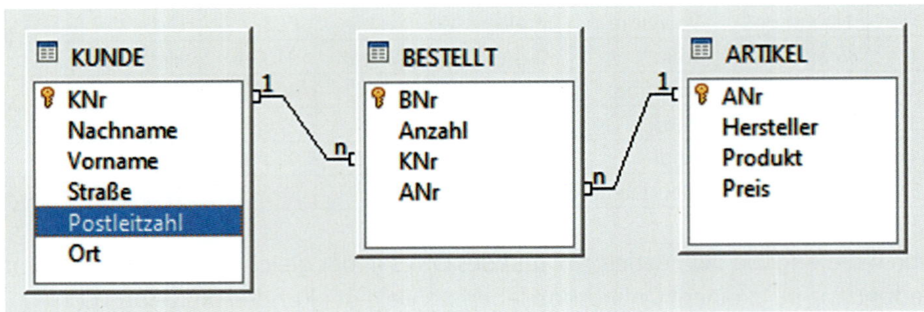

Nun haben Hanna und Lena ihr Modell nach den Transformationsregeln in Relationen umgewandelt und in ihrem DBMS implementiert. Was der Sinn hinter den Beziehungen ist, wird aber erst bei der Arbeit mit der Datenbank wirklich klar.
Dazu pflegen Hanna und Lena zunächst einige Kunden, Artikel und Bestellungen in ihre Datenbank ein.
Wir haben bereits gelernt, dass die Eingabe von Daten über Formulare sehr einfach zu bewerkstelligen ist, aber auch mit dem SQL-Befehl „INSERT" möglich ist.

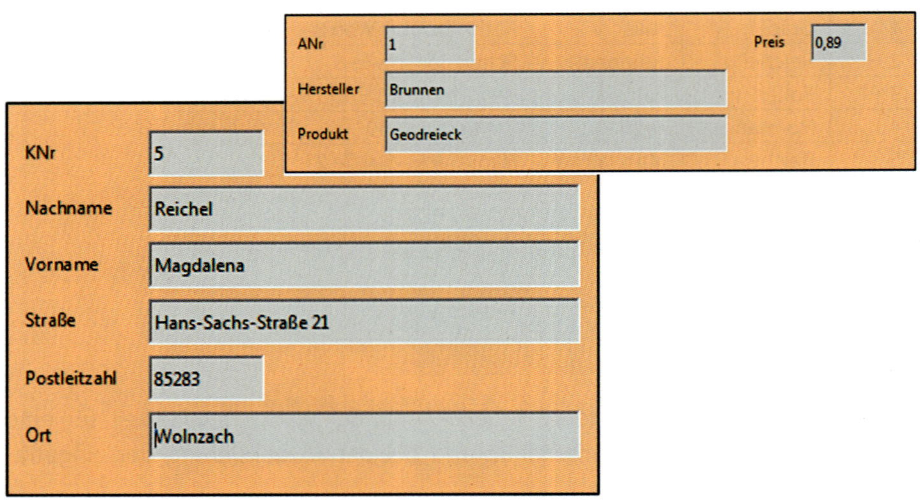

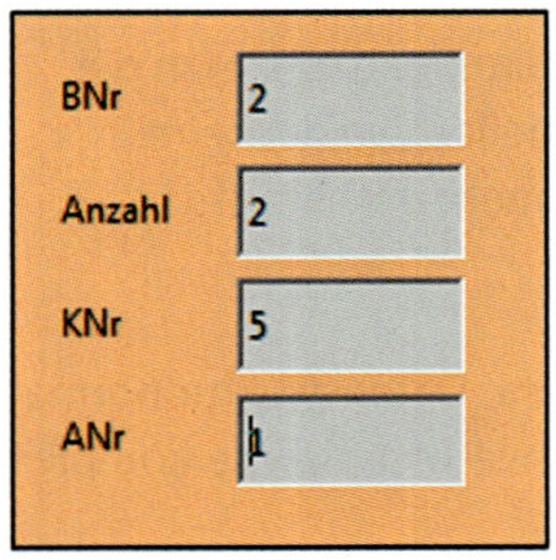

Mit der Eingabe dieser Daten in das Bestellformular wird ein Datensatz erzeugt, bei dem Kunde 5 den Artikel „1" zweimal kauft. Siehst du dir diese Datensätze im Formular an, so weißt du, dass Magdalena Reichel zwei Geodreiecke bestellt hat.

Auch eine Möglichkeit:

```
INSERT INTO BESTELLT (Anzahl, KNr, ANr) VALUES (2,5,1);
```

Tipp: Eine Übersicht über die wichtigsten Datentypen findest du auf Seite 95.

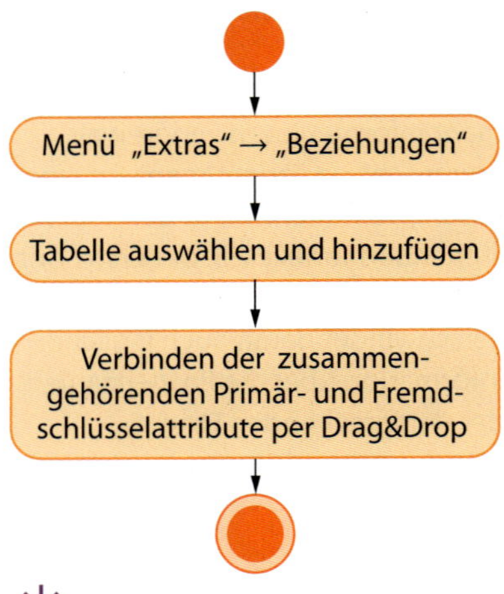

Das optische Verbinden der Tabellen ist nur in den Office-Programmen notwendig.
Zum Setzen der eigentlichen Beziehung benötigt man lediglich die Fremdschlüssel.

Achtung! Mit Umlauten in Tabellennamen kommen viele DBMS nicht zurecht!

17. Du hast bereits zwei der drei Tabellen umgesetzt und mit einigen Datensätzen bestückt. Hast du diese Aufgabe bereits erledigt, ergänze sie nun um die dritte Tabelle.

Tipp: Wie Formulare zur Eingabe von Daten erstellt werden können, kannst du dir auf Seite 99 nochmals ansehen.

18. Füge einige Bestellungen über den SQL-INSERT-Befehl ein und überprüfe die entstandenen Tabelleneinträge.

3 Abfragen über mehrere Tabellen

Du weißt bereits, wie man mit SQL-Abfragen Informationen aus einer Tabelle gewinnt.

Erinnere dich, möchte man den *Inhalt von ausgewählten Feldern* einer Tabelle abfragen, so handelt es sich um eine **Projektion.** Möchte man die *Auswahl auf Datensätze einschränken,* die bestimmten Kriterien entsprechen, so handelt es sich um eine **Selektion.**
Auch Kombinationen von Projektion und Selektion sind möglich:

Tipp: SELECT-Befehle hast du bereits in Kapitel 5 kennengelernt.

Syntax	Funktion

`SELECT KNr, Vorname, Nachname`
`FROM KUNDE`
`WHERE Nachname = 'Reichel';`
	Hier wird eine Liste der Kunden mit dem Nachnamen Reichel und den zugehörigen Kundennummern erfragt.

Da wir nun über durch Beziehungen verknüpfte Tabellen verfügen, können wir Informationen gewinnen, die beide Tabellen betreffen, wie beispielsweise eine Liste der Bestellungen. Hier ist nicht interessant, was man aus der Beziehungstabelle BESTELLUNG erfahren kann, sondern welcher Kunde was bestellt hat.

19. Interpretiere diese SQL-Anweisung. Führe die Abfrage in deinem DBMS aus und analysiere das Ergebnis.

Syntax	Funktion

`SELECT KUNDE.Nachname,`
`       KUNDE.Vorname,`
`       ARTIKEL.Produkt`
`FROM   KUNDE, Artikel;`
	Es muss angegeben werden, aus welcher der Tabellen das jeweilige Attribut stammt, da Attributnamen in verschiedenen Tabellen gleich sein können, (z. B. „Name", „ID",...).

„TABELLE.Attribut" gibt an, zu welcher Tabelle das genannte Attribut gehört.
So ist z. B. „HERSTELLER.Name" der Name des Herstellers und in einer Tabelle „HERSTELLER" gespeichert. „KUNDE.Name" ist der Name des Kunden aus der Tabelle „KUNDE".

Betrachtet man die Ergebnistabelle dieser Abfrage, stellt man fest, dass nicht alle Datensätze sinnvoll sind.
Alle Artikel wurden mit allen Kunden kombiniert

Nachname	Vorname
Gradl	Julia
Reichel	Johanna
Polleit	Patricia
Hofmann	Andi
Reichel	Magdalena

Datensatz 1 von 5

×

Produkt	Hersteller
Geodreieck	Brunnen
Lineal	Brunnen
Lineal	Staedler
Bleistiftset	Herlitz
Bleistiftset	Faber-Castell
Bleistiftset	LYRA
Radiergummi	Läufer
Radiergummi	Staedler
Spitzer	Staedler
Spitzer	Faber-Castell

Datensatz 1 von 10

Nachname	Vorname	Produkt
Gradl	Julia	Geodreieck
Gradl	Julia	Lineal
Gradl	Julia	Lineal
Gradl	Julia	Bleistiftset
Gradl	Julia	Bleistiftset
Gradl	Julia	Bleistiftset
Gradl	Julia	Radiergummi
Gradl	Julia	Radiergummi
Gradl	Julia	Spitzer
Gradl	Julia	Spitzer
Reichel	Johanna	Geodreieck
Reichel	Johanna	Lineal
Reichel	Johanna	Lineal
Reichel	Johanna	Bleistiftset
Reichel	Johanna	Bleistiftset
Reichel	Johanna	Bleistiftset
Reichel	Johanna	Radiergummi
Reichel	Johanna	Radiergummi
Reichel	Johanna	Spitzer
Reichel	Johanna	Spitzer
Polleit	Patricia	Geodreieck
Polleit	Patricia	Lineal
Polleit	Patricia	Lineal

Datensatz 1 von 50

Kreuzprodukt nennt man die Menge die entsteht, wenn man jedes Objekt der einen Relation mit jedem Objekt der anderen Relation kombiniert.

In dieser Abfrage ist zwar angegeben, welche Attribute ausgegeben werden sollen, aber es fehlt die Information darüber, durch welche Attribute die Beziehung zwischen den Tabellen festgelegt ist. Es fehlt die Verbindung zwischen dem Primär- und dem Fremdschlüssel.

Der Verbund/Join

Ein **Join** verbindet zwei Relationen. Dazu wird erst einmal wie oben beschrieben das *Kreuzprodukt* aller Datensätze gebildet. Allerdings werden hieraus nur die Entitäten gewählt, *die in einer Beziehung zueinander stehen*, und zwar in einer Beziehung, die gewisse Voraussetzungen erfüllt (Selektion).

Die Verbindung der Tabellen KUNDE und ARTIKEL wird durch die Fremdschlüssel der Beziehungstabelle BESTELLT festgelegt.

Hinweis: Mit **AND** (und) können beliebig viele Selektionskriterien aneinandergehängt werden.
Bei direkt miteinander verbundenen Tabellen (1:n-Beziehung) reicht ein Kriterium für den Join.

Syntax	Funktion
`SELECT KUNDE.Nachname, KUNDE.Vorname, ARTIKEL.Produkt FROM KUNDE, BESTELLT, ARTIKEL WHERE KUNDE.KNr = BESTELLT.KNr AND ARTIKEL.ANr = BESTELLT.ANr;`	Durch Hinzufügen der Tabelle „BESTELLT" und der Selektion der Datensätze, die in dieser Relation stehen, entsteht ein Join.

```
SELECT KUNDE.Nachname,
       KUNDE.Vorname,
       ARTIKEL.Produkt
FROM KUNDE, BESTELLT, ARTIKEL
WHERE KUNDE.KNr = BESTELLT.KNr
AND ARTIKEL.ANr = BESTELLT.ANr;
```

Die Betrachtung der Ergebnistabelle ergibt nun die durch die Beziehungstabelle verbundenen Objekte, also die tatsächlich bestellten Produkte aus.

20. Schränke den Join mit einem weiteren AND auf die Daten eines bestimmten Kunden ein.

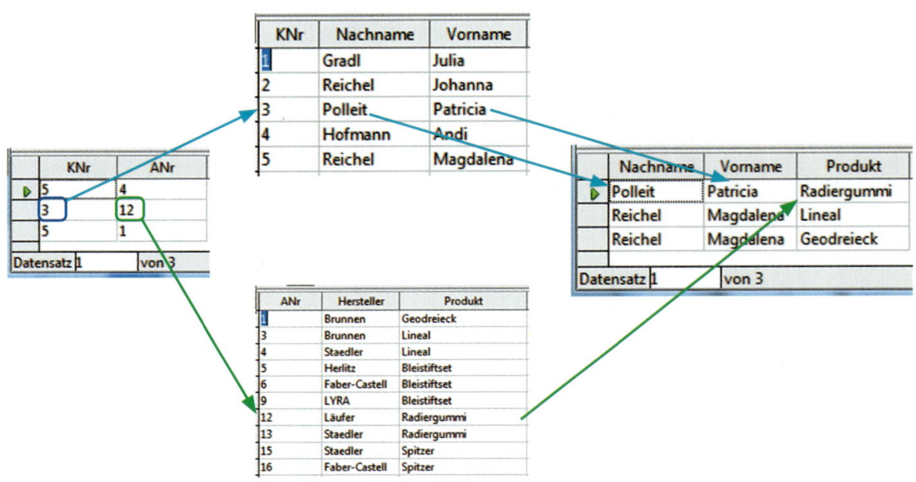

21. Erstelle eine Abfrage, die alle relevanten Daten für Rechnungen zurückgibt.

Die Abfrage lässt sich für verschiedene Zwecke beliebig anpassen.
Für die Erstellung einer Rechnung beispielsweise sind die bestellten Artikel von nur einem Kunden relevant, dafür aber mit Kundennummer und Adresse sowie Anzahl und Preis des bestellten Produkts.

KNr	Nachname	Vorname	Straße	Postleitzahl	Ort	ANr	Hersteller	Produkt	Preis	Anzahl
5	Reichel	Magdalena	Hans-Sachs-Straße 21	85283	Wolnzach	4	Staedler	Lineal	2,05	1
5	Reichel	Magdalena	Hans-Sachs-Straße 21	85283	Wolnzach	1	Brunnen	Geodreieck	0,89	2

Datensatz 1 von 2

22. Interpretiere diese SQL-Anweisung. Führe die Abfrage in deinem DBMS aus und analysiere das Ergebnis. Interpretiere die nebenstehende SELECT-Anweisung und vergleiche sie mit der von dir für Aufgabe 21 erstellten.

Syntax	Funktion
`SELECT KUNDE.*, ARTIKEL.*, BESTELLT.Anzahl FROM KUNDE, BESTELLT, ARTIKEL WHERE KUNDE.KNr = BESTELLT.KNr AND ARTIKEL.ANr = BESTELLT.ANr AND KUNDE.Nachname = 'Reichel';`	Durch den Stern * werden alle Attribute der jeweiligen Tabelle abgefragt.

```
SELECT KUNDE.*,
       ARTIKEL.*,
       BESTELLT.Anzahl
FROM KUNDE, BESTELLT, ARTIKEL
WHERE KUNDE.KNr = BESTELLT.KNr
AND ARTIKEL.ANr = BESTELLT.ANr
AND KUNDE.Nachname = 'Reichel';
```

Verfeinern der Abfragen

Neben den bereits gelernten Befehlen gibt es eine Vielzahl von Möglichkeiten die Abfragen noch zu verfeinern.

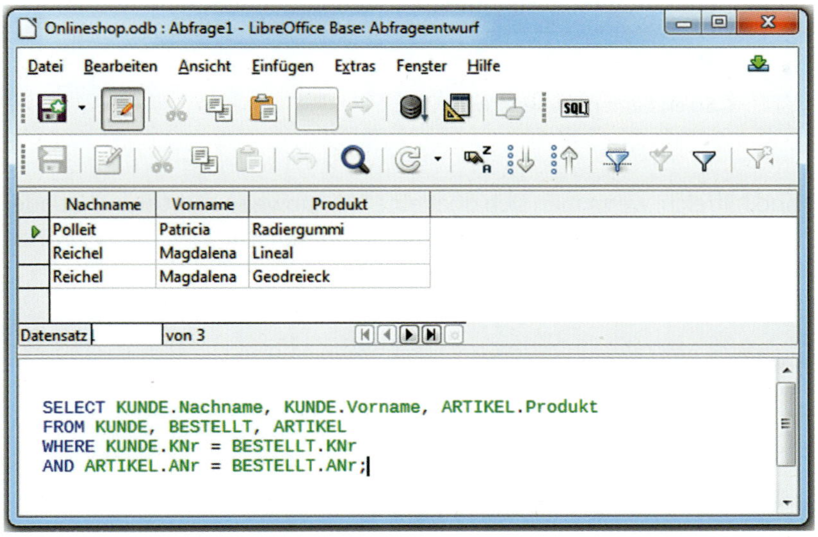

Abfrage in SQL-Ansicht erstellen...

Base bietet die Möglichkeit Abfragen direkt auszuführen.

Vergleichsoperatoren kennst du aus der Mathematik. Hier vergleichst du Zahlenwerte auf Übereinstimmung. Die gleichen Operatoren gelten beim Vergleich von Attributwerten, die ja nicht nur aus Zahlen, sondern aus beliebigen Zeichenketten bestehen können.

Operator	Funktion
=	Sucht nach **exakt gleichen** Attributwerten.
LIKE	Gesucht wird nach Attributwerten die **„ähnlich"** der Anfrage lauten. Das ist bei Wildcards (siehe nächste Seite) wichtig, wenn z. B. nicht genau nach der Zeichenkombination „M??er" sondern eigentlich nach ähnlichem (Mayer, Meier, ...) gesucht wird.
< bzw. <= > bzw. >=	Sucht nach Werten, die **kleiner/kleiner gleich** oder **größer/größer gleich** dem angegebenen Wert sind.
<>	Sucht Einträge, die **ungleich** dem angegebenen Zahlenwert sind, bzw. die den Attributwert **nicht enthalten.**

Auch mit `OR` (oder) können beliebig viele Selektionskriterien aneinandergehängt werden. Die Suche wird hier nicht wie beim `AND` eingeschränkt, sondern ausgeweitet.

Beispiele:

```
SELECT Produkt, Hersteller
FROM ARTIKEL
WHERE Preis <= 1.00;
```

23. Interpretiere die Abfrage. Welche Werte liefert sie?

```
SELECT ARTIKEL.Produkt, ARTIKEL.Hersteller, ARTIKEL.Preis
FROM KUNDE, ARTIKEL, BESTELLT
WHERE KUNDE.KNr = BESTELLT.KNr
AND ARTIKEL.ANr = BESTELLT.ANr
AND ARTIKEL.Preis >= 2.00
OR ARTIKEL.Preis <= 1.00;
```

```
SELECT ARTIKEL.Produkt, ARTIKEL.Hersteller, ARTIKEL.Preis
FROM KUNDE, ARTIKEL, BESTELLT
WHERE KUNDE.KNr = BESTELLT.KNr
AND ARTIKEL.ANr = BESTELLT.ANr
AND (ARTIKEL.Preis >= 2.00
OR ARTIKEL.Preis <= 1.00);
```

24. Worin liegt der Unterschied in den beiden Abfragen? Wie wirkt sich das auf die Ergebnistabelle aus?

Der Begriff Wildcard stammt vom Poker.

25. Durch welchen Platzhalter sind folgende Wörter verbunden?
- Lunte
- Ungetüm
- rund

26. Finde fünf Wörter mit *mpf*.

27. Vergleiche die drei Abfragen. Worin liegt der Unterschied in der Ergebnistabelle?

28. Interpretiere die Abfrage. Beschreibe, welches Ergebnis sie liefert.

Wildcards (oder Platzhalter) ersetzen Zeichenfolgen. Eine Wildcard kennst du schon. Das Sternchen „*“.

Wildcard	Funktion
`?` und `_`	Ersetzen ein einzelnes Zeichen
`*` und `%`	Ersetzen beliebig viele Zeichen
`#`	Ersetzt einen numerischen Wert

Wildcards sind hilfreich, wenn man sich über eine Schreibweise nicht sicher ist oder nach Einträgen sucht, die ein gleiches Merkmal aufweisen. Die Platzhalter können an jeder Stelle des Eintrags eingesetzt werden.

Syntax	Funktion
`SELECT Vorname, Nachname FROM KUNDE WHERE Nachname LIKE 'R*';`	Die Abfrage findet alle, deren Nachname mit „R“ beginnt.
`SELECT Vorname, Nachname FROM KUNDE WHERE Nachname LIKE 'M??er';`	Die Selektion **„M??er“** findet die Einträge **Maier, Mayer, Meier** und **Meyer** aber **nicht Meyr.** ...`WHERE Nachname LIKE 'M??er' OR Nachname LIKE 'M??r';`

Beispiele

```
SELECT *
FROM KUNDE
WHERE Straße LIKE '*str*' OR Straße LIKE '*Str*' ;
```

```
SELECT *
FROM KUNDE
WHERE Straße LIKE '*str*';
```

```
SELECT *
FROM KUNDE
WHERE Straße LIKE '*str*' AND Straße LIKE '*Str*' ;
```

```
SELECT KUNDE.Nachname, KUNDE.Vorname, ARTIKEL.Produkt
FROM KUNDE, BESTELLT, ARTIKEL
WHERE KUNDE.KNr = BESTELLT.KNr
AND ARTIKEL.ANr = BESTELLT.ANr
AND Nachname LIKE 'R*';
```

4 Formulare

Erfassung und Speicherung

Du kannst bereits einfache Formulare zur Datenerfassung erstellen.

Da ein Entwickler nicht davon ausgehen kann, dass die Benutzer seiner Datenbank sich mit dem Umgang von Datenbankmanagementsystemen auskennen oder diese verstehen, kann die Datenerfassung mit Hilfe von Formularen übersichtlich und eindeutig gestaltet werden.
Das Formular ist eine reine Benutzeroberfläche, die es jedem ermöglicht Daten zu erfassen, zu aktualisieren oder zu löschen.

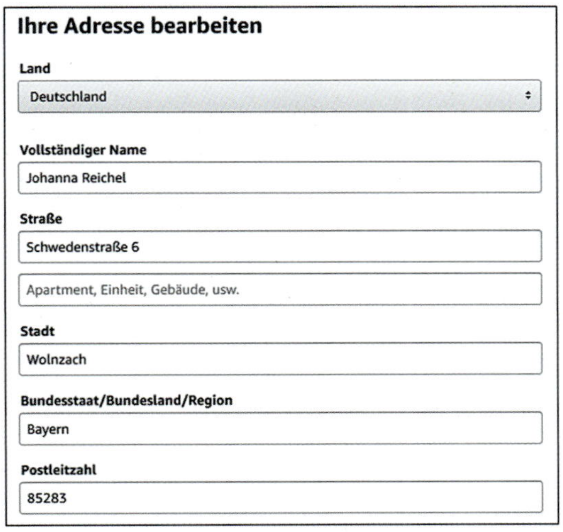

Über Formulare wird festgelegt, auf welche Felder ein Nutzer Zugriff hat. Das minimiert das Risiko, ungewollt (oder auch gezielt) die Datenbasis durch falsche Eingaben unbrauchbar zu machen.

Vor der Speicherung der eingegebenen Daten wird überprüft, ob diese sinnhaft bezüglich vorher festgelegter Kriterien sind (wie Textlänge, Zahlenwert, Pflichteingabe, ect.). Diese Überprüfung nennt man **Validierung.**

Du hast gelernt, dass der Datentyp VARCHAR für beinahe jede Eingabe in Frage kommt. Sowohl „Johanna" als auch „06.06.2013" oder „85283" sind Zeichenketten. Grenzt man die Eingabemöglichkeiten jedoch nicht über den Datentypen weiter ein, werden alle Zeichenketten bis 100 Zeichen als valide anerkannt und ein Geburtsdatum kann auch „Hoppe, hoppe Reiter" sein.
Die Überlegungen zu gültigen Wertebereichen erfolgt bereits bei der Modellierung. Ist in der Datenbankstruktur ein ungeeigneter Datentyp festgelegt, ist es zu spät.

Bestandteile von Formularen

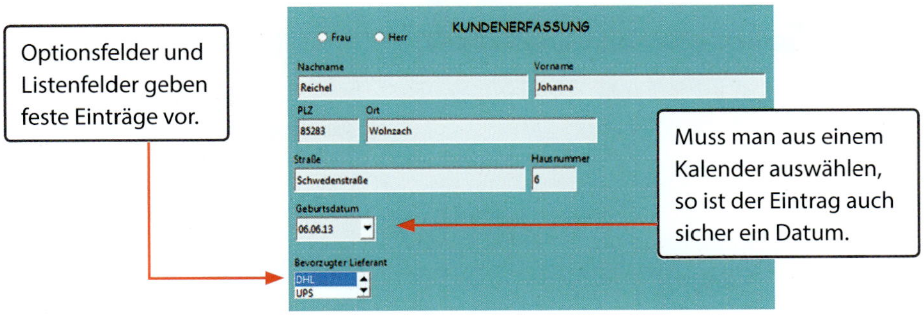

Der DAU (dümmster anzunehmender User) beschreibt einen Computerbenutzer ohne Grundlagenwissen und Sachverständnis, der grobe Fehler im Umgang mit dem Computer begeht.
Der Begriff spielt besonders bei der Entwicklung von Software eine Rolle: Anwendungen, die durch einen DAU beschädigt werden können, sind schlecht geschrieben.

Im Gegensatz zur **Verifikation** überprüft die **Validierung** nicht die Richtigkeit der eingegebenen Daten. Die Eingabe von „Spinat" als Vorname ist für das Programm eine valide Eingabe, trotzdem heißt wohl niemand so.

29. Finde Beispiele für Formulare, die du bereits genutzt hast. Traten hierbei Probleme auf?

30. Entscheide, welches der sinnvollste Datentyp für die Eingabe der folgenden Daten ist:
- Geburtsdatum
- Kontonummer
- IBAN
- Passwort

Formulare werden über den Programmassistenten angelegt. Das bedeutet, dass es sich von DBMS zu DBMS stark unterscheidet, wie ein Formular entsteht. Hier wird beschrieben, wie Formulare in Base realisiert werden.

Neben einfachen Eingabefeldern, in die der Benutzer Text eingeben kann, können in einem Formular auch andere Arten von Eingabefeldern verwendet werden. Auch über einen sinnvoll gewählten Typen lassen sich fehlerhafte Datensätze reduzieren.

Anlegen eines neuen Formulars

Ein aufwendiger gestaltetes Eingabeformular wird zunächst genauso erzeugt, wie ein ganz schlichtes. Die Anpassungen finden erst im Nachhinein (Rechtsklick → Bearbeiten) statt.
Hat man alle Felder, die man zur Datenerfassung braucht, kann man sich diese zunächst mitsamt der Beschriftung durch Drag&Drop anordnen.
Die Beschriftung entspricht automatisch den Attributnamen der Tabelle. Möchte man dies ändern, so muss man wissen, dass die Eingabefelder mit den Beschriftungen zusammen jeweils eine *Gruppe* bilden. Betritt man diese Gruppe, so kann man sowohl das Textfeld selbst (Breite, Höhe) als auch den Text ändern.

Tipp: Das Anlegen von einfachen Eingabefeldern über den Assistenten kannst du auf Seite 99 f. wiederholen.
Hinweis: Öffnest du dein mit dem Assistenten erstelltes Formular im Entwurfsmodus, kannst du es weiterbearbeiten.

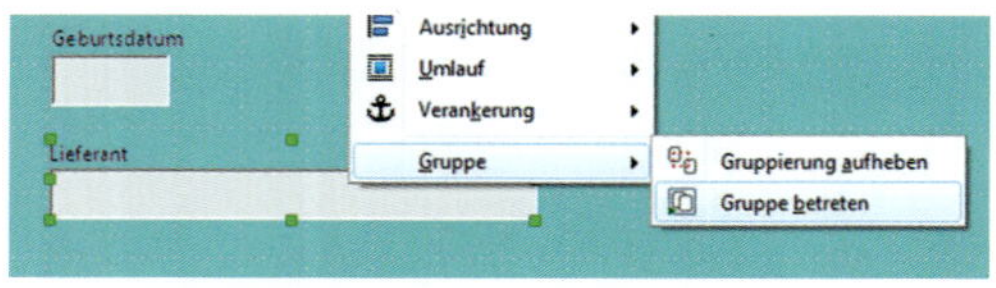

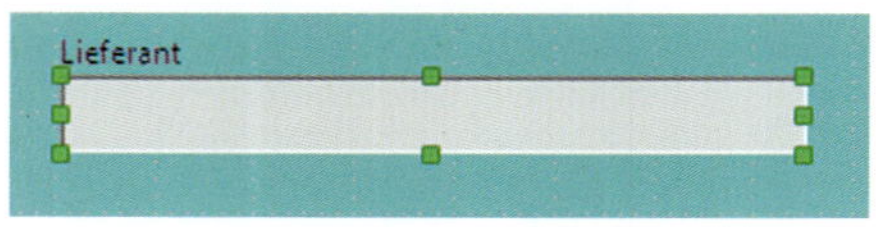

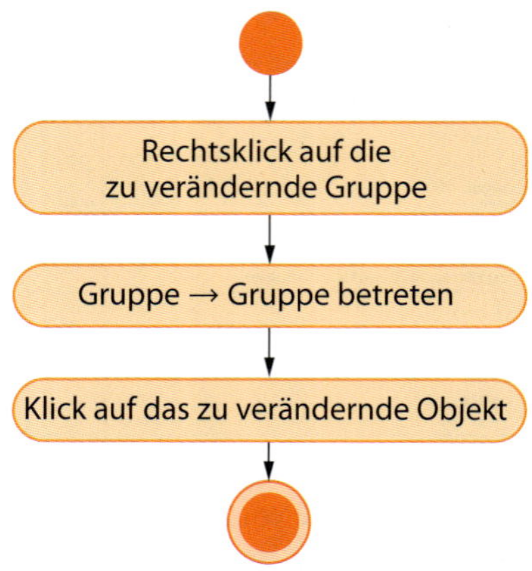

Anpassen der Eingabefeldtypen

Eingabefeld Kalender: Um die Eingabefeldtypen anzupassen muss man ebenso die Gruppe betreten. Mit einem Doppelklick kommt man zu den Eigenschaften des Feldes. Hier werden allgemeine Eigenschaften (zu Optik, Benennung, …) des Feldes von denen unterschieden, die mit der Datenbank zusammenspielen.

Nicht nur Textfelder sind Eingabefelder.

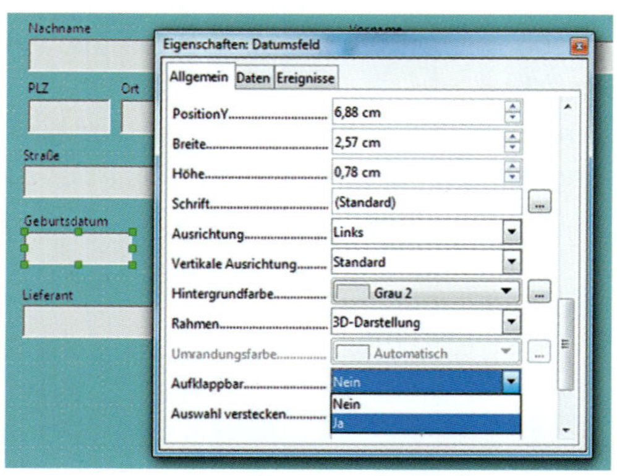

Durch den Datentyp DATE, den das Attribut Geburtsdatum in der Tabelle besitzt, gibt es hier z. B. automatisch die Möglichkeit einen Kalender einzubinden.

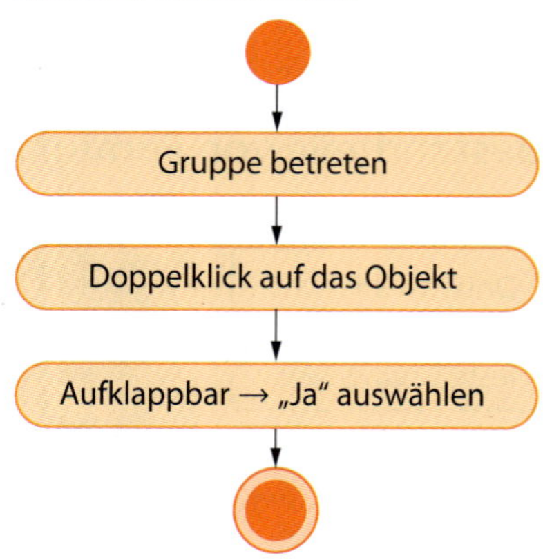

In **Listenfeldern** (Auswahlkästen) hat man die Wahl. Die Auswahlliste kommt aus einer eigenen Tabelle. Sind die Tabellen ordentlich modelliert und normalisiert, ergeben sich diese Listen quasi von selbst. Hier arbeitet die Tabelle KUNDE (in die die Einträge geschrieben werden) mit der Tabelle LIEFERANT (von der die Eingabemöglichkeiten kommen) zusammen. Natürlich müssen die Tabellen hierzu über einen Fremdschlüssel in Beziehung stehen.

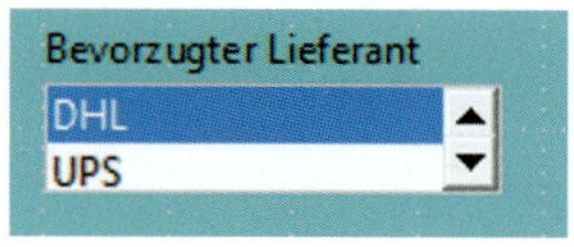

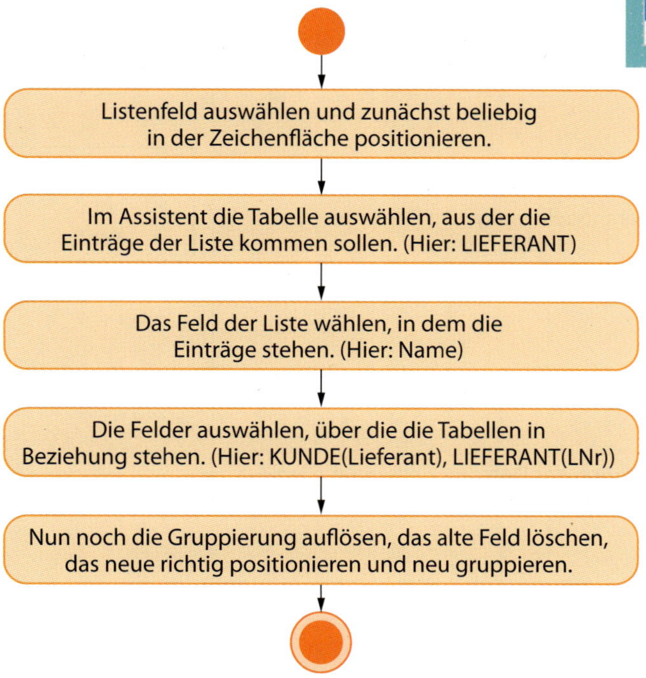

LNr	Name
0	DHL
1	UPS
2	DPD
<AutoF	

Tabelle LIEFERANT

Listenfeld

In der Tabelle müssen selbstverständlich Einträge vorhanden sein, damit man diese Auswählen kann.

Du kannst den Entwurfsmodus über dieses Symbol auch verlassen und deine neue Liste testen.

Optionsfelder und **Checkboxen** (Markierungsfelder) bringen ihre eigene Beschriftung mit. Diese kann man in den Eigenschaften (Titel) ändern. Auf den Wert, der an die Tabelle übermittelt wird, hat diese Beschriftung keinen Einfluss.
Grundsätzlich ist es wichtig, dass das Tabellenfeld, in das geschrieben wird, als Zahlenfeld definiert wird, da die Einträge Zahlenwerte (0, 1, 2, …) sind. Die Information, dass z.B. „0" weiblich und „1" männlich ist, steht in einer anderen Tabelle. Hier in der Tabelle GESCHLECHT. Der Primärschlüssel darin entspricht dem Fremdschlüssel „Geschlecht" in der Tabelle KUNDE.

GNr	Geschlecht
0	W
1	M

Tabelle GESCHLECHT

31. Erkläre den Unterschied zwischen einer Checkbox und einem Optionsfeld.

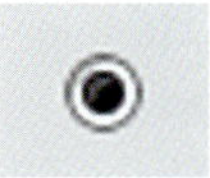

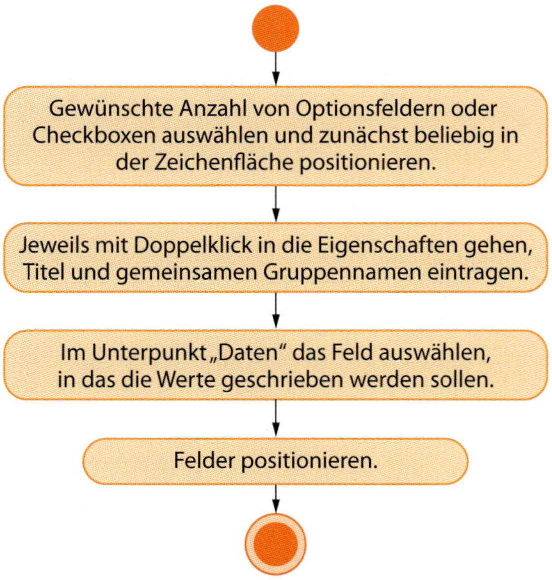

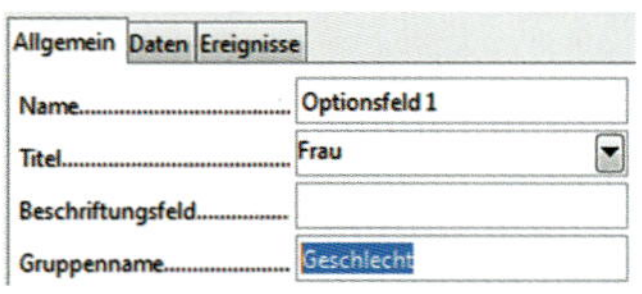

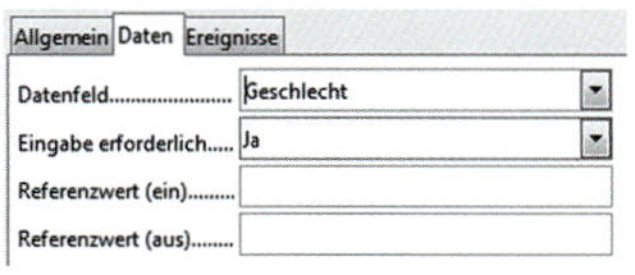

Geburtsdatum	Geschlecht	Lieferant
06.06.13	0	0

Über den Gruppennamen wird festgelegt, welche der Optionsfelder zusammengehören. Dementsprechend werden die Attributwerte 0, 1, 2, … an die Tabelle übermittelt.

32. Erstelle ein detailliertes Formular zur Eingabe von Kundendaten für deinen Onlineshop.

Grundwissen

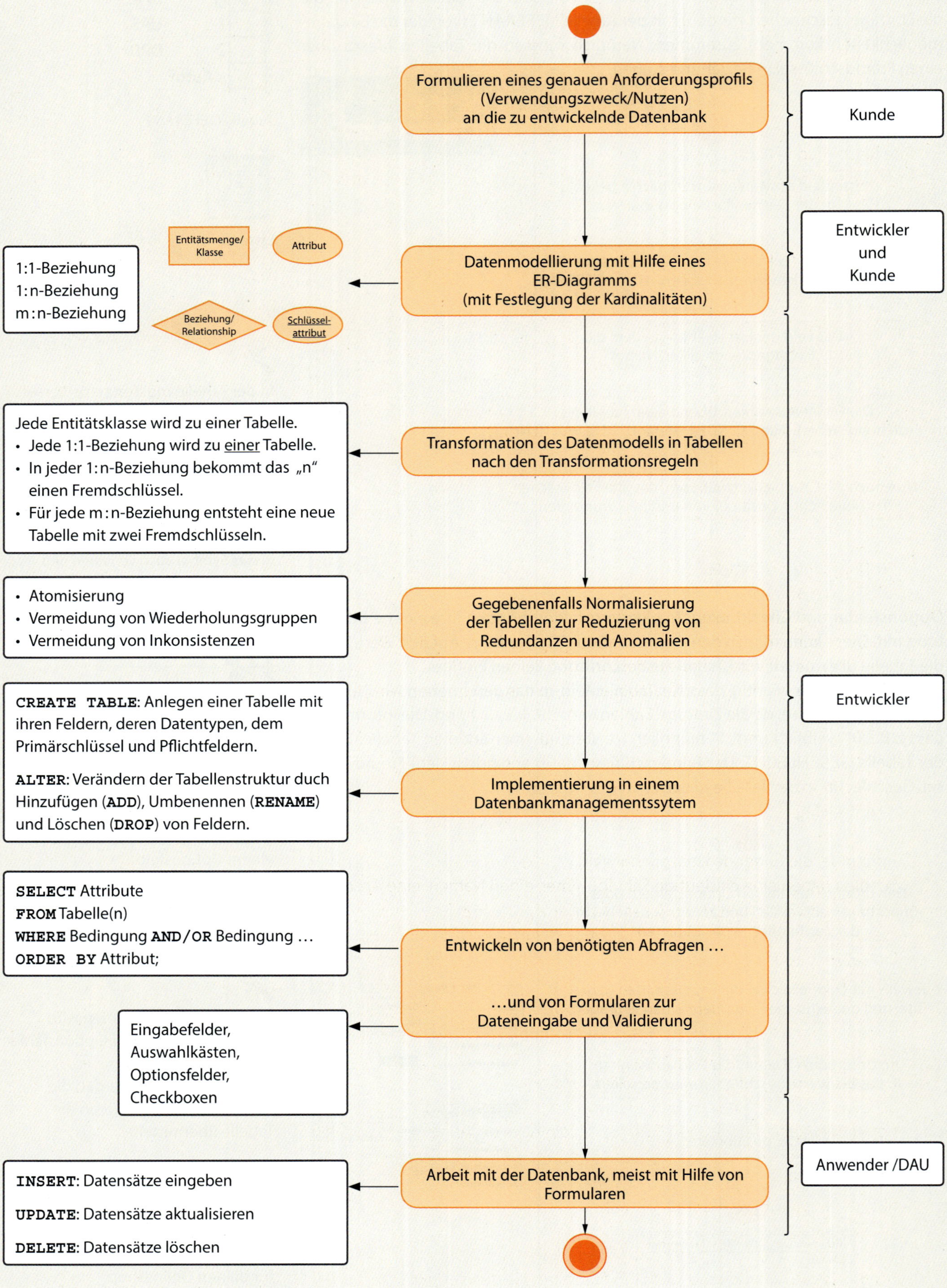

Zeig was du kannst

1. Erkläre, wie eine 1:1-Beziehung, 1:n-Beziehung und eine m:n-Beziehung in ein Relationenmodell transformiert wird. Gib dazu jeweils ein Beispiel an.

2. Das Schreibwarengeschäft Bleistift möchte seine Verwaltung auf EDV umstellen. Es verkauft ein Sortiment von Artikeln, die es von verschiedenen Lieferanten bezieht. Außerdem hat es einen bestimmten Kundenkreis, der bei ihm Bestellungen aufgibt. Eine Bestellung kann natürlich mehrere Artikel umfassen. Derselbe Artikel kann oft von mehreren Lieferanten bezogen werden, und ein Lieferant liefert natürlich meist mehr als einen Artikel.
Setze diese Vorgabe in ein relationales Modell um.

3. Beim Sportverein BSV 1870 sind die folgenden Daten der Mitglieder hinterlegt:

MNr	Vorname	Nachname	m/w	Straße	PLZ	Ort	Sportart	Betrag
213	Michael	Huber	m	Adlerstraße 1	12346	Neustadt	FB	60,00
214	Thomas	Meyer	m	Drosselgasse 3	12347	Altenburg	FB, VB	110,00
217	Sandra	Müller	w	Amselweg 1	12346	Neustadt	VB	50,00
222	Lisa	Schmidt	w	Meisensteig 25a	12350	Mittelberg	VB	50,00
223	Josef	Maier	m	Storchenallee 12	12346	Neustadt	HB, VB	110,00

a) Normalisiere die Tabelle
b) Erkläre die Begriffe *Updateanomalie, Einfügeanomalie* und *Löschanomalie* anhand von Beispielen aus der Tabelle.
c) Implementiere die Tabellen in deinem DBMS und erstelle SQL-Abfragen, die folgende Informationen ausgeben:
- Alle Personen, deren Nachname mit M beginnt und die weiblich sind
- Alle männlichen Personen, die in Neustadt leben
- Alle Personen, deren Hausnummer die „1“ ist
- Alle Personen, die Volleyball, aber nicht Fußball spielen
- Alle Personen, die im Postleitzahlbereich 12346 leben, aber nicht im Amselweg

4. Gegeben sei die folgende kleine Schulwelt:
- Schulen haben eine eindeutige Schulnummer, einen Namen, eine Anschrift.
- Schulen beschäftigen Lehrer. Diese haben einen Namen, eine Personalnummer, ein Geschlecht, eine Adresse und ein oder mehrere Fachgebiete.
- Ein Lehrer betreut mehrere Schüler. Ein Schüler hat einen Namen, ein Geschlecht, eine Adresse, ein Geburtsdatum, eine Klasse und eine Schülernummer.
- Es gibt externe Putzfirmen mit Namen, Anschrift und Telefonnummer. Putzfirmen werden von Schulen beauftragt.
- Geputzt werden Unterrichtsräume und Toiletten.
- Schulen beschäftigen auch Hausmeister und Sekretärinnen. Diese haben einen Namen, eine Adresse, ein Geschlecht, ein Alter und eine Personalnummer.
- Die Zimmer einer Schule haben eine Zimmernummer. Sie sind Unterrichtsräume, Verwaltungsräume oder Toiletten.
- Eine Putzfrau ist immer für mehrere Zimmer zuständig.
- In jedem Zimmer werden mehrere Schüler unterrichtet.
- Schüler besuchen mehrere Fächer in mehreren Klassenzimmern.

- Jedes Fach hat einen Namen.

a) Modelliere die kleine Schulwelt mit Hilfe eines ER-Diagramms.

b) Übertrage anschließend die ER-Modellierung schrittweise in ein relationales Schema.

5. Da die Kinder heute immer mehr Wünsche haben, ist das Christkind überfordert. Um keine Wünsche unberücksichtigt zu lassen, benötigt es ein Datenbanksystem.

a) Die Grafik zeigt ein unvollständiges ER-Diagramm zur organisatorischen Abwicklung der Wunscherfüllung. Übertrage das Diagramm auf ein DIN-A4-Blatt und ergänze es um alle notwendigen Attribute, Beziehungen und Kardinalitäten.

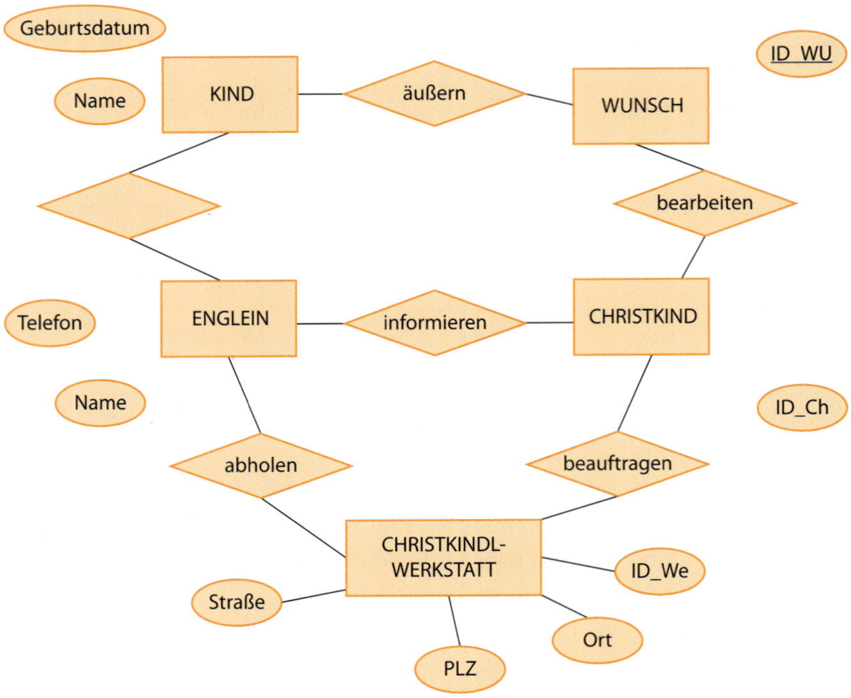

b) Die Englein holen nicht nur die Geschenke aus der Christkindlwerkstatt ab und verteilen sie, sondern arbeiten natürlich auch dort. Füge die entsprechende Beziehung und auch das Attribut „Arbeitsstunden" an der entsprechenden Stelle ein.

c) Transformiere dein Modell.

d) War dein Modell gut durchdacht, solltest du nicht mehr viel Arbeit mit der Normalisierung haben. Überprüfe deine Tabellen und überarbeite sie nach den Normalisierungsregeln. Erkläre, warum einige der Felder besser in andere Relationen ausgelagert werden sollten.

e) Implementiere deine Tabellen in deinem DBMS.
Teste durch Probeeinträge die Funktionalität der Datenbank.

f) Das Christkind schafft die Arbeit nicht mehr. Ergänze dein Modell durch die Klassen AMAZON und DHL. Ist die Datenbank im Nachhinein erweiterbar? Begründe, worauf zu achten ist.

g) Implementiere Formulare, mit deren Hilfe du die Wunsch-, Auftrags- und Mitarbeitertabellen des Christkindes pflegen kannst.

Projekte

1. Internationale Standardbuchnummer (ISBN)

Die Verlage geben jedem Buch eine international eindeutige Nummer, die sogenannte ISBN. Damit kann das Buch überall auf der Welt klar identifiziert und problemlos bestellt werden. Damit sich in die ISBN keine unbeabsichtigten Fehler einschleichen, enthält die ISBN als letzte Ziffer eine Prüfziffer. Im modernen, 13-stelligen System (ISBN-13) erhält man diese Ziffer, indem man die erste, dritte, fünfte, siebte, neunte und elfte Ziffer sowie jeweils das Dreifache der zweiten, vierten, sechsten, achten, zehnten und zwölften Ziffer addiert, dann den Rest bei Division durch 10 ermittelt und diesen Rest dann von 10 abzieht. (Falls das Ergebnis 10 sein sollte, ist die Prüfziffer 0.)

a) Öffne das Tabellendokument zu Aufgabe 4, welches dir dein Lehrer gibt.

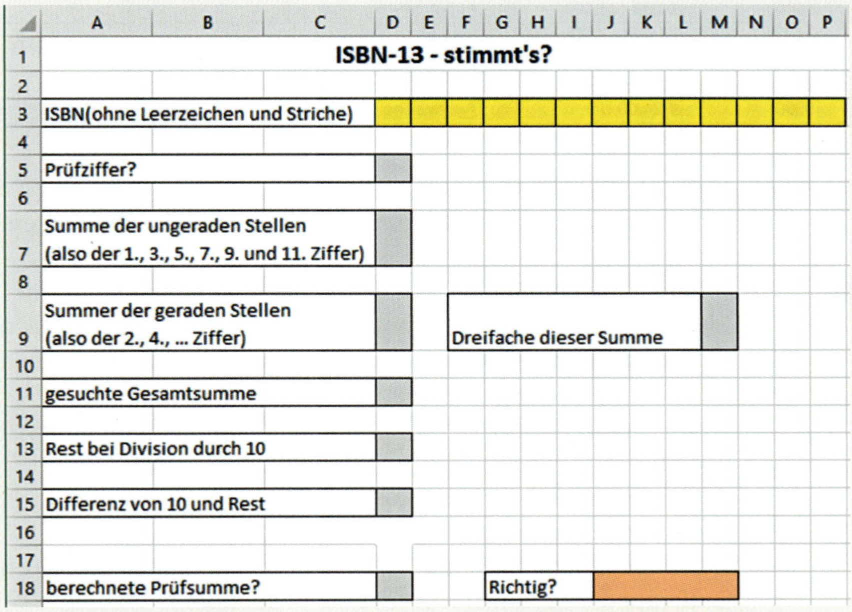

	A	B	C	D	E	F	G	H	I	J	K	L	M	N	O	P
1	**ISBN-13 - stimmt's?**															
2																
3	ISBN(ohne Leerzeichen und Striche)															
4																
5	Prüfziffer?															
6																
7	Summe der ungeraden Stellen (also der 1., 3., 5., 7., 9. und 11. Ziffer)															
8																
9	Summer der geraden Stellen (also der 2., 4., ... Ziffer)					Dreifache dieser Summe										
10																
11	gesuchte Gesamtsumme															
12																
13	Rest bei Division durch 10															
14																
15	Differenz von 10 und Rest															
16																
17																
18	berechnete Prüfsumme?						Richtig?									

b) Erstelle in Zelle D5 eine Formel, die die Prüfzimmer der ISBN-Nummer (in Zeile 3) wiedergibt.

c) Addiere die erste, die dritte, die fünfte, … bis zur elften Ziffer der ISBN-Nummer und schreibe das Ergebnis mit Hilfe einer Formel in D7.

d) Füge eine Formel für die Addition der zweiten, der vierten, bis zur zwölften Ziffer der ISBN-Nummer In Zelle D9 ein.

e) Berechne das Dreifache der vorangegangenen Addition mit Hilfe einer Formel in M9.

f) Finde in D11 eine Formel für die gesuchte Gesamtsumme.

g) Berechne in D13 den Rest der Division dieser Gesamtsumme durch 10.

h) Subtrahiere diesen Rest von 10, schreibe eine zugehörige Formel in D15.

i) Bestimme die resultierende Prüfziffer in D18. Achte dabei darauf, dass die Prüfziffer 0 ist, falls das vorangegangene Ergebnis 10 ist. Erstelle eine Formel!

j) Vergleiche mit der Prüfziffer aus D5. Stimmt sie? Dann schreibe „richtig" in J18, ansonsten „falsch".

k) Erstelle Datenflussdiagramme zu allen erstellten Formeln. Schaffst du es auch, die gesamte Berechnung der Prüfziffer in nur ein (großes) Datenflussdiagramm zu schreiben?

Für Aufgabe h) leistet dir die Funktion REST() wertvolle Dienste.

Berliner Hauptbahnhof

2. Klassenfahrt

Ende des Schuljahres darfst du mit deiner Klasse auf Klassenfahrt nach Berlin. Als Unterkunft habt ihr euch für ein Hotel in unmittelbarer Nähe des Hauptbahnhofes entschieden.

Deine Aufgabe ist es nun, die Ausflüge für dich und deine Klassenkameraden zu planen.

a) Recherchiere im Internet nach Ausflugszielen und Sehenswürdigkeiten in Berlin und im unmittelbaren Umkreis der deutschen Hauptstadt.

b) Erstelle eine Tabelle in einem geeigneten Tabellenkalkulationsprogramm, in der du die ausgewählten Sehenswürdigkeiten einträgst und wichtige Auswahlkriterien festhältst. Deine Tabelle sollte mindestens folgende Felder enthalten:

	A	B	C	D	E
1	**Sehenswürdigkeiten**	**Eintrittspreise**	**Entfernung**	**Öffnungszeiten**	**Link**
2	Brandenburger Tor	0,00 €	200	durchgehend	http://www.berlin.de/orte/sehenswuerdigkeiten/brandenburger-tor/
3	Funkturm	5,00 €	6600	10:00 - 23:00h	www.funkturm-messeberlin.de
4	Matrix	15,00 €	1500	22:00h - 7:00h	
5	Potsdamer Platz	0,00 €	300	durchgehend	http://www.visitberlin.de/de/ort/potsdamer-platz
6	Madame Tussauds	23,50 €	700	10:00 - 18:00h	
7	Fernsehturm	8,50 €	5000	9-24:00 Uhr	http://www.sehenswuerdigkeiten-berlin.de/fernsehturm-berlin.html

c) Du möchtest deine Auswahl deiner Klasse präsentieren. Dabei musst du natürlich schnell sämtliche Informationen parat haben um bei Fragen Rede und Antwort stehen zu können.
Importiere deine Liste in ein Datenbankprogramm. Erstelle dazu eine Tabelle und vergib geeignete Feldnamen und zugehörige Datentypen.

Für die Bearbeitung der Aufgabe kannst du SQL oder die grafischen Benutzeroberfläche deines Datenbankmanagementsystems benutzen.

d) Deine Mitschüler interessieren sich für folgende Informationen in deiner Tabelle. Erstelle die benötigten Abfragen:

A Welche Sehenswürdigkeiten liegen im Umkreis von 3000 Metern (Fußmarsch)?

B Welche Sehenswürdigkeiten kosten weniger als 5,00 € Eintritt?

C Welche Sehenswürdigkeiten haben durchgehend geöffnet?

D Welche Sehenswürdigkeiten kann die Klasse nachts zu Fuß besuchen (Entfernung < 1000 m und durchgehend geöffnet)?

e) Präsentiere die von dir ausgewählten Sehenswürdigkeiten deiner Klasse. Einigt euch auf fünf „Must haves" aus deiner Auswahl.

f) Ergänze deine Tabelle um das Feld „Must have" (Datentyp: Ja/Nein-Feld) und kennzeichne die fünf Ziele anschließend in der Tabelle.

g) Nun ergeben sich erneut Fragen, die du mit Hilfe geeigneter Abfragen beantworten sollst:

A Selektiere mit einer Abfrage alle „Must haves" aus deiner Tabelle.

Sehenswürdigkeiten	Eintrittspreise	Entfernung	Öffnungszeiten	Link	MustHave
Berliner Dom	7,00 €	400	09.00 - 20.00 Uhr	http://www.berli	☑
Brandenburger Tor	0,00 €	200	durchgehend	http://www.berli	☑
Checkpoint Charlie	0,00 €	1700	durchgehend	http://berlin.seh	☑
Olympiastadion	5,50 €	12000	November - März von	http://www.olym	☑

B Wir haben nur noch 5,00 € in der Tasche. Deshalb müssen wir entweder zu Fuß gehen (< 3000 m) oder mit der Bahn zu einer kostenlosen Sehenswürdigkeit fahren.
Modelliere das Problem und erstelle anschließend eine Abfrage, die dir alle Möglichkeiten als Ergebnis ausgibt.

C Wenn es ein „Must have" ist, sind wir bereit bis zu 20,00 € auszugeben. Alle anderen Sehenswürdigkeiten sind uns höchstens 10,00 € wert.
Modelliere das Problem und erstelle anschließend eine Abfrage, die dir alle Möglichkeiten als Ergebnis ausgibt.

h) Erstelle in einem Textverarbeitungsprogramm deiner Wahl ein Programmheft für eure Berlinfahrt.

3. Wahlfachangebot

Die Realschule Furth im Wald bietet ein umfangreiches Angebot an Wahlfächern an. Jeder Schüler und jede Schülerin kann dabei an mehreren Wahlfächern teilnehmen, sofern sie sich zeitlich nicht überschneiden.
Du wirst beauftragt eine Übersicht der angebotenen Wahlfächer zu erstellen und mit Hilfe einer Datenbank die Organisation des Wahlfachangebotes zu managen. Am Ende des Jahres soll die Datenbank als Basis zur Erstellung eines Zertifikates mit Hilfe eines Serienbriefes dienen.

Für die Anrede im Serienbrief ist es unter anderem wichtig, welches Geschlecht der Schüler oder die Schülerin hat.

a) Modelliere das Konzept der Wahlfächer und überlege dir welche Feldnamen benötigt werden.

SCHUELER
Name Vorname Klasse etc.

WAHLFAECHER
Fach Abkürzung Lehrer etc.

Achte auch darauf, welche Feldnamen du benötigen könntest um die beiden Tabellen zu verknüpfen.

b) Erstelle die Tabellen in einem DB Programm deiner Wahl

c) Erstelle auf Grundlage der beiden Tabellen folgende Abfragen in deiner Datenbank:

A Selektion aller Schüler, die ein Wahlfach belegt haben.
B Selektion aller Schüler, die an einem Dienstag oder Donnerstag Wahlfach haben.
C Selektion aller männlichen Schüler mit dem Wahlfach Robotik.
D Selektion aller Schüler der Jahrgangsstufe 9 oder höher mit einem Wahlfach.

Hierbei kannst du die Tabellen mit eigenen Datensätzen füllen, oder die mitgelieferten Beispieldatensätze benutzen.

d) Erstelle eine Kreuztabelle, die dir eine Übersicht der Wahlfachbelegung (Anzahl der Schüler) nach Klasse anzeigt.

Wahlfach	Gesa	10a	10b	10c	5a	5b	5c	6a	6b	6c	6d	7a	7b
Akrobatik	10				1		4	1	2				
Badminton	25				1			3			10		2
Buchclub	3												1
Das Lernen lernen	13					9	2		2				
EDV-Buchführung	26		14	12									
Film und Videobearbeitun	4										1		
Golf	11		6						1			1	

e) Exportiere diese Kreuztabelle in ein Tabellenkalkulationsprogramm und erstelle ein übersichtliches Diagramm zu diesem Sachverhalt.

f) Am Ende des Jahres erhält jeder Schüler ein Zertifikat über die Teilnahme am Wahlfach. Dazu werden folgende Kriterien vergeben:

Note	Beschreibung
1	mit sehr gutem Erfolg teilgenommen
2	mit gutem Erfolg teilgenommen
3	erfolgreich teilgenommen
4	teilgenommen
5	–
6	–

STAATLICHE REALSCHULE
FURTH IM WALD

Zertifikat

Wahlfach Robotik

Der Schüler
MAX MUSTER,
KLASSE 9 A

hat im Schuljahr 2019 / 2020 am Wahlunterricht **Robotik für Einsteiger** mit sehr großem Erfolg teilgenommen.

Furth im Wald, den 25.07.2020

Schulleiter — Lehrkraft IT

RSD A. Gruber — StR(RS) M. Mingo

Urkunde

Spendenlauf 2018

Felix

hat erfolgreich mit 15 Runden am Spendenlauf unserer Schule 2018 teilgenommen.

Vielen Dank für die Spendensumme in Höhe von 30,00 €.

Klasse 6a

JUNI 2018

Gestalte ein Wahlfachzertifikat in einem Textverarbeitungsprogramm deiner Wahl. Mindestens enthalten sollte der Name, Vorname und der Wortlaut der erreichten Note angeführt werden.

g) Erzeuge in deinem Datenbankprogramm eine Liste, die sämtliche für das Zertifikat benötigten Informationen enthält. Die Note soll dabei manuell eingetragen werden.

h) Erstelle das Zertifikat als Serienbrief mit deiner Abfrage oder Tabelle aus Aufgabe g) als Datenbasis.

4. Spendenlauf

Deine Schule organisiert am Ende des Schuljahres für die 6. Jahrgangsstufe einen Spendenlauf. Der Erlös des Benefizlaufs wird für wohltätige Zwecke gespendet. Jeder Schüler erhält von einem Paten aus seinem Bekanntenkreis pro gelaufener Runde einen vorher festgelegten Geldbetrag. Je mehr Runden gelaufen werden, desto höher ist der Spendenerlös.

a) Erstellt in Gruppenarbeit eine Checkliste mit Zeitangaben für die Ausrichtung der Veranstaltung. Wählt eine geeignete Software aus.

b) Fertige in einem Tabellenkalkulationsprogramm eine Patenschafts-Tabelle an. Überlege dir, welche Informationen und Auswertungsmöglichkeiten enthalten sein müssen.

c) Verfasse in einem Textverarbeitungsprogramm ein Anschreiben für die Eltern. Informiere über die Veranstaltung und werbe dafür sich als Pate bereitzuerklären.

d) Der Spendenlauf war ein großer Erfolg. Berechne mit dem Tabellenblatt „Ergebnis" die Spendenbeträge der einzelnen Schüler und die gelaufenen Kilometer. Fasse das Spendenergebnis auf einem separaten Tabellenblatt zusammen.

e) Du möchtest den Spendenlauf weiter auswerten. Exportiere die Inhalte der vier Tabellenblätter in eine Tabelle eines Datenbankprogramms.
Bereite vorher die Struktur der Tabellenblätter auf den Export vor.

f) Erstelle auf Grundlage der Datenbanktabelle folgende Abfragen:
A Selektion aller Schüler mit mehr als 15 Laufrunden,
B Spendenhöhe pro Klasse,
C Selektion aller Schüler ohne Spende,
D Selektion aller Schüler mit mehr als 10 Laufrunden oder einem Spendenbetrag über 15,00 Euro.

g) Jeder Schüler erhält nach erfolgreicher Teilnahme eine Urkunde. Gestalte ein entsprechendes Dokument und fülle es als Serienbrief mit Daten aus der Datenbanktabelle.

5. Schulkiosk

Hanna und Mert sind die Hauptverantwortlichen für die AG Schülerkiosk an ihrer Schule. Dieser soll es den Schülern ersparen, wegen jedem vollen Heft oder leeren Tintenpatrone zum nächsten Geschäft fahren zu müssen.

a) Überlegt euch gemeinsam, was ein solcher Schulkiosk verkaufen sollte. Dazu könnt ihr auch eine Umfrage unter den Schülern durchführen und die Daten am Ende auswerten.

b) Diskutiert, ob ein solcher Kiosk einen Gewinn erzielen oder ob er zum Einkaufspreis weiterverkaufen sollte. Informiert euch hierzu auch über die rechtlichen Bestimmungen.

c) Erstelle eine Präsentation, mit der ihr euren Schülerkiosk ausführlich dem Schulforum vorstellen könnt. Denkt daran, dass ihr auch ein gewisses Startkapital benötigt, um das erste Mal Waren einzukaufen.

d) Um von der Schulleitung die Erlaubnis zu bekommen, den Schulkiosk zu betreiben, möchte sie ein ausgearbeitetes Konzept sehen. Dazu gehören

Informationen zu Schülerfirmen findet ihr zum Beispiel unter www.schuelerfirmen.com

eine Vorstellung der angebotenen Waren sowie Ideen zur Finanzierung und Organisation.

e) Um den Schulkiosk auch für neue Schüler bekanntzumachen, soll ein ansprechender Flyer hergestellt werden. Erkundigt euch dazu online über die Preise. Vergleicht mit dem Ausdruck an den schuleigenen Druckern.

f) Entwerft und realisiert verschieden Flyer (einseitig oder zum Falten). Bedenkt dabei die verschiedenen Zielgruppen, wie zum Beispiel Eltern, neue Schüler und Schüler verschiedener Jahrgangsstufen. Achtet auch darauf, das Urheberrecht zu wahren.

g) Erstellt für euren Verkaufsstand an ansprechende und ordentliche Preisliste. Denkt daran, auch eure Öffnungszeiten gut sichtbar zu machen.

h) Obwohl euer Kiosk am Anfang des Jahres sehr gut genutzt wurde, stellt ihr fest, dass es besser wäre, wenn ganze Klassen Bestellungen abgeben könnten. Deshalb erstellt ihr für jede Klasse eine individuelle Bestellliste, in der die Bestellungen gesammelt werden können. Die Bestellliste kann anschließend beim Schulkiosk eingeworfen werden. Entwerft eine solche Bestellliste, und überlegt, ob es sinnvoll ist, hierfür einen Serienbrief zu erstellen.

i) Um die Einkäufe und Verkäufe zu protokollieren, werden beim Verkauf Strichlisten angefertigt, die am Ende der Woche in eine Tabellenkalkulation übertragen werden. Konzipiert dazu eine Mappe.

j) Am Ende des Jahres soll eine Bilanz gezogen werden. Erarbeitet in einem Tabellenblatt eine Übersicht der verkauften Produkte.

6. Lieferservice

An deiner Schule wird zum neuen Schuljahr eine AG gegründet, deren Ziel es ist, gesunde Mittagessen anzubieten.

a) Findet zunächst einen ansprechenden Namen für die AG.

b) Um die AG und ihre Ziele vorzustellen, erstellt ihr einen Flyer, der die AG vorstellt und die Mitschüler und Mitschülerinnen dazu aufruft, Vorschläge für Gerichte abzugeben. Diskutiert dazu verschiedene Möglichkeiten, diese Umfrage durchzuführen.

c) Sammelt in eurer Gruppe Essensvorschläge. Überlegt, welche Gerichte tatsächlich realisierbar wären. Erstellt dazu eine Sammlung von Kriterien, zum Beispiel als Mindmap. Einigt euch anschließend auf 5 Gerichte.

d) Recherchiert nach Rezepten. Bewertet sie nach verschiedenen Kriterien.

e) Damit jeder Schüler nachvollziehen kann, wie eure AG arbeitet, erstellt ihr eine Ausarbeitung mit allen Informationen die eure AG betreffen.

f) Erstellt mit Hilfe einer Tabellenkalkulation für jedes Gericht eine Kostenanalyse um herauszufinden, wie viel ihr für eine Portion verlangen müsst.

g) Deine ganze Klasse möchte in dieser AG mitarbeiten. Um die Arbeit zu verteilen, entscheidet ihr euch dafür, dass es verschiedene Rollen gibt, die an unterschiedlichen Tagen erfüllt werden müssen. Erstellt dazu ein ER-Diagramm mit den Entitäten KOCH, LIEFERANT, KÜCHENHELFER. Findet geeignete Beziehungen und Attribute.

h) Transformiert euer ER-Diagramm in Tabellen und erstellt mit Hilfe einer geeigneten Datenbanksoftware die Datenbank.

i) Erstellt Formulare, damit neue Datensätze eingepflegt werden können.

j) Erstellt Abfragen, damit ihr immer wisst, wer wann was kocht.

k) Erstellt einen Aushangplan der die aktuellen Gerichte der Woche, sowie den zuständigen Koch zeigt, damit die Mitschüler sich informieren können. Zusätzlich könnt ihr noch einen Plan erstellen, der die Mitglieder der AG informiert, wann sie Dienst haben.

l) Am Ende des Jahres soll jeder Schüler einen Dankesbrief erhalten, in den einfließt, wie oft und in welcher Position er geholfen hat. Erstelle diese Briefe mit Hilfe eurer Datenbank als Serienbriefe.

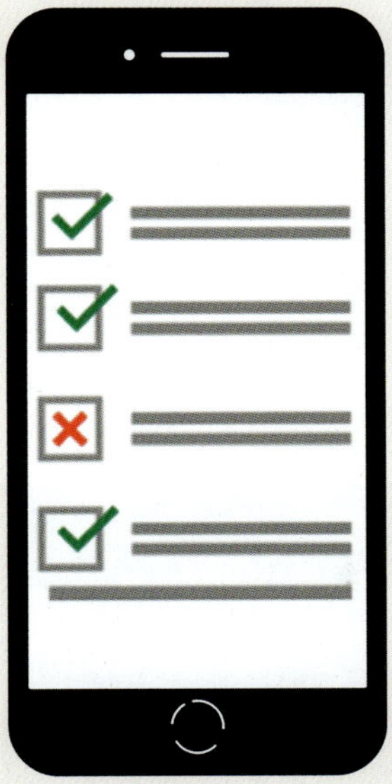

Extraaufgabe 1:
Überlegt, welche Kosten außer den Lebensmittelkosten zusätzlich anfallen.

Extraaufgabe 2:
Veranstaltet ein Testkochen in eurer Schulküche, um die Rezepte zu testen.

7. Schulkleidung

An eurer Schule wird zum neuen Schuljahr eine AG gegründet, deren Ziel es ist, Schulkleidung in den Schulfarben und mit dem Schullogo anzubieten.

a) Findet zunächst einen ansprechenden Namen für die AG.

b) Um die AG und ihre Ziele vorzustellen, erstellt ihr einen Flyer, der die AG vorstellt und die Mitschüler und Mitschülerinnen dazu aufruft, Vorschläge für Kombinationen aus Kleidungsstücken und Farbe bzw. der Position und Größe des Logos abzugeben. Diskutiert dazu verschiedene Möglichkeiten, diese Umfrage durchzuführen.

c) Sammelt in eurer Gruppe Kombinationsvorschläge. Überlegt, welche Stücke unbedingt angeboten werden sollten. Erstellt dazu eine Sammlung von Kriterien, zum Beispiel als Mindmap. Einigt euch anschließend auf 5 Kleidungsstücke.

d) Recherchiert online nach verschiedenen Druckereien. Bewertet sie nach unterschiedlichen Kriterien.

e) Damit jeder Schüler nachvollziehen kann, wie eure AG arbeitet, erstellt ihr eine Ausarbeitung mit allen Informationen die eure AG betreffen.

f) Erstellt mit Hilfe einer Tabellenkalkulation für jedes Kleidungsstück eine Kostenanalyse um herauszufinden, wie viel ihr für eines verlangen müsst.

g) Um eure Verkäufe auch später nachvollziehen zu können, modelliert ihr eine Datenbank mit Hilfe eines ER-Diagramms. Dabei sollten mindestens die Entitäten KUNDE, PRODUKT und VERKÄUFER enthalten sein. Findet geeignete Beziehungen und Attribute.

h) Transformiert euer ER-Diagramm in Tabellen und erstellt mit Hilfe einer geeigneten Datenbanksoftware die Datenbank.

i) Erstellt Formulare, damit neue Datensätze eingepflegt werden können.

j) Erstellt Abfragen, damit ihr immer wisst, wer wann was bei wem bestellt hat.

k) Damit klar ersichtlich ist, welcher Schüler welche Produkte bestellt und auch bereits abgeholt hat, braucht ihr einen Aushangplan, an dem dies markiert werden kann. Erstellt einen Aushangplan, in dem alle dazu wichtigen Informationen dargestellt sind.

8. Datensicherheit

Laut einer Studie, die von Bitkom im Februar 2018 veröffentlicht wurde, hat nahezu jeder vierte Benutzer Angst davor, über die Kamera seines Computers oder seines Mobilgerätes ungewollt beobachtet zu werden. Deswegen kleben sie ein Zettelchen oder ähnliches über die Linse. Dabei gibt vor allem bei der Gruppe der 14- bis 19-Jährigen ein Drittel der Befragten an, dies zu tun.

a) Recherchiert, warum manche Personen die Kameras abkleben.

b) Überlege, wie viele Kameras sich in deinem Zuhause befinden.

c) Viele Leute nehmen ihr Smartphone oder Tablet auch mit auf die Toilette.

> Nach dem Gang zur Toilette wäscht man sich die Hände, um Bakterien wieder von den Händen zu entfernen. Spielt man jedoch während des Toilettenganges auf dem Gerät, so überträgt man die Bakterien auf den Bildschirm. Selbst wenn man anschließend die Hände gründlich wäscht – nimmt man das Gerät wieder in die Hand, so überträgt man die Bakterien wieder auf die Hände.

Diskutiert, ob es noch weitere Gründe gibt, das Smartphone beim Toilettengang in der Tasche zu lassen.

d) Führt an eurer Schule eine Umfrage durch. Ideen für die Umfrage kannst du aus den vorherigen Teilaufgaben bekommen.

e) Wertet eure Ergebnisse aus und stellt die Ergebnisse mit Hilfe von aussagekräftigen Diagrammen dar.

f) Erstellt eine Präsentation, die auf die Probleme der digitalen Medien hinweist und wie man sich vor ihnen schützen kann.

g) Fasst eure Informationen auch auf einem Flyer zusammen.

9. Fußballtippspiel

Als begeisterter Fan der Fußball-WM möchte deine Klasse ein schulweites Tippspiel ins Leben rufen. Um alle Schüler genau informieren zu können, tragt ihr Wissenswertes rund um das Event zusammen.

Außer den Rahmenbedingungen, wie Austragungsorte und Zeiten der einzelnen Spiele, braucht ihr auch alle Informationen über die Teilnehmer. Dazu gehören neben den Spielern mit ihrer Spielposition, ihrem Alter, den geschossenen Toren, dem Stammverein etc. auch andere Mannschaftsmitglieder wie die Trainer.

Für die Teilnehmer am Tippspiel ist es wichtig, dass sie alle Auskünfte über das Event direkt bei euch bekommen können, daher entscheidet ihr euch, die Informationen mit Hilfe einer Datenbank zu verwalten.

Um die Tipps verwalten und auswerten zu können braucht eure Datenbank auch eine Verwaltung für die Wettbegeisterten. Alle Teilnehmer werden mit eurem EDV-System erfasst und können bei euch ihre Tipps abgeben.

a) Analysiert in der Gruppe mit einem ER-Diagramm welche Tabellen eure Datenbank benötigt.
Je genauer ihr hier modelliert, umso wahrscheinlicher ist es, dass euer Wettbüro am Ende tatsächlich funktioniert.
Achtet schon bei der ER-Modellierung darauf, die Entitäten möglichst zu normalisieren.

b) Verteilt die Aufgaben sinnvoll. Sprecht euch ab, wer welche der Tabellen transformiert und in einem DBMS wie Base umsetzt.
Ihr könnt an verschiedenen Rechnern arbeiten und eure fertigen Relationen anschließend zusammenkopieren.

c) Sind die Tabellen implementiert, könnt ihr noch Formulare erstellen, mit deren Hilfe ihr die Informationsflut eingeben könnt.

d) Ist euer System soweit umgesetzt, könnt ihr einen kleinen Testlauf in eurer Gruppe starten.
Welche Relationen, Felder und Formulare wären noch sinnvoll?
Analysiert euer System und überlegt, wie ihr die Probleme beheben könnt.
Wären sie vermeidbar gewesen, wenn ihr beim Modell genauer gearbeitet hättet?

e) Ist euer System funktionsfähig, wird eure Marketingabteilung aktiv. Werbt für das Tippspiel mit Flyern und Plakaten. Diese werden selbstverständlich elektronisch erstellt.
Ihr könnt auch eine kleine Gebühr pro Teilnehmer als Spende für einen guten Zweck einsetzen. Habt ihr diese Möglichkeit in euren Tabellen bedacht?

10. Datenschutz

Beim Umgang mit Datenbanken ist es immer sinnvoll, sich gut mit dem Thema Datenschutz auszukennen.

a) Lest den Text auf der folgenden Seite genau durch und diskutiert im Anschluss das Gelesene.
Beurteilt euer eigenes Nutzerverhalten und überlegt, ob auch ihr ein „Digitales Double" habt.

b) Wie viel Text Kannst du noch in einer 10-Minuten-Abschrift erfassen?
Tretet zu zweit gegeneinander an und seht, wer in zehn Minuten mehr schafft.
Korrigiert den Text des jeweils anderen auf Fehler.
Wer schneidet besser ab?

$$\text{Fehlerprozent} = \frac{100 \cdot \text{Fehler}}{\text{Anschläge}}$$

Tipp: Dein Textverarbeitungsprogramm verrät dir unter dem Menüpunkt „Worte zählen“ auch, wie viele Zeichen du erfasst.

Das Privacy Paradox - Die Diskrepanz zwischen Wissen und Handeln beim Datenschutz

Damit wird das Phänomen beschrieben, dass die Nutzer den Schutz ihrer Privatsphäre zwar generell für wichtig halten, dies aber nicht unbedingt auf ihr Handeln übertragen. So belegt auch eine aktuelle Studie zum Datenschutzverhalten bei der Nutzung von Apps: „Trotz des eindeutigen Sicherheitsbewusstseins gibt es immer noch eine eindeutige Diskrepanz zum tatsächlichen Nutzerverhalten, wenn es um beliebte Social Apps wie Facebook oder WhatsApp geht. Denn mit 51% ist laut einer Online-Befragung von mediaTest digital aus dem Jahr 2013 über die Hälfte der Befragten trotz Bedenken bezüglich des Datenschutzes nicht bereit, auf diese Apps zu verzichten." Auch bei Suchmaschinen ändern die wenigsten ihre Gewohnheiten: In Deutschland nutzen mehr als 90% Google, trotz wiederkehrender Kritik an den Datenschutzpraktiken des Unternehmens. Alternative Suchmaschinen sind hingegen kaum bekannt.

~970 Es gibt einige mögliche Erklärungen für dieses paradoxe Verhalten: So könnte mangelndes Wissen über vorhandene Schutztechniken oder Probleme im Umgang mit diesen die Ursache sein. Oder aber das genaue Gegenteil: Eine digital sozialisierte Generation glaubt, „die digitale Selbstdarstellung unter Kontrolle zu haben. Dass man also das komplexe Gesamtbild, das man von sich digital mosaikhaft zusammensetzt, steuern könne." Ein wesentliches Motiv könnte auch die starke Gewöhnung an den Komfort der digitalen Dienste und Geräte sein, die bis hin zur Abhängigkeit gehen kann. Vielleicht existiert aber auch grundsätzlich ein mangelndes Bewusstsein gegenüber den Folgen der digitalen Datenpreisgabe, weil die Probleme zu komplex sind, um sie einer größeren Öffentlichkeit verständlich zu machen?

~1760 **Ich habe doch nichts zu verbergen! - Ein Trugschluss mit Folgen**

Sehr beliebt ist das Argument, man habe ja nichts zu verbergen und daher auch nichts zu befürchten. Doch das ist ein Irrtum. Es kann jedem schaden, wenn bestimmte private Informationen - wie z. B. über eine schwere Krankheit - öffentlich werden. Es wird gerne übersehen oder vergessen, „dass Daten kein feststehendes, objektives und immer richtiges Bild vermitteln, sondern verarbeitet, verknüpft und verwertet werden und dabei immer neue Informationen ergeben.

Das Bild, das andere so von einer Person gewinnen, kann ganz anders aussehen als das Bild, das die betroffene Person selbst für korrekt hält (siehe „Digitales Double").

~2450

Quelle: *http://www.klicksafe.de/themen/medienethik/privatsphaere-und-big-data/privatsphaere-im-digitalen-zeitalter/*

c) Auch im Text auf der folgenden Seite findest du Informationen zur Verwendung von Daten. Bewerte, welche der Geräte aus deinem persönlichen Umfeld Daten sammeln und ob du sie daran hindern kannst.

d) Erarbeitet in Teams eine Präsentation zur Aufklärung über Big Data.

Kleine Daten, große Wirkung

Daten sind der Treibstoff und das Schmiermittel der vernetzten Wirtschaft. ohne sie geht fast gar nichts mehr. Wir alle speisen den Ozean der Daten mit jedem klick, jedem Einkauf, jedem griff zur bonuskarte oder der Eingabe auf dem navigationsgerät. experten haben für diese unerhörte Flut von Informationen, die Menschen wie Maschinen erzeugen, einen imposanten begriff geprägt: „Big Data." ~420

Viele der Daten, die die moderne Internetwirtschaft am Laufen halten, sind keineswegs nur binäre Informationen wie die Messdaten eines Schalters am Fließband oder eines Strichcodes auf einem Päckchen. es sind Meinungen, Urteile, Klatsch und Tratsch. Marketingchefs wollen wissen, was rund um die Uhr im Netz über ihre Marke gepostet wird. Kunden erwarten, dass ihre Hilferufe und Beschwerden prompt wahrgenommen und beantwortet werden. Personalchefs benutzen Software, um soziale Medien nach Kandidaten zu durchkämmen, und sie verlassen sich ebenso immer mehr auf Software, um Bewerber auszusieben. Leser erwarten, dass die App ihrer Zeitung oder ihres Senders weiß, welche Themen sie schätzen - und Medienunternehmen wollen ihrerseits Inhalte und die rundherum platzierte Werbung möglichst auf jeden einzelnen Kunden zuschneiden. die Datenfülle hat eine mindestens ebenso große Schattenseite, denn sie erlaubt völlig neue Formen der Benachteiligung und Ausgrenzung, die einen einzelnen Verbraucher oder Bürger ins Visier nehmen, von der Vorenthaltung von Informationen bis schlimmstenfalls zur genetischen oder sozialen Diskriminierung. Einmal angelegte Datensätze haben zudem ein beinahe ewiges Leben und können Jahre oder Jahrzehnte später wieder auftauchen, um etwa eine Karriere oder Beziehung zu ruinieren. ~1730

Wer heute online einkauft, kann sich darauf verlassen, dass ihn der e-Shop wiedererkennt. Der Server am anderen Ende der Verbindung weiß, wer wann welches Paar Schuhe angeschaut, in den Warenkorb gelegt, aber dann doch nicht bestellt hat. Wer eben noch auf einer Reise-Webseite nach Flügen in die Türkei gesucht hat, darf erwarten, bei den unmittelbar folgenden Stationen im Web Anzeigen für Pauschalurlaube in Antalya oder besonders preiswerte Flüge serviert zu bekommen. Rechenzentren haben hinter den Kulissen in Sekundenbruchteilen den individuellen Nutzer erkannt, sein Surfverhalten analysiert und dem meistbietenden Anzeigenkunden Werbeflächen verkauft, die wie von Zauberhand auf der Startseite der Tageszeitung des Nutzers auftauchen. ~2470

Aufhalten lässt sich der Wandel zum datengetriebenen Leben nicht. Menschen passen ihren Lebenswandel den ständig datenhungrigen Geräten an, die ihr Leben einfacher machen sollen, aber bemerken erst später, welchen hohen Preis sie für den Komfort der immer verfügbaren Dienste bezahlen. Nämlich die Gefahr, quer durchs Netz und von ihnen unbekannten Anbietern verfolgt, umworben und ausgespäht zu werden. Auf der Strecke bleibt oft die Gelegenheit, informierte Entscheidungen zu treffen und die Einspeisung der eigenen Daten zu verweigern. ~3000

Quelle: *https://www.lfm-nrw.de/fileadmin/lfm-nrw/nrw_digital/Publikationen/DK_Big_Data.pdf*

11. Bücherausgabe

An den meisten Schulen wird die Bücherausgabe noch nicht digital verwaltet. Wir wissen mittlerweile, dass es zwar aufwändig ist, ein EDV-System zu entwickeln, dass aber damit (oft) vieles einfacher wird.

a) Stellt fest, wer an eurer Schule für die Bücherausgabe zuständig ist. Ladet die Person(en) zu euch in den Unterricht ein und interviewt sie zu den Aufgaben und Schwierigkeiten, die bei der Bücherausgabe zu bewältigen sind.

b) Entwickelt ein Konzept für ein datenbankbasiertes Ausleihsystem und modelliert dieses mit einem ER-Diagramm. Besprecht mit eurem „Kunden" euer Konzept und überprüft, ob ihr an alles gedacht habt.

c) Transformiert euer Modell und normiert die Tabellen um übriggebliebene Anomalie-Ursachen zu eliminieren.

d) Entwickelt Formulare zur Datenpflege. Informiert euch auch über die Möglichkeit eine existierende „csv"-Datei mit Schülerdaten in eure Datenbank zu importieren.

e) Entwickelt Abfragen zur Selektion mindestens folgender Informationen:
Alle Schüler, die ein Buch noch nicht zurückgegeben haben nach Klasse sortiert, mit Angabe des fehlenden Buches.
Alle Bücher die noch fehlen nach Buch sortiert.

f) Entwickelt Berichte für die Selektionen aus Aufgabe e).

g) Geht in die Beta-Phase eures Projektes und testet die Bücherverwaltung. Hierbei helfen beschriftete Kärtchen, die als Bücher dienen. Ergänzt gegebenenfalls euer System.

Als **Beta-Phase** bezeichnet man den Test eines Software-Produktes im Entwicklungsstadium, der unter möglichst realen Bedingungen von den späteren Anwendern durchgeführt wird.

h) Überlegt euch einen Namen und ein Logo für eure Software und entwickelt ein Handbuch mit Inhaltsverzeichnis für das Bücherausgabeteam.

i) Stellt euer System den Verantwortlichen im Rahmen einer Präsentation vor und überzeugt sie von eurem Produkt. Vielleicht kann euer Ergebnis tatsächlich in Betrieb gehen.

12. Imker-AG

An immer mehr Schulen gibt es eine „Imker-AG". Hier bewirtschaften Schüler unter Anleitung eines Imkers Bienenstöcke auf dem Schulgelände. Die Bienenvölker werden fachmännisch gepflegt, Honig und selbstgemachte Kerzen werden verkauft und die teilnehmenden Schüler sind nach ihrem Schulabschluss selbst ausgebildete Jungimker mit eigenem Volk.

a) Arbeitet ein genaues Konzept für eine Imker-AG an eurer Schule aus. In einem übersichtlichen, erweiterbaren Dokument sollen alle Fragen geklärt werden. Auch eine ausführliche Pflegeanleitung für die Schulbienen soll hier mit der Zeit entstehen können.

b) Erstellt einen Flyer, in dem ihr die Imker AG vorstellt, und präsentiert euer Vorhaben professionell einer interessierten Gruppe. Vielleicht könnt ihr einen Lehrer von der Idee einer AG begeistern und gewinnt Paten für die einzelnen Völker.

c) Erstellt mit einem Tabellenkalkulationsprogramm einen übersichtlichen Abrechnungsbogen, in dem die Ausgaben und Einnahmen eines Jahres, sowie der aktuelle Kontostand genau nachzuvollziehen sind.

d) Entwickle eine Datenbank, die die Bienenvölker mit Standort, Volksstärke, Geburtsjahr der Königin, etc. erfasst. Für jedes Volk sollen auch die Pflege- und Behandlungsmaßnahmen mit Datum genau erfasst und als Bericht wieder ausgegeben werden können.

e) Die Paten eurer Bienenvölker sollen jährlich über den Ertrag der Völker informiert werden. Nimm die Paten in deine Datenbank auf und erstelle ein Serienbriefdokument mit den relevanten Informationen.

f) Informiert euch über Bienenkrankheiten und erstellt Kurzreferate zu den einzelnen Krankheiten und deren Behandlung.

13. Datenschutz für Onlineshop-Betreiber

Bereits in Kapitel 5 und Kapitel 6 hast du dich mit der Entwicklung einer Datenbank für einen Online-Shop beschäftigt. Was du beachten musst, wenn du Daten deiner Mitmenschen sammelst, erfährst du hier.

Datenschutz für Onlineshop-Betreiber

Auch wenn der Datenschutz für viele Onlinehändler eine lästi-
ge und oftmals bürokratische Angelegenheit ist, sollten die
jeweiligen gültige Rechtlage gut umgesetzt werden. Wird das
Thema Datenschutz nur stiefmütterlich bzw. gar nicht umge-
setzt, können Abmahnungen oder sogar Schadensersatzforderun-
gen folgen, die unter Umständen existenzgefährdend sein kön- ~450
nen. Wir stellen einige wichtige Datenschutzregeln vor.

Rechtliche Grundlagen zum Datenschutz

Das Bundesdatenschutzgesetz

Das Bundesdatenschutzgesetz (BSDG) ist 1977 erstmals in Kraft
getreten und wurde seitdem mehrmals geändert, letzmals im
Mitte 2009. Das Gesetz regelt den Umgang mit personenbezoge-
nen Daten, die in und durch Datenverarbeitungsanlagen (PC,
Tablet, Handy etc.) gesammelt und ausgewertet werden. Zweck
des Gesetzes ist, dass eine natürliche Person nicht in seinem
Persönlichkeitsrecht benachteiligt oder beeinträchtigt wird.

Was heißt das konkret: Daten von Besuchern, Kunden oder ande-
ren Personen dürfen nur dann erhoben, verarbeitet und genutzt
werden, wenn diese ausdrücklich zugestimmt bzw. nachweislich
ihre Erlaubnis gegeben haben. ~1140

Datenschutz im Onlineshop

Kundendaten

Kunden, die in einem Onlineshop bestellen, müssen logischer-
weise einige Daten hinterlegen, damit die Bestellung korrekt
verarbeitet werden kann. Hierzu gehören neben den vollständi-
gen Namen auch die Rechnungsanschrift, die Lieferanschrift,
die Email-Adresse und je nach angebotenen Zahlungsarten auch
Bankdaten.

Grundsätzlich besteht gemäß §3a BDSG das so genannten Gebot
der Datensparsamkeit, wodurch im Prinzip nur die Daten gesam-
melt werden sollten, die für die Bearbeitung des Kunden von-
nöten sind.

Quelle: *http://www.onlineshop-basics.de/datenschutz-fuer-online-shop-betreiber-41.html*

Zu den Daten, die für den Bestellablauf nicht unbedingt von- ~1900
nöten sind, gehören beispielsweise Telefonnummer, Telefax
oder Stadtteil.

a) Fasse deine Erkenntnisse aus dem Text zusammen und modelliere eine KUNDEN-Tabelle, die möglichst viele Informationen enthält, ohne mit dem Gesetz in Konflikt zu kommen.

b) Erfasse den Text mit dem 10-Finger-System. Beobachte dich genau. Pro Blick auf die Tastatur löschst du eine Zeile wieder.

14. Passwörter

Sichere Passwörter sind für jeden wichtig.

Merkhilfen für sichere Passwörter

Der beste (und kostenlose) Speicher für ein Passwort ist das eigene Köpfchen. So bastelst und merkst du dir ein sicheres Passwort:

1. Die Basis

Verwende die Zeichenkette eines sicheren Passwortes, das du bereits in- und auswendig weißt. Alternativ bastle dir eine neue Zeichenkette. Verwende hierfür zum Beispiel die Anfangsbuchstaben eines Spruchs: „Eine Schwalbe macht noch keinen Sommer" wird zu „ESmnkS".

~440

2. Das individuelle Konto

Wir sollten für jedes Internetkonto ein eigenes Passwort verwenden. Wird eines unserer Kontos geknackt, bekommen Kriminelle nicht dadurch unseren Zugang zu anderen Shops etc. Damit wir uns die Passwörter merken können, setzen wir an unser Passwort-Basis vorne oder hinten die Anfangsbuchstaben des Shops – für Amazon zum Beispiel „am", für das Google-Konto „go", getrennt durch ein Sonderzeichen. Unser Passwort für Amazon heißt jetzt also „am!ESmnkS".

~920

3. Die Variable

Um auch bei regelmäßigen Passwortänderungen die Buchstabenkombination nachvollziehen zu können, setzen wir eine Zahl ein. Beginnen wir zum Beispiel mit unserer Hausnummer 11. Alle halbe Jahre (besser: alle drei Monate) erhöhen wir die Zahl im Passwort um 1. (Sicherheitsexperten raten vereinzelt zu größeren Abänderungen beim Ersetzen des Passworts.) Die Zahl bauen wir nun noch möglichst geschickt in das Passwort ein. In unserem Fall nehmen wir genau die Mitte: „am!ES11mnkS!".

In einem halben Jahr ändern wir das Passwort dann auf „am!ES12mnkS". Und unser Google-Passwort auf „go!ES12mnkS".

Quelle: http://www.giga.de/webapps/icloud/specials/sicheres-passwort-tipps-und-merkhilfen/page/2/

~1520

4. Die Merkhilfe

Das Passwort ist schon recht sicher, und merken können wir es auch noch. Wer sich doch noch eine Merkhilfe irgendwo auf Papier verstecken möchte, kann das zum Beispiel auf diese Weise verschlüsseln: „Ort! Vogelspruch Zahl in der Mitte".

Und ja, es gibt natürlich auch andere Methoden für eine Passworterstellung.

~1850

a) Erfasse den Text und entwirf damit einen ansprechenden Flyer. Achte auf die Angabe der Quelle! Diskutiere, ob du deinen Flyer nun einfach verbreiten darfst.

b) Erstellt einen Bogen für eine anonyme Umfrage an eurer Schule. Wertet mit einem Tabellenkalkulationsprogramm aus, wie viele Schüler (und Lehrer) bei ihren verschiedenen Anwendungen (Mailaccount, Shoppingportale etc.) sichere Passwörter verwenden. Erfragt auch, wie oft die Befragten einfach das gleiche Passwort für verschiedene Anwendungen verwenden.

c) Erkläre, warum ist es sinnvoll ist, für verschiedene Anwendungen unterschiedliche Passwörter zu verwenden.

Anhang

Modellierungsmittel

Register

Bildquellenverzeichnis

Modellierungsmittel

Im Informatikunterricht nutzt du recht unterschiedliche grafische Darstellungen, um Sachverhalte leichter erfassen oder anderen erklären zu können. Allein in diesem Lehrbuch findest du

- Klassen- und Objektkarten, Klassen- und Objektdiagramme,
- Aktivitätsdiagramme, Datenflussdiagramme,
- Programmablaufpläne, Struktogramme,
- ER-Diagramme (definiert und erklärt auf Seite 112),
- und Mindmaps.

Im Folgenden werden diese sogenannten Modellierungsmittel systematisch zusammengestellt und ihre Funktion erläutert.

Modelle und ihre Grenzen

Ein **Modell** ist ein vereinfachtes Abbild der Wirklichkeit – eines natürlichen oder künstlichen Originals. Diese Originale können Dinge, Lebewesen, Sachverhalte, Abläufe oder selbst wieder Modelle sein.
Ein Modell erfasst nicht alle Eigenschaften des Originals, sondern nur diejenigen, die dem Modellentwickler bzw. Modellnutzer wichtig erscheinen.
Informatische Modelle werden meist grafisch beschrieben. Diese grafischen Darstellungen nennen wir **Modellierungsmittel.**

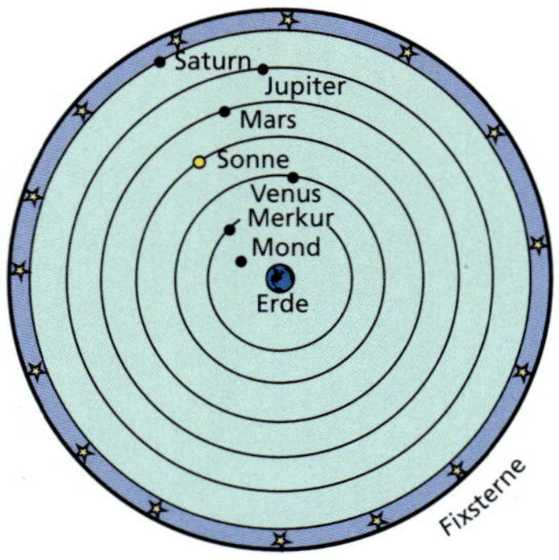

Das **geozentrische Weltmodell** (von *griech.* geos = Erde) wird nach CLAUDIUS PTOLEMÄUS auch **ptolemäisches Weltbild** genannt.

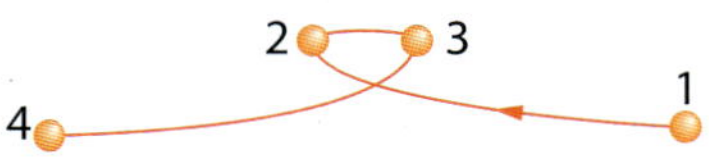

Beobachtete Bewegung eines Planeten: Die Bahnen heißen **Epizykeln.**

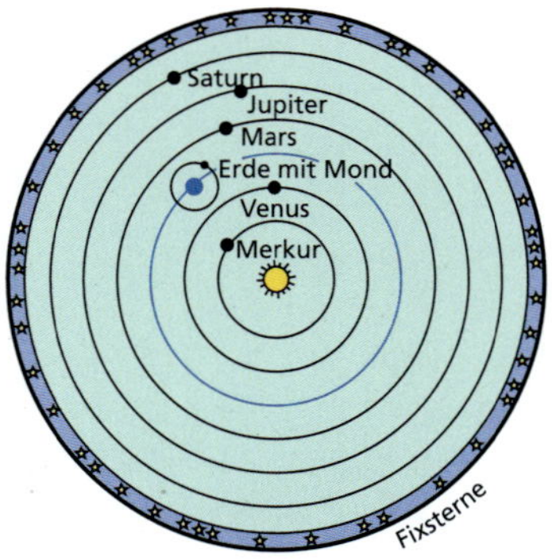

Das **heliozentrische Weltmodell** (von *griech.* helios = Sonne) wird nach NIKOLAUS KOPERNIKUS auch **kopernikanisches Weltbild** genannt.

Modelle gibt es nicht nur in der Informatik, sondern ebenfalls in den Natur- und in den Gesellschaftswissenschaften oder in der Technik. Auch dort dienen sie der Beschreibung realer oder geplanter Systeme, wobei die für bestimmte Betrachtungen wesentlichen Eigenschaften hervorgehoben, andere einfach ignoriert werden. Modelle sind nicht „richtig" oder „falsch", sondern werden daran gemessen, wie gut sie ein System beschreiben.

In seinem Buch „Almagest" fasste der griechische Gelehrte CLAUDIUS PTOLEMÄUS (um 100 – um 160 n. Chr.) das astronomische Wissen seiner Zeit zusammen: Die Erde stand im Mittelpunkt und die damals bekannten Planeten sowie Sonne und Mond umkreisten sie. PTOLEMÄUS nahm die Annahme des APOLLONIOS VON PERGE (262 v. Chr. – um 190 v. Chr.) in sein Modell auf, dass die Bahnen des Mondes und der Planeten auf kleinen Kreisen (Epizykeln) verlaufen. Das entsprach den Beobachtungen und man konnte die Position von Himmelskörpern hinreichend genau berechnen. Dieses geozentrische Weltbild war bis ins späte Mittelalter vorherrschend.

NIKOLAUS KOPERNIKUS (1473 – 1543) stellte in seinem Hauptwerk „Über den Umlauf der himmlischen Sphären" die Sonne ins Zentrum seines Weltmodells und griff damit antike Vorstellungen auf. Die Erde und alle anderen Planeten umlaufen die Sonne auf Kreisbahnen, nur der Mond umrundet die Erde. Auch Kopernikus war Anhänger der Epizykeltheorie, nur so konnte er die Schleifenbahn der Planeten erklären. Dieses heliozentrische Weltbild setzte sich nur schwer durch – aus religiösen und philosohischen Gründen (die Erde und der Mensch standen auf einem Male nicht mehr im Mittelpunkt) und auch, weil die Berechnungen zu Planetenpositionen immer noch ungenau waren.
JOHANNES KEPLER (1571 – 1630) erkannte, dass die Planetenbahnen keine Kreise, sondern Ellipsen sind. Mit der Formulierung seiner Gesetze der Planetenbewegung wurde die Epizykeltheorie überflüssig. Und mit der Entdeckung des Gravitationsgesetzes durch ISAAC NEWTON (1643 – 1727) wurde klar, warum sich die Planeten um die Sonne bewegen.

Aber auch das heliozentrische Modell erklärt nicht alle astronomischen Erscheinungen. Für die Berechnung von Satellitenbahnen müssen Elemente der speziellen und allgemeinen Relativitätstheorie von Albert Einstein (1879 – 1955) herangezogen werden. In dessen Weltmodell ist der Raum um große Massen gekrümmt und das Licht wird hierdurch für den Betrachter von seiner Bahn abgelenkt.

Objektorientierte Modellierung

Objekte sind Dinge, Lebewesen oder Sachverhalte der uns umgebenden realen oder auch möglichen, gedanklichen Welt.
Es ist üblich, gleichartige Objekte unter einem Begriff zusammenzufassen. Wenn man z.B. den Begriff „Baum" hört, hat man eine Vorstellung, einen „Bauplan", für einen Baum. Es gibt so viele unterschiedliche Bäume, aber allen ist gemeinsam, dass sie einen Stamm und eine Krone besitzen. Damit hat man das Wesentliche hervorgehoben: Stamm und Krone. Alles andere wird erst einmal vernachlässigt. Weil jeder einzelne Baum nach dem gleichen Bauplan konstruiert ist, spricht man von der **Klasse** BAUM.
Die Klasse BAUM ist nicht die Menge aller existierenden Bäume, sondern eher eine „Idee" (ähnlich der Ideenlehre PLATONS, 427–347 v.Chr.), eine Konstruktionsvorschrift für Bäume. Ein konkreter Baum wiederum gehört der Klasse BAUM an.
Die Klasse BAUM wird letztlich von anderen Klassen durch bestimmte Eigenschaften **(Attribute)** unterschieden.
Bäume besitzen zum Beispiel einen *Standort*, einen *Stammumfang*, eine *Baumhöhe* und eine *Kronenform*.
Sträucher besitzen *keinen Stammumfang*, gehören also einer anderen Klasse an.
Die einzelnen Objekte einer Klasse werden durch ihre **Attributwerte** unterschieden.

Bäume kann man beispielsweise durch folgende Attributwerte unterscheiden:
- Jeder Baum besitzt einen anderen Standort. Das ist ein grundlegendes Unterscheidungsmerkmal.
  Attributwerte können hier sein: „an unserem Haus", „in der nordöstlichen Ecke von Brittas Garten", „der fünfte Baum auf der linken Straßenseite" usw.
- Werte für das Attribut Stammumfang könnten sein: „60 cm", „95 cm", „1 m", „2 Armlängen", ...
- Beispiele für Attributwerte für die Baumhöhe sind: „12,50 m", „9,00 m", „2 m höher als unser Haus".
- Kronenformen können sein: „kugelförmig" (z.B. beim Apfelbaum) oder „kegelförmig" (z.B. bei der Tanne) usw.

Bäume führen auch bestimmte Aktivitäten aus, die Informatiker sagen **Methoden.** Bäume können „wachsen" oder sich „im Wind biegen".
Beim Auslösen bestimmter Methoden reagiert der Baum auf **Botschaften.** Solche Botschaften könnten hier sein: „Der Frühling hat begonnen. Die Sonne steht höher am Himmel. Es wird wärmer." oder „Es weht ein starker Wind."

Die „Botschafts-Betrachtungsweise" ist erst einmal ungewohnt. Wer sagt schon „Der Baum erhält die Botschaft, dass ein starker Wind weht. Damit wird die Methode Sich-biegen ausgelöst."?
Andererseits ist diese Modellierung durchaus einleuchtend, wenn man an einen Programmierer denkt, der ein Computerspiel entwickeln soll, in dem die Natur nachgebildet wird, und der Spieler per Knopfdruck auch Wind „erzeugen" kann.

> **Objekte** sind Dinge, Lebewesen oder Sachverhalte der uns umgebenden Welt.
> Mit **Klasse** bezeichnet man den Bauplan von gleichartigen Objekten. Klassennamen werden mit Großbuchstaben geschrieben.
> Alle Objekte einer Klasse haben die gleichen **Attribute** (Eigenschaften) und die gleichen **Methoden** (Anweisungsfolgen) die durch **Botschaften** (Nachrichten) ausgelöst werden.
> Der **Zustand eines Objekts** wird durch seine **Attributwerte** beschrieben, das Verhalten durch seine Methoden.

Methoden beziehen sich auf das Ändern von Attributwerten. Beispielsweise können Absätze in Textdokumenten eine Methode „AusrichtungSetzen()“ besitzen, welche sich auf das Attribut „Ausrichtung“ (linksbündig, zentriert, rechtsbündig, Blocksatz) bezieht.

Beispiele für Klassenkarten findest du in diesem Lehrbuch auf Seite 6, 90, 91, 93, 104, 115 und 131.

Zum Darstellen von Klassen benutzt man sogenannte **Klassenkarten.** Das sind Rechtecke, in die alle Attribute und alle Methoden einer Klasse eingetragen sind (links in der folgenden Übersicht).

BAUM	Linde1: BAUM
Attribute	**Attribute**
Standort	Standort = in Kais Garten
Stammumfang	Stammumfang = 53 cm
Baumhöhe	Baumhöhe = 5 m
Kronenform	Kronenform = birnenförmig
Kronenumfang	Kroneumfang = 9 m
Laubfarbe	Laubfarbe = hellgrün
…	…
Methoden	
BaumSamenAbwerfen()	
Wachsen(Länge)	
LaubVerfärben(Jahreszeit)	
…	

Objektkarten sind in diesem Lehrbuch z. B. auf Seite 46 und 91 dargestellt.

Zum Darstellen von Objekten werden **Objektkarten** genutzt. Sie unterscheiden sich von Klassenkarten auf den ersten Blick dadurch, dass die Ecken abgerundet sind (rechts im obigen Bild). Zusätzlich sind hier aber die konkreten Attributwerte für das jeweilige Objekt eingetragen.
Um Methoden von Attributen zu unterscheiden, stehen am Ende von Methoden Klammern, in die bestimmte Werte eingetragen werden können. Nach den Attributnamen stehen Gleichheitszeichen, gefolgt von konkreten Attributwerten.
Oft gibt man die Methoden nur in den Klassenkarten an und lässt sie in den Objektkarten einfach weg.

Beziehungen zwischen Klassen können in **Klassendiagrammen** modelliert werden. Als Beispiel soll ein Klassendiagramm zur Modellierung eines Textverarbeitungssystems dienen:

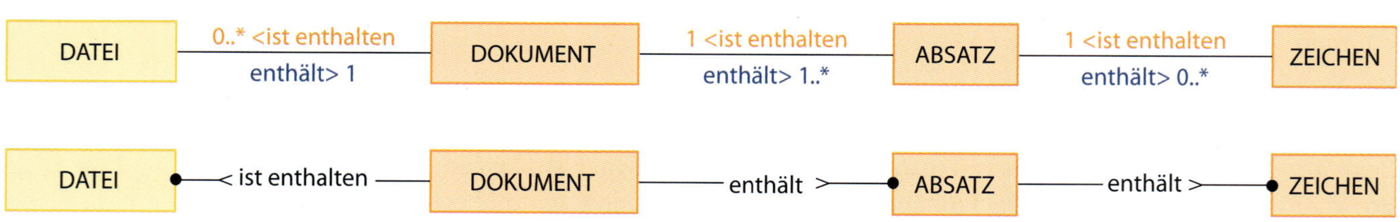

Klassendiagramme findest du in diesem Lehrbuch auf Seite 110, 111 und 112.

Oben ist der Standard für das Beispiel dargestellt („<“ zeigt die Richtung der Beziehung an), darunter eine Vereinfachung (der Kreis steht für „mehrere“, „viele“ oder „n“, also ist z. B. die Beziehung „Dokument – Absatz“ eine 1:n-Beziehung).
Ein Textdokument kann in einer Datei enthalten sein. Dokument und Datei sind *nicht identisch:* Mit einem Textverarbeitungsprogramm kann recht schnell ein Textdokument erstellt werden. Man muss es nicht in einer Datei speichern (beim Verlassen des Textverarbeitungsprogramms ist es dann aber unwiederbringlich verloren). Das gleiche Textdokument kann in mehreren Dateien enthalten sein, während eine Datei nur genau ein Textdokument enthält.
Ein Textdokument enthält einen Absatz oder mehrere Absätze.
Ein Absatz enthält kein, ein oder mehrere Zeichen. Fasst man die Absatzendemarke als Steuerzeichen auf, dann gilt: ABSATZ enthält> 1..* ZEICHEN

Ganz konkrete Beziehungen von Objekten können durch **Objektdiagramme** dargestellt werden. Dabei werden möglichst alle Objekte (abgerundete Ecken) und ihre Beziehungen untereinander aufgezeigt. Das folgende Objektdiagramm bezieht sich auf den in der Randspalte abgebildeten Schneemann.

Beispiele für Objektdiagramme findest du auf Seite 72 und vor allem im Grundwissenband (Seiten 32, 34, 37, 40, 41, 44, 61, 135, 160).

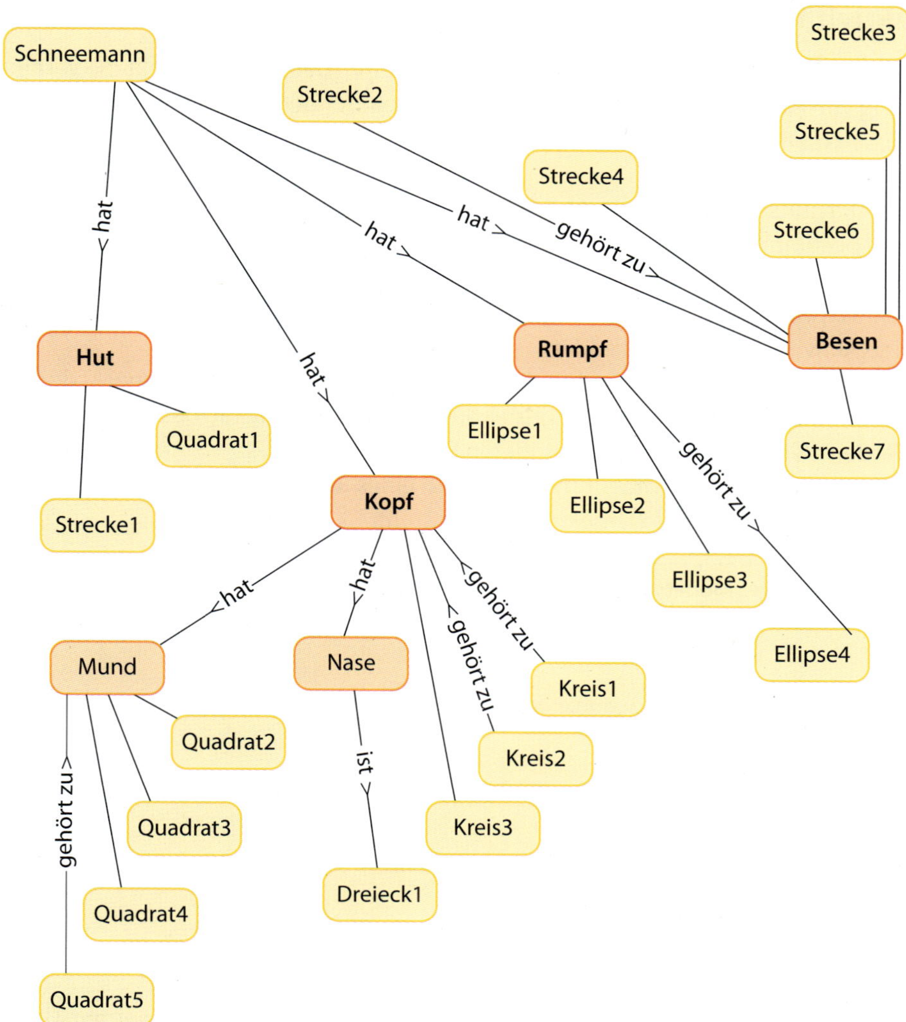

Aus Platzgründen sind hier nicht alle Beziehungsnamen aufgeführt. Die blauen Objekte sind durch Gruppierung entstanden.

Das Objektdiagramm für den Schneemann könnte auch ganz anders aussehen: Es könnten andere Objekte zu Gruppen zusammengefasst oder andere Beziehungsrichtungen bevorzugt worden sein.

Man kann bei Objektdiagrammen auch die Attributwerte mit angeben:

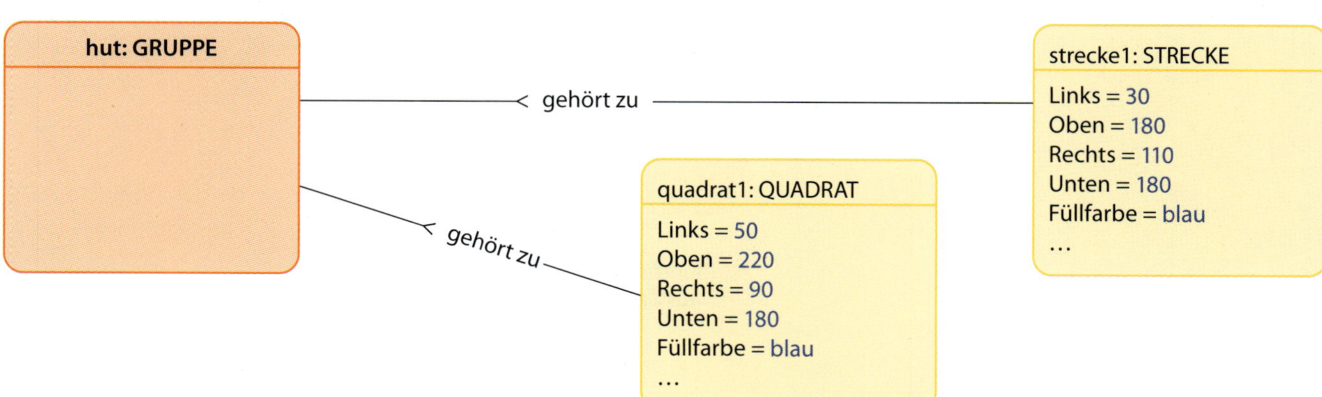

Klassendiagramme und Objektdiagramme sind Bestandteile der **Unified Modeling Language** (vereinheitlichte Modellierungssprache, kurz **UML**). UML wird vor allem bei der Entwicklung und Dokumentation von Software verwendet.

Aktivitätsdiagramme

Aktivitätsdiagramme findest du in diesem Lehrbuch auf den Seiten 11, 13, 17, 27, 28, 29, 30, 32, 36, 38, 39, 41, 54, 57, 58, 59, 60, 61, 62, 71, 73, 80, 81, …
Wir benutzen Aktivitätsdiagramme im Lehrbuch vor allem dazu, den Ablauf elementarer Aktionen *im Umgang* mit Informatiksystemen zu beschreiben.
Oft haben wir wir aus Platzgründen dabei das umschließende Rechteck weggelassen, der Name der Aktivität ergibt sich aus dem Textzusammen-

Ein **Aktivitätsdiagramm** ist ein Verhaltensdiagramm der UML und stellt die Vernetzung von elementaren Aktionen und deren Verbindungen mit Kontroll- und Datenflüssen grafisch dar.

Ein Aktivitätsdiagramm besteht aus festgelegten optischen Elementen, die jeweils eine bestimmte Bedeutung haben:
Der **Startpunkt** des Aktivitätsdiagramms wird als gefüllter Kreis dargestellt, der **Schlusspunkt** als gefüllter Kreis mit umgebendem Ring. So weiß man immer, wo eine Aktivität beginnt und endet.
Zwischen den Start- und Endpunkten liegen durch Pfeile verbundene Aktionen. Aktionen sind die einzelnen Schritte, aus denen die Aktivität besteht. Aktionen werden als Rechtecke mit abgerundeten Ecken dargestellt.
Insgesamt ist eine Aktivität immer innerhalb eines Rechtecks dargestellt, in dessen oberem linken Ecke der Name der Aktivität steht:

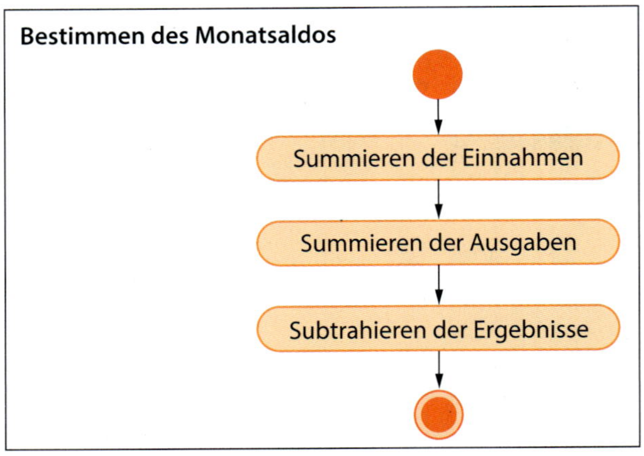

Die einzelnen Aktionen können hierbei beliebig genau beschrieben werden. Umso konkreter die **Modellierung** im Aktivitätsdiagramm, umso einfacher und fehlerfreier ist später die Umsetzung **(Implementierung)** im Programm.

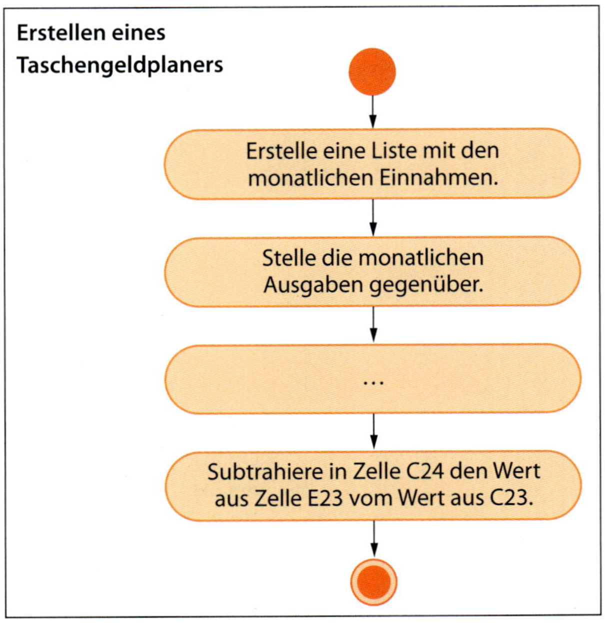

Datenflussdiagramme

Mit einem **Datenflussdiagramm** kann die Bereitstellung und Veränderung von Daten innerhalb eines Programms dargestellt werden. Auch kann man es dazu verwenden, den Datenfluss eines Prozesses oder einer Tätigkeit wiederzugeben.
In einem Datenflussdiagramm gibt es keine Schleifen.

In der Modellierungssprache UML übernehmen i. Allg. Aktivitätsdiagramme die Rolle der Datenflussdiagramme.

In unserem Lehrbuch verwenden wir Datenflussdiagramme vor allem dazu, die Datenflüsse in Kalkulationsdokumenten zu veranschaulichen.
Zum Zeichnen verwenden wir ein eigens für den Informatikunterricht entwickeltes Programm namens Orinoco. Mit Orinoco kann man Datenflussdiagramme nach dem Eingabe-Verarbeitung-Ausgabe-Prinzip (EVA-Prinzip) modellieren und auswerten.
Zur Darstellung von Datenflüssen benötigt man drei Arten von Elementen:

- Ein- und Ausgabefelder (Rechtecke),
- Funktionen, Rechenoperationen (Ellipsen),
- Datenflüsse (Pfeile). Die Datenflüsse sollen dabei möglichst von oben nachunten verlaufen.

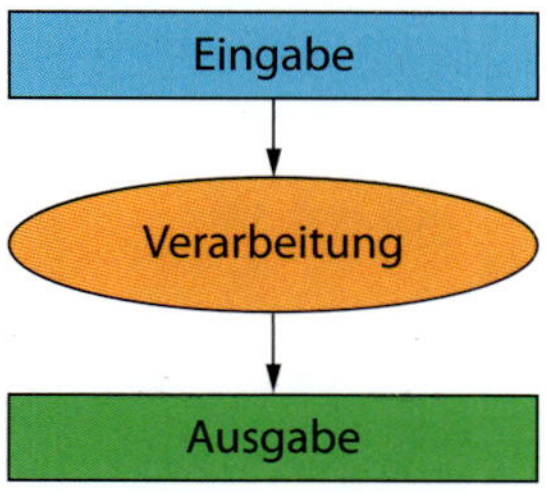

Das Datenflussdiagramm zur Berechnung des Volumens eines Quaders würde (mit Orinoco entwickelt) folgendermaßen aussehen.

Datenflussdiagramme findest du in diesem Lehrbuch auf den Seiten 49, 50, 51, 52, 53, 56, 63, 68, 70, 74, 75, ...

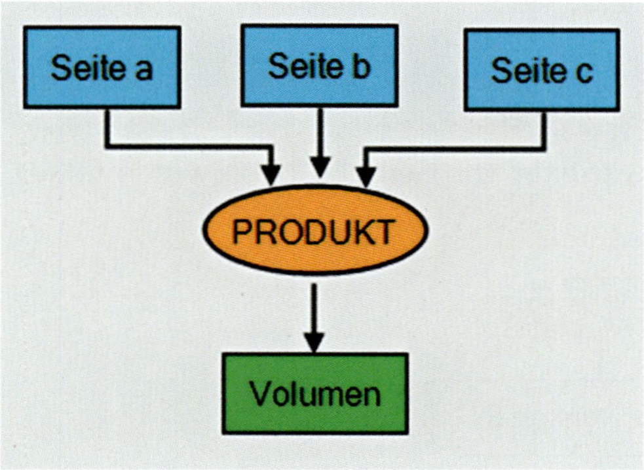

Mit Hilfe der in Orinoco erstellten Datenflussdiagramme kann man sogar Berechnungen durchführen und die Datenflüsse visualisieren.

Im Folgenden sieht man ein Datenflussdiagramm, welches die Simulation des Würfeln darstellt. ZUFALLSZAHL() ist dabei eine Funktion, mit der das Kalkulationsprogramm selbst eine zufällige rationale Zahl zwischen 0 und 1 erzeugt.

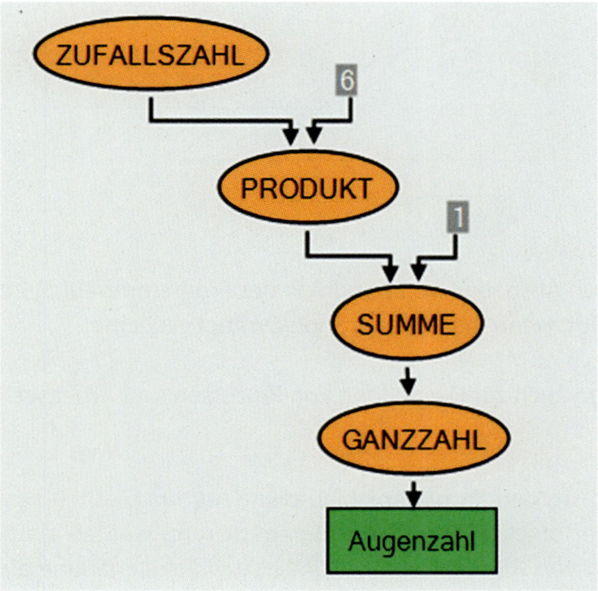

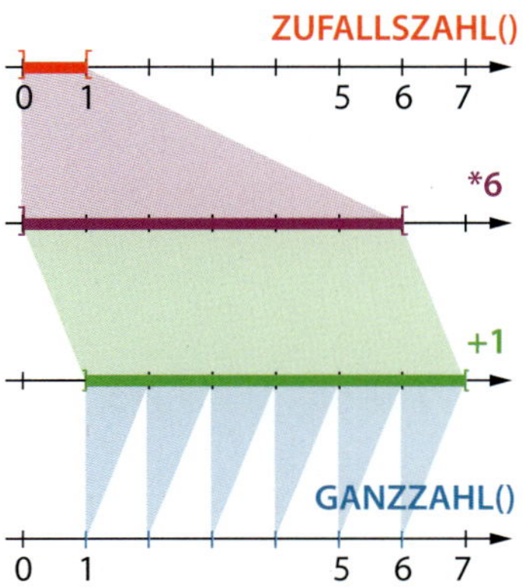

So kann man sich die jeweiligen Wertzuweisungen bei einer Funktion WÜRFELN() vorstellen.

Programmablaufpläne

Für den Begriff Programmablaufplan werden manchmal auch die Begriffe **Flussdiagramm** und **Programmstrukturplan** verwendet.

Ein **Programmablaufplan (PAP)** ist eine grafische Darstellung zur Umsetzung eines Algorithmus in einem Programm. Es beschreibt die Folge von Operationen zur Lösung einer Aufgabe.
Die Symbole für Programmablaufpläne sind in der DIN 66001 vorgegeben:

Symbol	Bedeutung
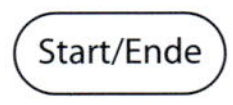 Start/Ende	Anfangs- bzw. Endpunkt des Programms
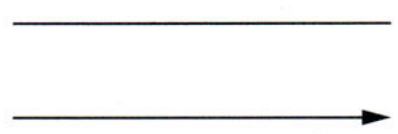	Verbindung zum nächstfolgenden Element
 Operation	Operation (Tätigkeit)
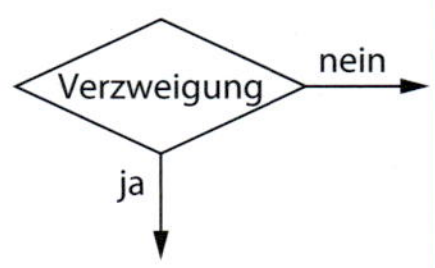 Verzweigung, nein, ja	Verzweigung/Entscheidung (für ja/nein ist auch wahr/falsch möglich)
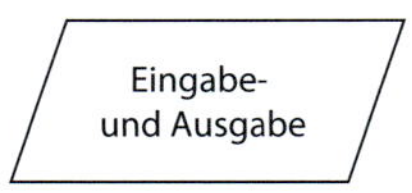 Eingabe- und Ausgabe	Eingabe oder Ausgabe

Ausschnitte von Datenflussdiagrammen findest du in diesem Lehrbuch auf den Seiten 68, 79 und 80.

Der vollständige PAP mit der Auswahlstruktur von Seite 68 oben würde folgendermaßen aussehen:

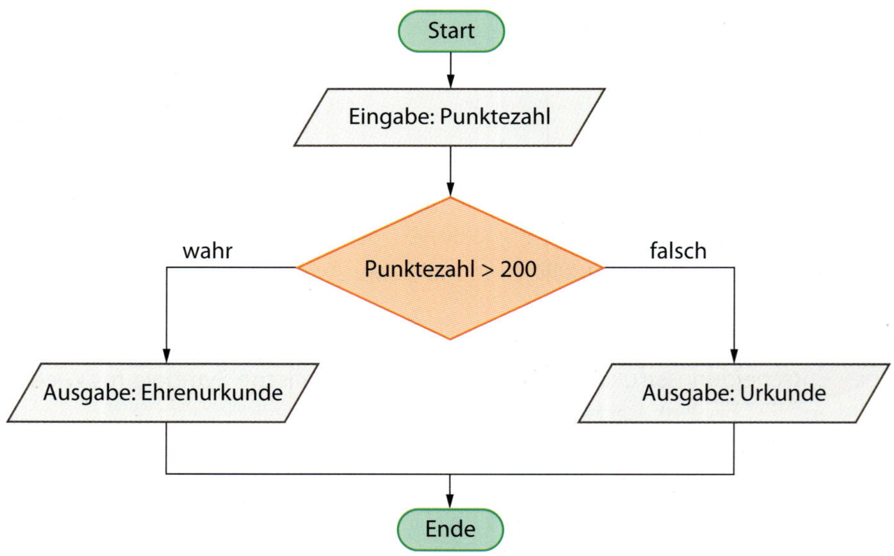

Die Kennzeichnung der beiden Ausgaben als Endpunkte des Programms auf Seite 68 sind durchaus gerechtfertigt, wenn man auf das Ende-Symbol verzichtet.

Programmablaufpläne können auch zur Darstellung von Prozessen und Arbeitsabläufen eingesetzt werden.

Ein vollständiges Datenflussdiagramm, welches einen Arbeitsablauf beschreibt, findest du im Grundwissenband auf Seite 139.

Bei der Softwareentwicklung werden Programmablaufpläne nur noch selten verwendet. Insbesondere bei der objektorientierten Programmierung werden stattdessen bei der Beschreibung von Algorithmen mit UML Aktivitätsdiagramme als erweiterte Programmablaufpläne genutzt.

Struktogramme

Bei Programmablaufplänen sind unbedingte Sprünge möglich. Die so entwickelten Programme sind oft undurchschaubar, man spricht auch von „Spaghettiprogrammierung“.
Um das zu verhindern, entwickelten 1972/73 ISAAC NASSI und BEN SHNEIDERMAN ein grafisches Darstellungsmittel für Algorithmen, das als **Struktogramm** oder **Nassi-Shneiderman-Diagramm** bezeichnet wird.
Jede Aktion (jedes Strukturelement) eines Algorithmus wird durch einen Block dargestellt. Die Blöcke werden aneinandergereiht oder können ineinander geschachtelt werden. Unbedingte Sprünge sind nicht möglich. Hierdurch wird der Programmierer gezwungen, seine Gedanken systematisch, für andere nachvollziehbar zu notieren.

Struktogramme findest du in diesem Lehrbuch auf den Seiten 54, 59, 63, 66, 68 und 69.

In unserem Lehrbuch nutzen wir folgende Grundelemente von Struktogrammen:

Darstellungsform / **Name**	**verbal formalisiert**	**grafisch (Struktogramm)**
Sequenz (Anweisungsfolge)	Anweisung 1 Anweisung 2 ... Anweisung n	Anweisung 1 Anweisung 2 ... Anweisung n
einseitige Auswahl	WENN Bedingung, DANN Anweisung	b ja | nein a | ./.
zweiseitige Auswahl (Alternative)	WENN Bedingung, DANN Anweisung 1 SONST Anweisung 2	b ja | nein a_1 | a_2

Das Beispiel von Seite 148 als Struktogramm sieht so aus:

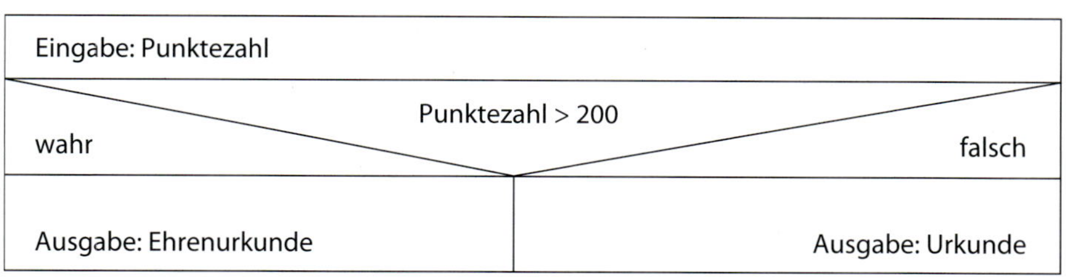

Neben Entscheidungsstrukturen gibt es aber auch grafische Symbole für Wiederholungen, die vor allem beim Programmieren genutzt werden:

Darstellungsform / **Name**	**verbal formalisiert**	**grafisch (Struktogramm)**
Wiederholung mit vorangestelltem Test (mit Eingangsbedingung)	SOLANGE Bedingung, FÜHRE Anweisungen AUS	Solange b tue | a
Wiederholung mit nachgestelltem Test (mit Abbruchbedingung)	WIEDERHOLE Anweisungen BIS Bedingung	Wiederhole | a bis b
gezählte Wiederholung (Zählschleife)	FÜR i: = anfw BIS endw (mit SCHRITTWEITE s) FÜHRE Anweisungen AUS	Für i = anfw bis endw tue | a

Mindmaps

Mindmap bedeutet aus dem Englischen übersetzt so viel wie Gedankenlandkarte oder Gedächtnislandkarte.
Dieses von TONY BUZAN entwickelte Modellierungsmittel kann man z. B.
- zum Erschließen und zur Darstellung eines Themengebietes,
- zum Planen von Präsentationen und Vorträgen oder
- für Mitschriften

nutzen.
Der Prozess der Erstellung von Mindmaps wird als **Mindmapping** bezeichnet. Mindmapping soll helfen, Gedanken frei zu entfalten und Kategorien zu bilden.
Mindmaps werden in Wirtschaft und Wissenschaft eingesetzt und sind auch in der Schule zu finden. Auch in diesem Lehrbuch gibt es etliche Aufgaben, bei denen du eine Mindmap erstellen sollst.

Wenn zwischen den verzweigen Begriffen eines Baumdiagramms Verbindungen hergestellt werden, also ein Netz entsteht, spricht man von einer **Concept-Map** (► auch Seite 42). Concept-Maps sind gegenüber Mindmaps im Allgemeinen komplexer und benötigen mehr Entwicklungszeit.

Mindmaps sind letztlich beschrifteten Baumdiagramme, die nach bestimmten Regeln erstellt und gelesen werden. Zusammenhänge werden (z. B. für ein Präsentationsthema) durch gegenseitige Verknüpfungen dargestellt:

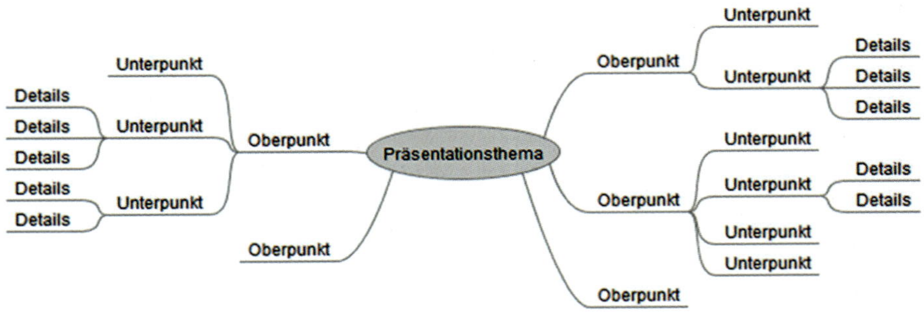

In der Mitte steht hier das Präsentationsthema. Von dort zweigen wie bei einem Baum die Haupt- und Nebenäste ab, die erst die Oberpunkte, später die Unterpunkte und Details beschreiben. Hast du eine neue Information gefunden, kannst du die Äste ergänzen oder aber neuen Ast erstellen, wenn das notwendig ist. Damit die Mindmap übersichtlich bleibt, müssen alle Punkte miteinander verbunden sein. Mindmaps können mit der Hand geschrieben oder mit einem geeigneten Programm am Computer erstellt werden.

Tipp: Im Internet kannst du viele kostenlose Programme zum Erstellen von Mindmaps finden. Beispiele sind FreeMind, Edraw, freeplane, mindmaster und imindMap.

Beispiel für eine Mindmap aus dem Mathematikunterricht:

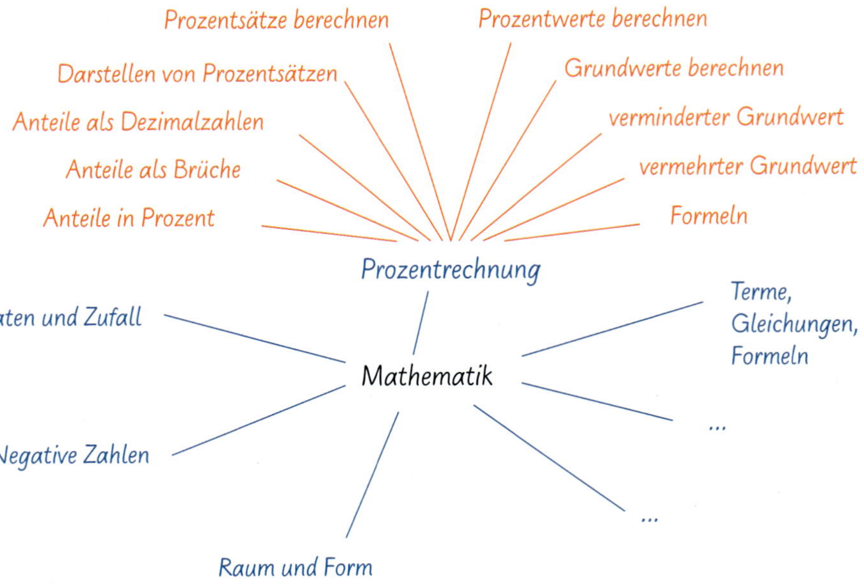

Bildquellenverzeichnis

Colourbox.com: 25/1, 26/1, 105/1, 108/1, 110/1, 111/1, 133/1; Cornelsen/Christian Böhning: 105/2; L. Engelmann, Berlin: 141/1; Fotolia/ac2000: 106/2; Fotolia/Alexander Raths #57966948: 5/1; Fotolia/Berlin85 #128027071: 130/1; Fotolia/Christine Wulf #121473166: 128/1; Fotolia/contrastwerkstatt #100649547: 17/1; Fotolia/contrastwerkstatt #32178431: 45/1; Fotolia/industrieblick #81093556: 107/1; Fotolia/jihane37 #124950304: 138/2; Fotolia/Kara #173923530: 132/1; Fotolia/luda311 #188526284: 110/1; Fotolia/Marco2811 #54786878: 24/1; Fotolia/max blain #1075201: 76/1; Fotolia/NoahGolan #10752574: 122/1; Fotolia/Robert Kneschke #165819326: 138/1; Fotolia/Soja Andrzej #38928386: 111/2; Fotolia/somartin #160910682: 135/1; Fotolia/thelefty #50029525: 77/1; Fotolia/ThinMan #19738569: 75/1; Fotolia/Wiski #75174101: 43/1; Outi Kaden/Grätz-Verlag e.K.: 106/1; Kostas Koufogiorgos, Stuttgart: 88/1; shutterstock: 16/1, 110/1, 111/1, 111/2, 143/1, 143/3; shutterstock/Africa Studio: 109/2; shutterstock/anyaivanova: 86/1; shutterstock/behindlens: 143/2; shutterstock/Brenda Carson: 65/1; shutterstock/Cameron Cross: 109/1; shutterstock/connel: 108/2; shutterstock/HTN: 86/4; shutterstock/OnD: 133/2; shutterstock/Scanrail1: 87/1; shutterstock/Sergey Nivens: 134/1; shutterstock/StockSmartStart: 127/1; shutterstock/TTstudio: 86/2, 86/3

Urheber der Bildschirmschüsse sind die Autoren.
Christoph Gräßl, Orinoco; The Document Foundation, Libre Office